U0905773

本书的出版得到之江实验室、中国博士后科学基金资助项目（2020M671819）、
杭州市博士后科研项目配套资助经费支持

竞争驱动

胜任感、内在动机与员工激励

裴冠雄　孟亮　金佳　马庆国◎著

中国财经出版传媒集团
经济科学出版社
Economic Science Press

图书在版编目（CIP）数据

竞争驱动：胜任感、内在动机与员工激励/裴冠雄等著．—北京：经济科学出版社，2021.8

ISBN 978－7－5218－2739－2

Ⅰ.①竞…　Ⅱ.①裴…　Ⅲ.①企业管理－人事管理－激励－研究　Ⅳ.①F272.923

中国版本图书馆 CIP 数据核字（2021）第 152872 号

责任编辑：程辛宁
责任校对：王肖楠
责任印制：王世伟

竞争驱动：胜任感、内在动机与员工激励
裴冠雄　孟　亮　金　佳　马庆国　著
经济科学出版社出版、发行　新华书店经销
社址：北京市海淀区阜成路甲 28 号　邮编：100142
总编部电话：010－88191217　发行部电话：010－88191522
网址：www.esp.com.cn
电子邮箱：esp@esp.com.cn
天猫网店：经济科学出版社旗舰店
网址：http：//jjkxcbs.tmall.com
固安华明印业有限公司印装
710×1000　16 开　15.75 印张　2 插页　280000 字
2021 年 8 月第 1 版　2021 年 8 月第 1 次印刷
ISBN 978－7－5218－2739－2　定价：88.00 元
（图书出现印装问题，本社负责调换。电话：010－88191510）

序　一

著名物理学家、量子论的创始人马克斯·普朗克（Max Karl Ernst Ludwig Planck）曾指出："科学是内在的整体，它被分解为单独的整体不是取决于事物的本身，而是取决于人类认识能力的局限性。实际上存在着由物理学到化学、通过生物学和人类学到社会科学的链条，这是一个任何一处都不能被打断的链条。"因此，随着人类对客观世界认识的不断深化，学科间的交叉融合是必然趋势，也给我们带来了思维方式的变革，我们应该更加关注于从时空多尺度、多层次上来思考问题，并探求本质。

如同生物化学、数量经济、人工智能等都是通过多学科交叉融合产生的新学科，神经管理也是一个非常值得关注的学科领域。近年来，管理学研究者开始使用认知神经科学的方法，直接、客观地测量大脑的活动，探索个体从事管理活动、进行管理决策的认知过程。认知神经科学为管理学领域研究注入了新的活力，表现出认知神经科学驱动管理学研究发现的最新趋势，以心理学作为理论基础，应用神经科学和其他生命科学领域的理论、方法、技术和仪器研究管理学问题，展现出巨大的潜力和令人惊叹的广阔前景。

本书是在神经管理学视阈下开展的竞争对个体内在动机影响的研究，我对将管理问题深入神经层面开展研究的做法印象深刻。任何的管理决策都离不开人的大脑，大脑将外在环境的信息通过不同的感官加以收集、整理和保存，进而产生思想、情绪、记忆、决定和行动。因此，从“源头”进行神经解码，用以解释社会科学的研究主题，使人眼前一亮，这不仅有助于深化和客观量化管理学的研究，也有利于形成新的知识生长点。

此外，本书中实验的设计也非常巧妙，将复杂的管理学问题抽象成实验研究，有助于明晰研究变量之间的关系并掌握管理的一般规律。同时，书中对一般规律在现实管理实践中的演绎，也为企业管理者优化管理能力提供了切实可行的思路。我在长期关注神经信息处理机制及神经信息解码等问题，并期待能够发展神经工程技术及类脑智能，架起前沿基础研究与解决实际需求的桥梁，这本书兼顾了两者，与我的理念不谋而合。我坚持认为，解决重大科学问题，不能拘泥于一维单向模式，而是应该将基础理论修养、创造性思维和创新性实践紧密结合起来，不要孤立或是割裂地看待科学研究的过程，而要把其作为一个闭环来系统考虑。

我认为这本书不仅适合科学研究者，可以从中汲取研究视角的独特性和思维方式的创新性；同时也适合企业管理者，在管理工作中依托于一般规律和理论，结合环境的实际情况形成有利于组织发展的制度安排。

我相信以本书为代表的多学科交叉研究，一定有利于高水平的理论创新，同时有助于解决现实需求的重大问题。我也获悉，国家自然科学基金委员会管理学部设立了“神经科学驱动的管理决策与应用创新研究”的重点项目群专项项目，资助力度很大，我由衷地感到高兴。相信在不远的将来，管理学在与认知神经科学交叉融合的过程中将诞生更多标志性成果，也祝愿神经管理学领域的学者们发表和出版更多高水平论文和著作，以飨读者。

顾建军

加拿大工程院院士

加拿大达尔豪斯大学教授

序　二

管理科学研究的重要方向之一是通过研究变量之间的关系来构建模型，以便于更清楚地认识有关管理要素是如何互相作用、如何达成理想效果的。然而，如果变量仅仅表征行为，或表征基于问卷的自述的心理状态，那么此种研究就存在很大的局限。如果把认知神经科学引入管理学，上述局限就会得到很大的改善，管理学研究者就能够在脑电和脑磁特征层面，研究个体偏好、动机和行为，能够有效地扩展管理科学的模型构建视野，无论在理论上还是实践上，都具有重大意义。

管理学大多数分支的管理对象都是包括人的系统，或者系统所关注的信息是人的活动结果，这就有可能从人脑活动的视角，研究这些管理科学的问题。而此种研究，就是神经管理学的范畴。

对神经管理学的较为完整的定义是：神经管理学是运用神经科学理论方法与技术（包括仿脑计算技术），研究管理学的问题及其内在运行机制，发现新的管理规律，提出新的管理理论，并用之于经济管理活动，提高经济管理活动中的工作效率、工作质量与相应系统安全的科学体系。

从神经管理学的定义可以看出，神经管理学包括三个领域：一是理论研究领域，旨在发现新的管理规律、产生新的管理理论，理论研究主要在实验室完成，但也有相当部分需要在实验室外的工作现场完成；二是应用研究，也就是用神经科学的手段（包括有关理论）解决经济管理中的实际问题，旨在提高经济管理活动中的工作效率、工作质量以及相应系统安全水平；三是紧跟脑科学的新进展，模仿大脑，产生仿脑计算（类脑计算）的方法，并利用这些方法解决管理科学的问题、工程中的问题，以及有关科学研究中的问题。

在一定程度上，神经科学与管理科学的交叉融合，有力地拓展了管理学研究的深度和管理学学科的边界，为管理学科的发展注入了新的活力。

消费者行为的神经基础研究、对信息系统的神经感知研究、用神经科学驱动管理决策研究，以及神经金融财务管理、神经工业工程（包括神经工效学）和神经人力资源管理（包括神经领导科学）等领域的研究，都出现了相当数量的优秀成果，涌现出了具有卓越影响力的学术领军人物。但同时，在这些领域，都还存在巨大发展空间，还有许多重要问题，等待学者们的进一步的研究和新的发现。在本领域的探索中，困难和挑战是不可避免的。

例如，在组织神经科学领域的学术探索，需要将现实生活中复杂的组织行为问题，抽象为符合神经科技设备测量的形态，并保持组织行为管理问题的本质特征，便是研究者所面临的挑战之一。

内在动机的提升是知识经济和创新发展时代背景下的重要问题，已经被选入了工商管理学科优先发展领域。本书系列研究了组织行为管理中的动机与激励问题，获得了很多可喜的成果。

具体而言，本书的研究以自我决定理论（self-determination theory）为基础，以时间进程为切入视角，运用神经管理学的研究理念和技术方法，从个体普遍存在的胜任心理需要出发，研究了与胜任心理密切相关的竞争要素，及其对内在动机的影响，包括竞争挑战、竞争不确定性和不一致性对个体内在动机的当期影响，以及竞争结果对个体内在动机的续期影响。

从理论探索的角度看，本书的研究不仅丰富了管理学中激励问题的研究途径，为心理学导向的工作机制设计，提供了重要的理论解释和实证证据，而且对自我决定理论进行了有益延伸。

自我决定理论的提出者、罗切斯特大学心理学荣誉教授德西（Edward L. Deci）和瑞安（Richard M. Ryan）对本书作者关于内在动机的系列研究给予了高度的肯定，认为其交叉学科的研究，深化和延展了自我决定理论，丰富了理论的研究视角和脉络。

在研究方法方面，本书的研究为内在动机的科学表征提供了系统化的思路。内在动机的客观量化和过程化表征问题，曾经是这一领域学者所面对的一个难题。本书的作者们借助事件相关电位技术（ERPs）的高时间分辨率、实时测量的特点，在全球最早运用脑电指标表征了不同任务阶段的内在动机水平，发表了系列论文，受到了学术界广泛的关注，带动了一大批拓展性研究，成为神经管理学领域一个重要的学术增长点。

当下，中国社会存在过于强调“以物质激励为代表”的外在动机的倾向，对内在动机形成了明显的“挤出效应”，削弱了对工作意义本身的追求。在知识劳动的领域，需要对这种危害高度关注。

为此，本书研究了用以提升个体的内在动机的竞争机制设计问题，为组织的管理者提供了切实可行的路径，特别是从时间进程的视角关注于竞争要素的把握，对竞争挑战、竞争不确定性与不一致性、竞争结果等变量进行了系统研究，有助于企业形成具有全局性、长远性、科学性的激励制度。

本书的相关研究成果被《哈佛商业评论》（*Harvard Business Review*）引用，并介绍给广大企业管理者，体现出较大的应用价值。

本书的研究仅仅是组织行为管理里的部分重要问题，还有更多的重要问题，需要广大同行共同努力，以期获得更多更好的成果。

马庆国
国际欧亚科学院院士
浙江大学教授

目　　录

| 1 |
绪　论

内在动机被认为是一种持久驱动力，是积极性、自主性和激情的源泉。以往研究表明，个体内在动机的增强有助于提升绩效结果（Breaugh，1985；Deci et al.，2001），激发个体的创造力（Shalley et al.，2004），有助于提升工作满意度，增加工作中克服困难的韧性和长久的坚持（Macias et al.，2009），自主性的动机也与组织承诺高度正相关（Gagné et al.，2004）。对美国西点军校过去长达14年中1万多名学员的动机数据和毕业结果的数据研究发现，具有强烈内在动机的人，毕业的可能性比平均水平高20%，而且内在动机是唯一关键的要素（Wrzesniewski et al.，2014）。

然而，保持和提升员工的内在动机一直是企业管理者面临的现实难题。使员工把工作当成事业、变成兴趣，富有使命感和主观能动性，通过自我内在动机的驱动，达到“不用扬鞭自奋蹄”的境界，是管理者梦寐以求的事情。尤其是伴随着创新引领的知识经济时代和人工智能时代的到来，内在动机变得越来越重要。因为新的时代背景使得现有工作岗位的增长更多来源于探索型工作（heuristic work），而非来源于推算型工作

(algorithmic work)。所谓推算型工作是指根据一系列现成的指令，按照某种途径达到某种结果的工作，即完成这种工作有一个特定的算法，如商店收银、速记等的工作。而探索型的工作则与之相反，正是由于没有现成的算法，必须实验各种可能性，提出创新性的解决方案，如广告策划、科学研究工作等，需要更多内生的动力才能胜任。在美国，70%的工作岗位的增长来源于探索型的工作，这一比例还在不断攀升。而推算型的工作增长比例正在逐年下降，因为其将逐步被人工智能所取代（Pink，2009）。新的时代背景下，员工需要更多依赖脑力劳动进行开拓性、创造性、研究性的工作，企业对员工的组织认同、岗位胜任、自发意识、持久的韧劲、热情与激情等与内在动机息息相关的内在特质提出了更强烈、更紧迫的要求。

因此，内在动机的提升是知识经济和创新创造情境下一个非常重要的命题。人们尝试使用物质奖励、业绩考评等各种方式驱动内在动机，但收效甚微。内在动机迫切需要有效的“杠杆”去撬动。

竞争机制是市场经济充满活力的源泉，企业内部的竞争激励机制也一直被认为是调动员工主观能动性和提升员工活力与创造力的重要手段。但是对于竞争与内在动机之间关系的研究，以及竞争对内在动机的提升作用，学术界存在着较大的分歧。原因在于竞争本质上是一把“双刃剑”，可能会产生正面的效果，也可能产生负面的作用。对于竞争要素和程度的把握尤为关键，一旦缺乏系统化的理论架构，就容易陷入迷途。但也正是由于竞争与内在动机关系的微妙，才值得进一步深入探讨。

本章将从竞争对个体内在动机研究的现实和理论背景展开，阐述研究竞争对内在动机影响的意义。同时，我们会对本书的基本架构、研究方法、拟解决的关键问题、创新点、研究流程等方面进行介绍。

1.1 研究背景

1.1.1 研究的现实背景

1.1.1.1 竞争是促进发展的重要力量

人类的进化，国家的兴盛，企业的进步，无不与竞争密切相关。

在《物种起源》一书中，达尔文（Darwin）认为，每一个生物体的生存，都必须通过竞争获得。也正是由于竞争的残酷性和资源的有限性，人类才没有像人口学家马尔萨斯在《人口论》中预测的那样呈现几何级数的爆发式增长（Malthus，1798）。生物的生存竞争，不是和自然的较量，而更多的是和同类的比拼，生物与其他需要类似资源的生物才是真正的对手（Darwin，1859）。将这一理论运用于人类，就产生了影响深远的“社会达尔文主义”，其基本观点认为，无法存活的人将被社会淘汰，这是正常的自然规律。在竞争中的落败，不仅会关乎自身，而且会关系到后代，生存竞争中的优势方，才能繁衍出更优秀的后裔。人们经常用“物竞天择，优胜劣汰，弱肉强食，适者生存”来概括进化论的核心思想，不得不说，竞争是无情而冷酷的，但竞争无法避免，无处不在。

历史学家、哈佛大学教授弗格森（Ferguson，2012）在《文明：西方和其他国家》一书中指出，西方文明能够对世界形成长达500年的优势地位，关键在于“六大杀手软件”，即竞争、科学、法治、现代医药、消费主义和职业伦理。虽然这本书带有明显的西方制度优越感，但是其对竞争重要作用的描述相对客观。他认为，正是由于欧洲国家之间如同公司一样彼此竞争和激烈对抗，才孕育了文艺复兴、君主立宪、科技革命、资本主义崛起等标志性的事件，最终推动了政治和经济改革，不断优化了体制机制设计，使得西方文明得到迅速的发展，甚至超越了很多版图辽阔的帝国。因此，竞争不仅仅有其冷酷无情的一面，人们所享受到的繁荣与富强，可能就来自持续不断的竞争，并激发出了社会进步的强大力量。

近现代以来，技术革命使得人类的生产力水平大幅提升，人们从手工劳作向机器生产转变，资本主义市场经济也得到了蓬勃的发展。德国政治家、经济学家艾合德（Erhard，1960）被誉为“社会市场经济之父”，在20世纪中叶出版的《来自竞争的繁荣》一书中，他详细介绍了联邦德国从第二次世界大战满目疮痍中走出，迅速成为“经济大国”的经济改革经验，也向世人阐述了他的核心思想。他认为，应该找到无限自由放任与严酷政府管制之间的平衡，而不是走极端。要实现全民繁荣的目标，最好的手段就是竞争，并以此释放全民族的智慧和创造力，推动经济发展和持续繁荣。他还表达了对福利国家政策的反对，认为过分的福利保障会带来竞争压力的缺失，使个体丧失了上进心，使整个社会滑向危险的边缘。

历史的车轮滚滚向前，变化的是竞争的形式，不变的是竞争本身。作为市场经济的主体，企业间的竞争日趋激烈。管理学大师、哈佛大学商学院教授波特（Porter，1980）对企业间的竞争研究情有独钟，被誉为“竞争战略之父”，他在《竞争战略》一书中所提出的波特五力模型，成为企业制定战略规划时最为重要的分析工具之一。他认为竞争优势是所有战略的核心。在中国，改革开放四十余年极大地释放了市场的活力，也加剧了各个行业的洗牌。企业管理者面对着激烈的市场竞争和各种严峻考验，试图尝试着使用各种手段将这种紧迫感和危机感传导到组织的内部，使员工能够站在“老板”的角度来思考问题，并通过管理绩效考核和竞争激励机制的形式，促进企业内部活力，提升员工的创造力和执行力。

人类社会的资源具有稀缺性，在特定的历史发展阶段中，人们试图通过较少的消耗实现更多的产出，创造最理想的效益。竞争是实现资源有效配置的重要途径。由于竞争的存在，商品质量和服务质量才能得以持续改善，商品的种类得以丰富，成本得到有效的控制，生产技术进步和工艺改善得到足够的重视，人力资本得到有序流动，从而有效提升了经济效益和社会生产力，优化了整体的社会活力和福利，不断推动人民物质生活水平的持续改善。

竞争不仅作用于物质领域，也对精神文化的发展起到了巨大的推动作用。历史经验告诉我们，精神文化最繁荣的时期，往往是竞争最激烈的时期。中国古代的春秋战国时期，群雄蜂起，百家争鸣，各个学派的理论林立，创造了空前的思想繁荣，孕育了一大批思想家和哲学家。14 世纪到 17 世纪的西方文艺复兴，也被认为是源于为了获得艺术品创造委托的普遍竞争，从而极大地激发了人们在文学、艺术、音乐等各领域的创造力。因此有学者指出，竞争是促进人类社会发展的催化剂，如果不是因为竞争，人们可能还是处于赤身裸体、生吞野居的状态（吴盛光，1994）。

1.1.1.2 竞争有利于优化企业内部环境并激发内生动力

竞争激励机制一直被认为是调动员工主观能动性和提升员工活力与创造力的重要手段。根据企业的生命周期理论，企业的成长会经历一个动态的过程，历经诞生、成长、成熟、衰退等多个阶段。不少企业发展壮大之后，会出现员工积极性降低、倚老卖老、人浮于事、机构臃肿、一团和气、效率低下、缺乏创新、互相扯皮推诿等现象，最终形成了集体惰性，伴随着路径依赖的惯性，致使企业逐渐走向衰败。有远见的企业家和管理者已经逐步认识到在企业内部引入竞争机制和淘汰机制的重要性，竞争可以打破原有的格局，使员工面临压力和挑战，激发个体成长的动力和自我实现的愿望，最大限度挖掘员工潜能，为企业发展创造价值。

1.1.1.3 传统的激励理念和激励机制有待进一步更新和丰富

伴随着创新引领的知识经济时代和人工智能时代的到来，创新正逐渐成为企业发展的核心动力（Pei，2017），因此，现有工作岗位的增长更多来源于探索型工作（heuristic work），而非来源于推算型工作（algorithmic work）。推算型工作是指根据一系列现成的指令，按照某种途径达到某种结果的工作，即完成这种工作有一个特定的算法，如商店收银、速记等的工作。而探索型的工作则与之相反，正是由于没有现成的算法，必须实验各种可能性，提出创新性的解决方案，如广告策划、科学研究工作等，需要更多内生的动力才能胜任。研究表明，传统的物质激励方式对推算型工作是有效的，而对于探索型工作不但无效，而且还会扼杀创造力（Pink，2009）。

因此，动机研究领域著名学者平克（Pink，2009）在其著作《驱动力》（*Drive：The Surprising Truth about What Motivates Us*）中提出了这样的拷问：在物质奖励和惩罚逐渐失效的当下，如何焕发人的热情？他认为，人们必须认识到驱动个体行为的动机重要性顺序正在发生改变，人类社会逐渐从以生物冲动型驱动力为代表的1.0阶段，以奖惩等外在驱动力为代表的2.0时代，向以内在动机驱动力为代表的3.0时代过渡。现有的不少企业，仍然更多地采用物质奖励这种单一的方式来激励员工，例如，通过绩效薪酬制度来激发员工的工作动力。但是随着知识经济时代和创新驱动时代的到来，外在的激励对员工的主观能动性、创造力以及工作满意度的影响式微，单纯的物质奖励远远不够。心理学家森尼尔和布罗菲（Senior & Brophy，1973）的研究发现，外在奖励和竞争都可以对被试产生行为的驱动力，有时竞争比外在奖励要更加有效。研究也表明，人们对竞争是充满渴望的，主要出于五个方面的原因，包括提升自身的胜任力、期望获胜、使自己更加奋进、对竞争中的状态感到满足以及挑战本身的乐趣（Franken & Brown，1995）。因此，运用竞争机制激发员工的内在动机，不仅可以为企业节约成本，同时也有助于丰富激励手段。

1.1.1.4　员工的基本心理需求的满足得到更广泛的重视

随着知识经济时代的到来，人力资本的作用越发凸显，人才争夺日趋激烈。在企业经营和管理的过程中，"以人为本"的理念正不断被强调，即一切企业行为都应该以"人"作为工作的出发点和落脚点，围绕着激发和调动人的积极性、主动性、创造性开展工作，强调对人性的理解和对员工心理需要的满足（尚倩，2013）。与此同时，随着经济社会的发展和物质生活水平的提升，员工的需求层次也发生了变化。胜任感、幸福感、自尊、活力等成为高频词，心理需要的满足得到彰显，员工的内在动机成为新的焦点。因此，如何利用好竞争激励机制在内的各种手段，从个体心理需要的满足入手最大限度激发个体的内在动机，是管理理论和管理实践的一项重要命题。

1.1.2　研究的理论背景

1.1.2.1　自我决定理论的形成和发展

内在动机一直是心理学和组织行为学研究领域的一个重要方向。内在动机作为一种看不见、摸不着的力量，如何界定和理解它，成为理论界争论的焦点，对内在动机研究的发展历程也受到不同思想的影响。以人本主义观点、心理分析等为主干的有机元理论认为，个体行为的产生和定向来源于先天的、本能的、内在的倾向。而以行为学说、认知学说为代表的理论则强调环境和社会因素对个体行为的塑造和引导，强调后天的作用（张剑、张建兵、李跃、Deci，2010）。

20 世纪 80 年代，自我决定理论被正式提出，将看似相互矛盾的两派观点进行了统合。自我决定理论依托于有机辩证元学说（organismic-dialectical meta-theory），该学说认为，人类是具有内在积极性的生物，具有心理成长和发展的潜在能量。人们在个体需求和外在环境的双重作用下，会对行为做出自我决定，从而使人们开展有益于心智、满足于兴趣和能力发展的行为（Deci & Ryan，2000；林桦，2008）。可见，自我决定理论以更加辩证、客观的视角，认为个体不仅具有先天、内在的倾向性，而且也受到社会环境因素的干扰。

自我决定理论包含基本心理需要理论、认知评价理论、有机整合理论、因果定向理论和目标内容理论等子理论，其关注于环境因素的各种特征对心理需要的影响，提出了胜任需要、自主需要和归属需要的满足对内在动机的促进作用（Deci & Ryan，2000）。因为个体具有有机整合的倾向性，所以三大基本需要的满足，也有助于外部动机的内化。根据整合和内化程度的不同，又分为外在调节、内摄调节、认同调节和整合调节四种类型（Deci & Ryan，2002）。同时，自我决定理论还关注于个体可能具有的差异性。

如图 1.1 所示，自我决定理论的核心是基本心理需要的满足，有力地将环境因素、内在动机、个体行为连接在一起，其体现了未来动机研究的一种趋势。心理学中最早关于动机的研究，主要关注于人的本能，并更多地将人比作是一台机器，但这种学说很难解释人在社会环境中各种行为的驱动力。20 世纪 60 年代，人们开始从认知的角度来研究动机，开始关注于认知的调节作用，以及各种社会环境因素的干扰，如期望价值理论、归因理论等，关注于个体理性、客观的认知过程。随着研究的进一步深入，人们发现，个体并不是完全理性的，所以还必须关注于人的内在需要、情感、个体差异等。而自我决定理论就是在这一趋势中提出的（张剑、张建兵、李跃、Deci，2010）。运用自我决定理论，有助于更好地开展内在动机的前因变量的研究，尤其是社会环境因素对自在动机的影响，而 2005 年在组织行为学著名期刊《组织行为杂志》（*Journal of Organizational Behavior*）刊出的《自我决定与工作动机》（*Self-Determination and Work Motivation*）一文也正式标志其进入管理学视域。具体关于自我决定理论的介绍，参见本书第 2.3 节。

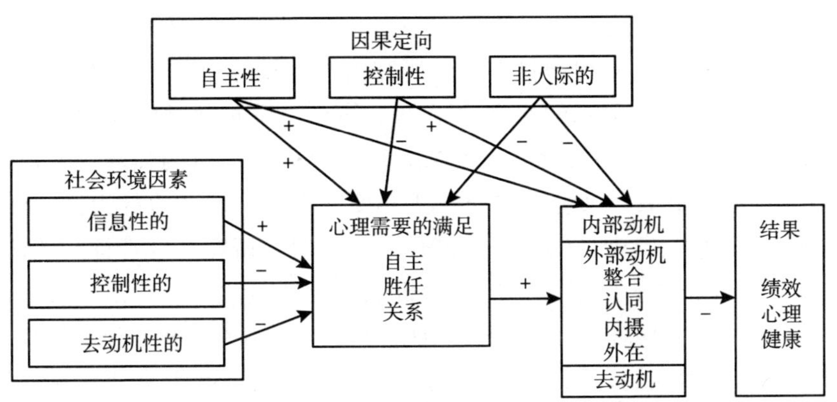

图 1.1　基于自我决定理论观点：环境因素对个体动机和行为影响的路径

注：“+”表示促进作用，“–”表示抑制作用。

资料来源：张剑，张建兵，李跃，Deci E L. 促进工作动机的有效路径：自我决定理论的观点［J］. 心理科学进展，2010（5）：752 –759。

1.1.2.2 管理学与认知神经科学的交叉融合发展

科学技术的不断进步，带来了测量设备的极大改善，为学科交叉融合提供了良好的硬件基础。2002 年，诺贝尔经济学奖得主弗农·史密斯（Vernon Smith）在颁奖大会上以“经济学中的建构主义和生态理性”（Constructivist and Ecological Rationality in Economics）为主题进行了发言，他重点介绍了神经经济学，并指出了神经经济学在个体决策、社会交换和经济制度三个领域中的价值和作用，并认为新的大脑研究设备激发了神经经济学去探索大脑内在秩序和人类决策行为之间的关系。此后，越来越多的研究者开始涉足神经科学与社会科学的交叉领域。

中国学者马庆国和王小毅最早提出了神经管理学这一学科分支，神经管理学把神经科学作为工具性的方法，引入和应用于管理学研究，有助于了解人们在做出管理决策时的大脑活动过程和认知加工机理，从更基础的层面审视管理相关决策、社会行为与人性，也对管理科学的量化研究起到推动作用（马庆国、王小毅，2006a）。因此，神经管理学是一门研究经济管理活动中大脑活动规律的学科，并通过大脑活动的相关指标来解释经济管理活动中的决策过程、经典行为，并预测行为可能产生的结果，从而为优化经济管理决策提供新的支撑。随着神经管理学概念的提出，越来越多的学者开始关注这一交叉学科，并尝试使用认知神经科学的方法来探究管理学的问题，这一领域也逐渐获得认可。有关神经管理学的进一步介绍参见本书第 2.5.1 节。

最早一篇运用认知神经科学手段研究内在动机的论文于 2010 年发表在《美国科学院院报》（PNAS），文章聚焦于外在物质奖励对内在动机的挤出效应。该文通过纹状体的激活程度来表征个体内在动机的强弱（Murayama et al.，2010），其具体实验范式见本书第 2.5.3 节。著名的行为经济学家、加州理工学院的凯莫勒（Camerer，2010）发文对该研究高度赞誉，他认为，以往由于条件和方法的限制，导致动机强度无法量化，而村山（Murayama et al.，2010）的研究提供了一个全新的视角，同时内在动机是经济管理领域的重要选题，对实践指导意义重大，该研究为后续研究的技术手段选取提供了有益借鉴。

不同于核磁共振的高空间分辨率优势，不少学者所使用的事件相关电位技术，主要是利用其高时间分辨率的特点。相较于核磁共振的秒级时间分辨率，事件相关电位技术可以达到毫秒级，这为研究个体的认知神经过程提供了非常重要的技术手段，进而为内在动机的研究提供科学有效的电生理指标。马庆国等人利用事件相关电位技术，研究了外在动机对内在动机的“挤出效应”。结果发现，在奖赏组中，被试的内在动机水平显著减弱，反映在了反馈相关负波的差异波上（d-FRN），而控制组不存在这种情况（Ma et al.，2014）。另外一个例子是关于自主权的研究，结果发现对于难度相同的任务，当被试拥有自主权时，相比于没有自主权的情况，产生了一个增大的 d-FRN（输的结果减去赢的结果），研究者基于自我决定理论认为，自主权的有无调节了人们参与任务的内在动机，并反映在 d-FRN 的波幅差异上。研究还发现，当被试拥有自主权时，相比于没有自主权的情况，在被试等待实验结果的反馈之前出现了一个更加负走向的 SPN，表明自主权增加了人们对正性结果的期待，增大了内在动机（Meng & Ma，2015）。通过认知神经科学的方法开展管理学方面的研究还有不少，而且呈现逐年增长的态势。将事件相关电位技术应用于内在动机研究，为学者们开辟了一个新的视角，而以往研究所提炼的 SPN、FRN、d-FRN 等认知神经指标，为内在动机的量化提供了指南。

综上所述，以上的现实背景和理论背景，为本书的研究架构提出指明了方向。本书基于自我决定理论，以竞争作为内在动机的前置变量，通过行为和认知神经科学方法，研究竞争对个体内在动机水平的当期影响和续期影响。

1.2　研究问题的提出

1.2.1　研究拟解决的关键问题

最早关于竞争环境对个体内在动机影响的研究，出现了很大的分歧，一批学者认为竞争环境对个体内在动机具有促进作用（例如：Brickman & Bulman，1977；Elliot & Harackiewicz，1994；Tauer & Harackiewicz，2004）。而另一批学者认为，竞争不但不能增加个体的内在动机，反而会产生负面的影响（例如：Deci et al.，1981；Vallerand et al.，1986b）。产生这种分歧的主要原因，是将竞争环境整体作为前因变量，研究有竞争和无竞争对个体心理和内在动机的影响，而竞争环境是非常复杂的，以往的研究缺乏对各种竞争要素的有效剥离，也就导致了迥然相异的结果。后期随着研究的不断深入，研究者们开始意识到这个问题，开始对竞争环境要素进行梳理，但是有关竞争要素与内在动机的研究不多，也缺乏从时间维度上开展的过程研究和跨阶段研究。

本书基于自我决定理论，主要的研究目标是：从个体普遍存在的胜任心理需要出发，以时间进程的视角切入，研究竞争过程中与个体胜任需要密切相关的竞争要素（竞争挑战程度、竞争的不确定性和不一致性）对个体内在动机的当期影响，以及研究竞争之后与个体胜任需要密切相关的竞争要素（竞争结果）对个体内在动机的续期影响。此外，本书创新地采用双人联机竞争停表任务（包括赛制）和双人答题任务，兼顾了较好的控制性，以及竞争环境模拟的真实性，在实验室研究中具有一定的借鉴价值。在内在动机测量方法上，本书既采用了管理学中常用的行为测量方法（如自我报告法），也结合了认知神经科学领域的测量方法（如事件相关电位技术），有助于对竞争过程中以及分阶段实验中的内在动机水平进行实时监测。

本书研究的内容涵盖了四个大的方面：一是“竞争对个体内在动机的当期影响”；二是“竞争对个体内在动机的续期影响”；三是“任务难度如何影响竞争与个体内在动机之间的关系”；四是“在不同竞争实验条件下，如何对个体的内在动机水平进行科学测度，并选取合适的认知神经科学指标”。

本书研究内容的前两个方面“竞争对个体内在动机的当期影响”以及“竞争对个体内在动机的续期影响”，是贯穿本书的主线。产生当期影响的主要是竞争挑战和竞争的不确定性、不一致性，产生续期影响的是竞争结果本身。在后续四项研究中，将分别探讨竞争过程中与个体胜任需要密切相关的竞争要素（竞争挑战程度、不确定性、不一致性）对个体内在动机的当期影响，或者说是即时影响；以及研究竞争之后与个体胜任需要密切相关的竞争要素（竞争结果）对个体内在动机的续期影响，或者说是长远影响。在这两个关键问题研究的基础上，任务本身的差异（任务难易程度）也是我们关注的重点，因为任务难度会对个体胜任需要的满足产生影响，因此重点研究了任务难度的调节作用，即本书研究的第三个方面。

第四个关键方面“在不同竞争实验条件下，如何对个体的内在动机水平进行科学测度，并选取合适的认知神经科学指标”主要反映的是我们对研究方法运用与创新的思考。因为内在动机作为一个较为内隐的变量，如何客观测量内在动机的水平，特别是如何在竞争过程中实时、有效地测度个体内在动机的水平，是一个难点，也是关键点。本书在自我报告法和自由选择法的基础上，尝试通过认知神经科学的手段，寻找合适的脑电指标对个体的内在动机水平进行表征。需要说明的是，第四个问题与第一、二个问题是并行的，即在探索竞争对个体内在动机当期和续期影响的同时，还将通过脑电数据记录来选取合适的脑电表征指标。

1.2.2 对研究对象和研究变量的界定

1.2.2.1 对研究对象的界定

本书以在校大学生群体作为研究对象，这与大部分的行为研究和认知神经科学研究相一致。除了成本控制、数据获取便利性的考虑之外，我们选取大学生作为被试还出于以下的原因：

第一，认知神经科学实验的被试个数一般少于传统的行为学实验，为了更好地获得群体层面的数据，应该尽可能控制被试的个体因素。在校的大学生群体在年龄、收入、职位等方面较为接近，同时，在涉及被试间实验设计的时候，我们也方便对受教育水平、专业分布等进行均衡。

第二，除了针对特殊人群（婴幼儿、老年人、抑郁症患者等）的个别研究之外，常规的认知神经科学实验普遍选取 18 ~ 40 岁的个体作为研究对象。认知神经科学的数据采集过程相对行为学实验更加复杂，所以对被试的配合要求更高。为了提升效率、获得可靠的数据，大多数认知神经科学实验研究均招募大学生作为研究对象（Picton et al. , 2000）。

第三，以往运用行为学实验或是认知神经科学方法研究内在动机的论文，例如，1971 年发表的关于外在奖励对内在动机挤出效应的经典行为研究（Deci，1971），2010 年发表的第一篇运用功能性磁共振成像技术研究内在动机的文章（Murayama et al. , 2010），以及 2014 年发表的第一篇运用事件相关电位技术研究内在动机的文章（Ma et al. , 2014），都以在校大学生作为被试。同时，本书部分章节的内容已经发表，因此学界认可本研究主题视域下，以大学生作为研究对象所得出的研究结论。

1.2.2.2 对竞争环境的界定

由于实验研究需要对研究问题进行抽象，对情境进行模拟，对干扰因素进行控制，所以本书采用的是竞争环境模拟的方式，研究者从研究目的出发，以情境控制者的身份，营造出一种竞争情境，而非自然形成的竞争环境。其优点在于能比较好地控制各种干扰变量，缺点在于竞争情境的生态效度可能不高。为了解决这一问题，我们通过设置双人联机停表比赛等兼具互动性和趣味性的实验任务，从而使被试较好较快地融入竞争情境。而竞争本身也分为宏观竞争（如军备竞赛）、中观竞争（如企业竞标）、微观竞争（如学业排名）等，本书主要是微观层面的研究，关注于个体在微观竞争情境中的内在动机水平。

1.2.2.3 对内在动机的界定

内在动机一般具有三个层面，分别是总体层面、社会情境层面和特定事件层面（Vallerand，2000）。总体层面主要是指个体长期保持稳定的一个动机状态。社会情境层面主要是指个体在特定的社会环境中，所形成的较为稳定的内在动机水平。特定事件层面是指个体在完成具体的工作或者参与具体的任务中所具有的内在动机强度，这种动机水平是随时间变化的。在心理学和管理学领域，人们主要关注的是特定事件层面的内在动机，并试图寻找出变化趋势和前因变量（孟亮，2016）。本书聚焦于竞争环境中被试完成任务过程中的内在动机水平，即一般所指的特定事件层面的内在动机。

1.3 研究目的与意义

1.3.1 研究目的

自我决定理论认为，个体普遍具有自主需要、胜任需要和归属需要三个方面的基本心理需要。基本心理需要的满足有助于提升个体内在动机（Deci & Ryan，2000）。本书从个体普遍存在的胜任心理需要出发，以时间进程的视角切入，聚焦于竞争对个体内在动机的当期影响（竞争时）和续期影响（竞争后）。

围绕竞争与内在动机之间关系这条主线，本书共分为四个研究。

研究一：通过行为学实验的方法（自我报告法和自由选择法），初探了竞争对个体内在动机可能产生的影响并重点分析了竞争挑战水平这一竞争要素，同时关注了与个体胜任需要满足密切相关的一项重要任务属性（任务难度）对竞争挑战与个体内在动机之间关系的调节作用。研究一的主要作用体现在：一是“投石问路”，为后续研究假设的提出提供了支撑；二是为后续研究中内在动机测量方法的选用提供了参考；三是为后续研究中实验任务难度的控制提供了标准。

研究二：聚焦于当期视角下，竞争的不确定性和不一致性对个体内在动机的影响。研究采用知识测验任务，每名被试与另一匿名同性被试配对竞争开展答题。通过对题目难度的控制，来实现对题目答案不确定性和双方作答不一致性的操控。借助于双方答题的竞争环境，重点关注了不确定性和不一致性这两个竞争要素对个体内在动机的影响，并探索使用事件相关电位技术对多个重要认知加工阶段进行表征。

研究三：聚焦于当期视角下，竞争挑战程度对个体内在动机的影响。在控制了竞争结果的前提下，通过对“完败”和“惜败”、“险胜”和“完胜”这四种竞争过程的模拟，建立了竞争挑战程度与个体胜任力之间的联系。借助于双人联机竞争停表任务实时互动、及时反馈的特点，较为真实地触发了竞争过程中被试的心理状态，并运用事件相关电位技术监测不同竞争挑战水平下的实时脑电情况，探索了竞争挑战程度对内在动机的即时作用机制。

以往的研究更多通过设置任务最终达成的条件来实现对挑战程度的操控，就如同本书研究一中所使用的方法，通过实验指导语告知被试获得胜利的条件，来操控竞争的不同挑战程度。但这种操控往往缺乏有效的互动和及时的反馈，模拟的真实感较差，被试的融入感不高。本书对竞争挑战程度的模拟体现在过程中，而不是条件达成上；在对内在动机的测量也是实时的，而不是事后的。因此，更能真实地反映竞争挑战程度对内在动机的当期即时影响。

研究四：主要探讨了竞争对个体内在动机的续期影响。在竞争结束之后，与个体胜任需要满足息息相关的竞争要素是竞争的结果。因此，通过设置获胜组、落败组和控制组对竞争结果进行了操控。并运用事件相关电位技术监测不同任务阶段的实时脑电情况。以往的研究很少关注于竞争的续期影响，该研究有助于厘清竞争对后续活动中个体内在动机水平的长远作用机制。

本书的理论目的主要包含以下的五个方面：

（1）从当期视角，探讨竞争对个体内在动机的即时影响。

（2）从续期视角，探讨竞争对个体内在动机的深远影响。

（3）探讨任务难度对竞争与内在动机之间关系的调节作用。

（4）在现有认知神经科学脑电指标研究的基础上，寻找竞争环境中可以对个体内在动机进行表征的指标。

（5）探索适用于模拟不同竞争情境的实验任务范式，为以后的研究提供参考。

1.3.2 研究意义

1.3.2.1 理论意义

本书研究的理论意义主要分为三个方面：

（1）研究视角的创新。尽管人们已经开始关注于竞争对内在动机的影响，但是研究缺乏系统性和理论支撑，不同研究所得出的结论存在着较大的分歧和争议。本书在自我决定理论的基础上，以胜任需要的满足为出发点，研究竞争对个体内在动机的影响。此外，我们关注于不同时间维度下，竞争对个体内在动机影响的机制。尤其是关注竞争对个体内在动机的续期影响，或者说是深远影响，与当期影响互为补充，这是以往理论研究中未曾关注到的。

（2）研究方法的创新。以往传统的内在动机测量方法，主要是采用自我报告法和自我选择法，对于内在动机的测度需要回溯和主观评价，而无法直接在任务过程中对内在动机水平进行测量和记录。很多学科的增长点来自学科之间的交叉，因为设备的进步、知识的交融，使得我们在研究特定领域内容时，更加深入和有效。本书在运用原有行为实验方法的基础上，进一步采用认知神经科学方法，通过脑电指标对内在动机进行表征。这为以后关于内在动机的研究提供了参考。

（3）实验任务范式的创新。实验室研究对于实验的设计有着严格的限制，所以很难对真实生活场景进行还原和模拟（Meng et al.，2016）。正是出于对这一问题的考虑，我们在研究三和研究四中首创并使用了双人联机竞争停表任务，这一设计更加真实地模拟了竞争的情境，被试知道自己的竞争对象是谁，并且全程都在与对手进行持续不断的交锋、互动，并能够及时获得双方的结果反馈。这样的实验任务范式的设计，更容易触发被试内在的真实感受，也更容易使被试产生融入感。同时，研究三中还采用了羽毛球比赛的赛制，使得竞争场景更加逼真，竞争过程更加有趣。这种实验任务范式，可以应用于其他需要进行竞争环境模拟的研究中。

1.3.2.2　实践意义

本书的实践意义主要体现在以下方面：

（1）增加竞争环境对个体影响的可控性。企业中的竞争环境是普遍存在的，竞争挑战可能对个体产生正面的影响，例如，增加员工的斗志、激发员工的潜力。也可能给个体带来过大的压力，或是影响员工的情绪状态。企业的管理者应该从员工的真实心理需要出发，合理设置竞争挑战水平，使得竞争挑战的影响程度可测、可控、可用，从而更好地激发员工个体的内在动机，更好地服务于企业的长期发展。

（2）增加企业的人文关怀，倡导“以人为本”的企业观。内在动机问题的研究，入选了“十三五”期间工商管理学科优先发展领域。其指出，当今中国社会大部分工作的目的主要还是在于经济和自我价值的体现，对人的终极关怀不够，中国社会存在大批娴熟而倦怠的工作者，技术高超而内心冷漠的工作者，生活殷实而内心贫穷的工作者。促进意义追寻，满足个体心理需要，才能形成持久内在的动机。本书研究意在倡导对个体心理需要的满足和对内在动机的有效促进，增加企业的人文关怀和对精神丰盈的关注，引导人们更加终极、更高品位的生活和工作追求。

（3）增加企业激励员工的渠道，节约用人成本。现有的企业激励员工更多采用的是物质奖励的方式，较多地通过增强员工的外在动机来提升绩效，而对于个体的基本心理需要和内在动机的关注有待提升，因而造成员工幸福感不强、嵌入度不高、主观能动性不足。本书为竞争激励机制的设计提供了思路，对竞争挑战性的设计、竞争后期管理、任务类型的安排等做了有益的研究，为满足员工基本的心理需求并进一步提升个体的内在动机提供了路径。

相比于物质激励，竞争激励也可以为企业节约用人成本。

1.4 对相关术语的介绍

为了方便理解本书的主要内容，本节对内在动机、竞争、认知神经科学等方面的一些专业术语进行以下介绍。

（1）动机（motivation）：推动个体行为以实现一定目标的动力。

（2）内在动机（intrinsic motivation）：由内在心理需要引发的驱动和维持个体行为的力量。内在动机是源于对自主、胜任和归属三种基本心理需要的满足。

（3）自我决定理论（self-determination theory）：20世纪80年代，由美国著名心理学者德西（Deci）和瑞安（Ryan）等提出的一种关于个体自我决定行为的动机过程理论。

（4）胜任需要（competence needs）：指个体需要体验到自身有能力从事某项任务或活动，从而获得满足感和成就感。

（5）竞争（competition）：个体或是团体为了更好地生存和发展，进行的比较输赢、抢占资源的对抗性较量。

（6）竞争情境（competition situation）：包含竞争要素的、对人有直接刺激作用、有特定的生理意义和社会意义的具体竞争环境。

（7）竞争要素（elements of the competition situation）：指竞争情境中所包含的与竞争相关的元素，如竞争挑战、竞争结果等。

（8）竞争结果（competition results）：指竞争带来的输赢。

（9）竞争挑战（competition challenge）：由于竞争本身的排他性和对抗性所带来的对个体能力的威胁。

（10）竞争不确定性（competition uncertainty）：指竞争任务带来的对结果的不确知。

（11）竞争不一致性（competition inconsistency）：指竞争双方对任务的不同反馈或作答。

（12）任务难度（task difficulty）：任务本身的难易属性所带来的对个体能力的威胁。

（13）事件相关电位（event-related potentials）：指与一定心理活动、刺激或是事件相关联的脑电位的变化。

（14）刺激前负波（stimulus-preceding negativity，SPN）：刺激材料出现之前持续的负走向慢波，反映大脑对刺激迫近过程中带有期待性质的注意力分配。

（15）反馈相关负波（feedback-related negativity，FRN）：反馈结果呈现的阶段的负走向脑电成分，反映大脑对反馈信息的认知加工过程。

（16）当期影响（instant influence）：指在当下过程中的即时影响。

（17）续期影响（profound influence）：指对后续阶段的深远影响。

1.5 研究方法与技术路线

1.5.1 研究方法

本书综合运用文献研究、行为实验和脑电实验三个方法，按照“文献回顾与整理—研究问题提炼—研究假设提出—实验设计—实验实施与数据采集—数据分析—结果讨论—总结提升”的顺序开展研究。研究方法的选取以研究目标的达成为出发点，运用交叉学科的优势获取客观、有效的数据。

1.5.1.1 文献研究

文献研究方法的目的是了解研究主题在当前时间节点的研究现状，从而“站在巨人的肩膀上”，做好知识和理论的储备。同时在系统回顾的基础上，找出以往研究存在的不足和可以研究的空间（research gap），进而提出探索性和具有前瞻性的研究问题以及研究假设。本书搜索的关键词主要包括“内在动机”“自我决定理论”“沉浸理论”“胜任需要”“竞争”“竞争环境”“竞争挑战”“竞争不确定性”“竞争不一致性”“竞争结果”“任务难度”“事件相关电位技术”“神经管理学”“认知神经科学”“事件相关电位”“FRN”“SPN”“P300”等。所检索的数据库主要依托于浙江大学购买的数据库资源，涵盖科学网（ISI Web of Science）、施普林格（Springer）、美国国家医学图书馆（Pubmed）、爱思唯尔（Elsevier-SDOL）、中国知网、万方等数据库。获取批量文献后，通过领域、主题、文献类型等进行归类、整理、阅读、总结，形成了本书第 2 章的文献综述内容，并用于其他章节的假设提出、讨论等。

1.5.1.2 行为实验

在本书的研究一中，我们采用了行为学实验的方法开展研究。基于对以往内在动机的行为学研究方法的回顾，主要采用自由选择法和自我报告法这两种较为经典的方法开展数据采集。首先，自由选择法（free-choice measure），被广泛应用于实验室研究中，具体方法是：当外在激励撤销时，计算个体仍然愿意从事某项活动的持续时间。这种方法的逻辑在于，如果被试在所谓的“正式实验”之后还继续开展该实验任务，说明其存在内在动机，而且持续的时间越长，说明其内在动机的强度越高（Deci，1971）。这种操作方法与内在动机的内涵是一致的，也就是在当没有外在激励存在的时候，人们被内在驱动从事某件事情（Deci & Ryan，1985a）。其次，自我报告法，是自我报告内在动机的强弱，一方面其成本比较低，另一方面其可以作为实验研究的辅助，使得测量更加科学有效。

1.5.1.3 认知神经科学实验

本书所需测量的个体内在动机水平具有一定的内隐性，较难进行定量化的表征，以往行为学的方法虽然成本低、易操作，但主要是主观报告和事后记录，较难在个体完成任务的过程中以及多阶段实验设计中记录和监控个体的内在动机变化。而认知神经科学的方法和技术进步，为我们提供了新的视角。现有成熟的认知神经科学方法以功能性磁共振（functional magnetic resonance imaging，fMRI）和事件相关电位（event-related potentials，ERPs）为代表。功能性磁共振主要记录的是脑血供应物质的三维断层磁学图像，事件相关电位主要记录的是脑电信号变化的时间谱（魏景汉、阎克乐，2008）。其特征的比较详见表 1.1。

表 1.1　　功能性磁共振与事件相关脑电位的方法特征比较

项目	功能性磁共振	事件相关电位
原理特征	血流中血红蛋白氧合的磁场变化，空间分辨率高，时间精度低（秒级）	脑区神经元放电，智能记录大脑表面电信号，时间分辨率高（毫秒级）
实验环境	处于幽闭空间，磁场强度高	处于隔音、隔磁、隔噪音的普通环境中
实验成本	价格千万级，体积大，不可携带，普及难度大，实验成本高	价格几十万元，体积小，有便携式设备，普及容易，实验成本适中

资料来源：本书作者整理。

从表 1.1 的特征比较中发现，事件相关电位技术更加符合我们的研究需求。一方面，其时间分辨率高，便于监控各个相关阶段内在动机的实时变化过程，形成相应的内在动机表征指标；另一方面，实验的成本较低，对实验环境的要求较低，便于模拟竞争环境。所以本书研究二、研究三和研究四均采用该技术开展实验。

事件相关电位最早被称之为诱发电位，这是为了区别于没有刺激出现时的自发电位。很显然，“诱发”是为了强调电位的产生原因是刺激的出现而导致的。到了 20 世纪 60 年代末，为了更好地概括来自主动的、自上而下的心理因素引发的脑电波，研究者们开始使用“事件相关电位”一词。现在一般将事件相关脑电位定义为：当外界的一种特定的刺激触发感觉系统或是大脑的某一区域，在刺激给予或是撤销时，由于心理因素作用在脑区而产生的电位变化（魏景汉、阎克乐，2008）。由于事件相关电位技术可以客观有效地反映个体的生理变化和心理变化，所以其被心理学、经济学、管理学在内的很多学科所重视，试图打开人类决策行为和背后的“黑箱”。

事件相关电位包含着心理和生理的信息，但是其湮没在脑电（electroencephalogram，EEG）之中，需要进行提取。单次刺激所诱发的事件相关电位波幅一般为 2 ~ 10 微伏，比脑电要小得多。但是由于事件相关电位具有波形恒定和潜伏期恒定的特点，这样就可以通过叠加从脑电中对事件相关电位进行提取。这就是事件相关电位研究一般要求每个实验条件进行重复多个试次的原因（Luck，2014）。

在事件相关电位研究中，脑电通过多导连的电极帽进行记录。本书采用的是神经扫描系统（NeuroScan）的 64 导电极帽，电极采用氯化银（Ag/

AgCl）合集电极，保证了电位的可靠记录。随后脑电信号通过神经扫描系统第二代放大器（SynAmps 2）进行实时放大并转化为数字信号，计算机通过自带软件记录和降噪，并通过相应的离线分析步骤，最终获得事件相关电位成分。

要实施一个事件相关电位实验，具体的步骤包括：第一，实验申请和伦理委员会审批；第二，实验设计和素材准备；第三，刺激程序的编写；第四，预实验和程序修缮；第五，被试招募；第六，正式实验和数据采集；第七，运用神经扫描系统和统计产品与服务解决方案软件（SPSS）等进行数据分析；第八，实验材料和数据刻盘归档。

1.5.2 技术路线

本书研究的技术路线主要包含以下的5个环节，如图1.2所示。

环节1：通过对竞争与社会发展、企业进步、个体动机激发关系的分析，获得了本书的现实背景。通过对心理学、管理学、认知神经科学领域中关于竞争、动机相关问题的文献梳理，明确所属领域的研究现状，获得本书的理论背景。

环节2：根据理论背景和现实背景，提出本书试图解决的关键问题，明晰研究的视角、目的、意义和假设，并据此确定具体的行为实验方法和脑电实验方法，确立本书的基本研究框架。

环节3：根据本书的关键问题和理论假设，形成具体的子研究，包括：研究一，竞争对个体内在动机的影响初探——任务难度的调节；研究二，当期视角下竞争的不确定性和不一致性对内在动机的影响及其神经机制；研究三，当期视角下竞争挑战程度对个体内在动机的影响及其神经机制；研究四，续期视角下竞争结果对内在动机的影响及其神经机制。并完成本书的具体实验设计。

环节4：根据四项研究的具体要求，分别实施数据采集、分析，并形成数据报告和结果解读。

环节5：对四项研究的结论进行总结，得到本书的整体结论，归纳理论贡献和实践贡献，分析研究的不足之处，提出对未来研究的展望。

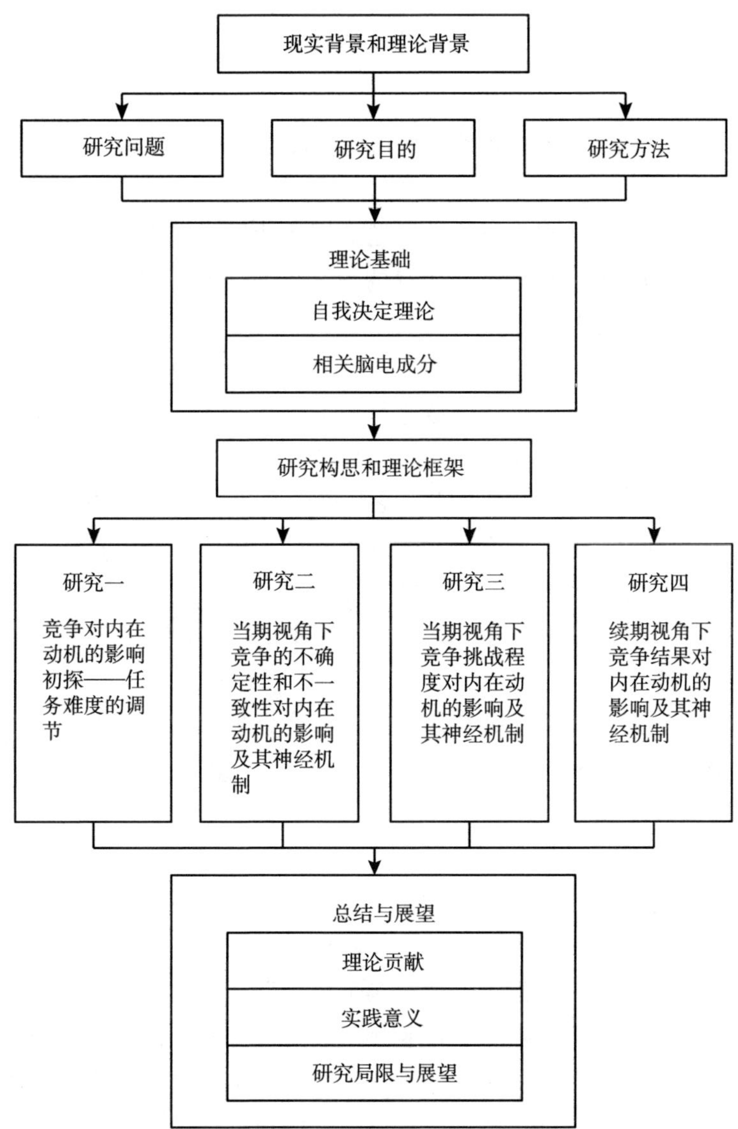

图 1.2　本书的技术路线

资料来源：本书作者整理。

1.6 本书框架

本书共包含八个章节的内容，四项研究被安排在了第 4 ~7 章。具体情况如下：

第 1 章，绪论。主要介绍研究主题的现实背景、理论背景，提出本书拟探讨的关键问题，对研究的视角、目的、意义进行阐述，对研究方法的选取进行介绍，对论文框架进行论述。

第 2 章，文献综述。从竞争相关理论和研究（竞争的界定、竞争情境的营造和控制、管理学和心理学领域竞争相关研究、竞争对内在动机的影响）、内在动机的定义与主要流派（内在动机的界定、测量、成就目标理论、工作特征模型、沉浸理论等）、本书的理论基础自我决定理论（基本心理需要理论、认知评价理论、有机整合理论、因果定向理论、目标内容理论、竞争情境中自我决定理论的运用）、管理学中基于认知神经科学的脑电信号分析的研究（SPN、FRN、P300、内在动机的认知神经科学研究）展开，为本研究提供理论的支撑。

第 3 章，理论框架与研究构思。在回顾研究现状的基础上，找出本书的落脚点，介绍整体的研究框架，以及各个研究之间的逻辑关系，明确各个研究需要解决的问题。

第 4 章，研究一。一项行为学实验，从自我决定理论出发，模拟了高竞争挑战、低竞争挑战、无竞争挑战的情境，采用自我报告法和自由选择法对内在动机进行测度，初探可能影响个体胜任需要的不同竞争挑战水平对个体内在动机的影响，同时关注了可能影响个体胜任需要的一项重要的任务属性（任务难易程度）对竞争挑战与个体内在动机之间关系的调节作用。研究一是后续研究的基础，其作用主要体现在：一是探索了竞争挑战对个体胜任需要和内在动机可能产生的影响，为后续研究假设的提出提供参考；二是为后续研究中内在动机测量方法的选用提供参考；三是为后续研究中实验任务难度的控制提供参考。

第 5 章，研究二。一项认知神经科学实验。聚焦于竞争不确定性和不一致性对个体内在动机的当期影响，运用事件相关电位技术监测答题结果在高不确定性、低不确定性，以及双方反馈在一致、不一致等不同条件下的脑电情况，并通过脑电指标对个体内在动机进行表征。

第 6 章，研究三。两项认知神经科学实验，从自我决定理论出发，聚焦于竞争挑战对个体内在动机的当期影响，以“完败”“惜败”“险胜”“完胜”这四种情形建立了竞争挑战水平与个体胜任力之间的关系，运用事件相关电位技术监测不同挑战水平下的脑电情况，并通过脑电指标对个体内在动机进行表征。

第 7 章，研究四。一项认知神经科学实验，从自我决定理论出发，聚焦于竞争结果对个体内在动机的续期影响。实验共分为三个被试组（获胜组、落败组和控制组），每组被试均需要经历三个阶段的实验，组间设置的唯一差别在于第二阶段对竞争结果的操控，进而观测不同被试组第三阶段（竞争后的阶段）和第一阶段（基线阶段）个体内在动机的变化。实验过程中运用事件相关电位技术对不同被试组各个阶段的脑电情况做了记录，并通过脑电指标对个体内在动机进行表征。

第 8 章，研究结论与研究展望。对四项研究的结论进行系统总结，并形成本书的整体结论，归纳理论贡献和实践贡献，分析研究的不足之处，提出对未来研究的展望。

1.7　本章小结

在本章中，首先介绍了本书的现实背景（竞争对社会发展、企业进步、个人动机激发的重要作用，激励理念和激励机制有待进一步更新和丰富）以及理论背景（内在动机理论的不断发展，管理学与认知神经科学的交叉融合），在此基础上，进一步提出了本书拟解决的关键性问题（一是“竞争对个体内在动机的当期影响”；二是“竞争对个体内在动机的续期影响”；三是“任务难度如何影响竞争与个体内在动机之间的关系”；四是“在不同竞争实验条件下，如何对个体的内在动机水平进行科学测度，并选取合适的认知神经科学指标”）。随后，对研究的视角、范围、目的、意义等进行了阐述，并明确了研究的方法、技术路线，最后对全书框架和每一章节的内容安排做了介绍。

| 2 | 文献综述

2.1 竞争相关理论和研究介绍

竞争是人类社会不断进步的源泉。在西方谚语中，竞争也被认为是一切卓越才能的源泉。人们对于竞争的探讨和研究从未停止过，它也成为管理学和心理学中的一个重要主题。本书基于自我决定理论，研究竞争对个体内在动机的当期和续期影响。因此，这里先对竞争相关的理论和研究进行综述。

2.1.1 竞争的界定

竞争，普遍存在于自然环境和人类社会中。我国思想家和哲学家庄子早在两千多年前就将“竞”和“争”并列使用，正所谓“有竞有争”，可见对其的研究由来已久。英国生物学家达尔文（Darwin）的进化论认为，物竞天择，适者生存，将物种进化与自然选择过程紧密联系起来，而其核心就是“竞争”。2015 年发表在《自然》杂志上的一篇文章分析了雄性生物存在的意义。雄性存在的原因一直令人困惑，因为雄性对生物种群繁殖的唯一贡献是精子，科学家们认为无性别后代会使得繁殖更有效率。为了厘清这一问题，研究人员在10年时间里对甲虫进化过程开展了研究，剥夺了一组甲虫的竞争机制。结果表明，在缺乏雄性竞争和雌性选择的种群中，基因失去了改良，对环境适应能力减弱，甚至导致群体的消亡。因此文章认为，雄性之所以长期存在，在于其与同类进行的繁殖竞争，有助于改善所属种群的健康状况，把更优秀的基因传递下去，这被认为是一种非常强有力的进化力量，为清除有害遗传基因起到了积极的作用（Lumley et al.，2015）。

事实上，竞争的机制，不仅关乎自然界的繁殖与生存，也关乎人类的社会生活。随着经济社会的发展，“竞争”这个主题受到各领域学者的广泛关注。美国心理学家林德格伦（Lindgren，1967）认为，竞争是人类社会生活中不可分割的一个组成部分。广义而言，所有生物为了求生存、求发展进行的争抢、超越或是掠夺，都是一种竞争。而狭义上的竞争，主要是指人类社会的竞争，是个体或团体为了更好地生存和发展，进行的比较输赢、争夺胜负、抢占资源的对抗性较量（时蓉华，1998；岑延远、聂衍刚，2005）。国内学者刘靖伟和刘爱书将竞争定义为，人类活动中希望自身表现超过对手的一种行为（刘靖炜、刘爱书，2008）。

竞争往往作为一种环境因素或情境因素存在，其对个体心理的影响具有复杂性。一方面，竞争可以激发个体或是团体的潜在能量，增强人们的胜任需要、尊重需要和自我实现的需要，从而促使个体不断进步；另一方面，竞争压力如果过大，挑战程度如果过高，容易使人们丧失自信，产生焦躁、不安、担忧等负性情绪，如果这些情绪状态持续时间过长，会对个体的生理和心理造成损害（岑延远、聂衍刚，2005）。竞争是一把“双刃剑”，可能产生正面作用，也可能产生负面效应。最好的办法就是使其积极作用最大化，负面效应最小化，例如，引导企业设置合理的竞争激励机制、引导个体对竞争形成正确认识等。

由于人类社会的生产力是有限的，而人的欲望是无限的，有限的资源在分配的过程中，人与人之间的竞争不可避免。尤其是在市场经济环境下，竞争是一种非常重要的社会运转和经济发展方式。因此，很多社会现象的本质都是源于竞争。在人类的社会生活中，竞争的表现形式多种多样，例如，高考、球赛、工作评比、选秀、学科竞赛等等，很多对竞争情境的研究，都是通过对某种竞争形式的模拟，产生特定的竞争环境，使被试在这一环境中完成研究目标指向的特定任务。同时，竞争又可以划分为个体间竞争和群体间竞争，因此对于竞争的研究，也是分为不同层次的，微观层面上主要是关注于竞争心理、竞争情绪、竞争动机等，主要涉及心理学和管理学。而宏观上主要关注于资源储备、行业结构、市场格局等方面，主要涉及公共管理学、管理学、经济学等，例如，对美俄军备竞赛的研究、中美贸易竞争的研究、企业竞争战略的研究等。本书主要是从微观层面上，对个体间竞争进行研究，属于管理学和心理学范畴。

2.1.2 竞争情境的营造和控制

在管理学或是心理学的研究中，竞争情境分为两种类型。第一种是自然形成的竞争情境，例如，奥运比赛、高考、公务员晋升面试等，研究者仅仅是竞争情境的参与者和观察者，而非控制者。研究者需要在一个严格定义的空间和时间中，开展类似田野调查的一手数据搜集，并对竞争情境下各项可能的相关变量进行研究。这种竞争情境下的研究，优点在于无限接近真实情境下的竞争状态，生态效度高，缺点在于数据采集可能存在难度，各种竞争要素的控制存在挑战。

例如，康奈尔大学的研究人员就曾对 1992 年西班牙巴塞罗那夏季奥运会上银牌得主和铜牌得主情绪反应开展了研究。在这一竞争情境下，研究者首先拍摄了获奖者在颁奖仪式上的表情，随后要求学生对图片上个体的幸福指数进行评分，研究表明，铜牌得主明显比银牌得主感到更加幸福。他们将这一现象用反事实思维进行解释，即人们会将竞争的结果与本应该获得的结果进行比较，银牌得主纠结的是自己差一点就获得了金牌，而铜牌得主则庆幸自己登上领奖台，险些空手而归，所以铜牌得主更加开心和满足（Medvec et al.，1995）。美国旧金山大学心理学家们对 2004 年雅典夏季奥运会上类似的现象进行了研究，在国际大赛的真实竞争情境下，着重观察了柔道比赛运动员的在比赛结束后、颁奖典礼时、获奖感言时的面部表情，他们发现银牌得主的微笑并不真诚，而是刻意为之，甚至代表一种负性的情绪（Matsumoto & Willingham，2006）。

第二种竞争情境，是研究者从研究目的出发，以情境控制者的身份，营造一种竞争情境，多数时候还会设置对照组，从而比较竞争情境与非竞争情境之间的差异。这种竞争情境多用于实验室研究，其优点在于能比较好地控制竞争的不同要素，缺点在于竞争情境的生态效度可能不高。为了解决这一问题，研究者往往隐藏真实的实验目的，或是设置较为吸引人的竞争任务，从而使被试较好地融入竞争情境。例如，在一项竞争情境和情绪状态对顿悟影响的研究中，研究者将被试随机分为四组，实验时所在同组的十个人同一时间出现，参加字谜测试，实验组通过操纵不同的获胜可能性（90%、50%、10%）来控制竞争的挑战程度，并在实验指导语中进行说明。比如在竞争挑战最高的一组，实验指导语告知被试，只有达到十个人中的第一名，才能获得一笔奖金。而在竞争挑战最低的一组中，会被告知十个人中前九名都会获得一笔奖金（李亚丹、马文娟、罗俊龙、张庆林，2012）。在这项研究中，研究人员就很好地操纵了不同竞争挑战水平。

总结而言，竞争情境的营造和控制，需要关注到环境中可能存在的其他变量的干扰，最好是基于以往成熟研究的实验范式，进行细致的实验设计，提高竞争情境的融入感和操控性。

2.1.3 管理学和心理学领域竞争相关研究

竞争情境对行为结果影响的研究，主要聚焦于心算能力、学习成绩、个体创造性等方面。

有学者对竞争情境和非竞争情境下，人们对数学问题的认知方式开展了研究，实验要求被试完成心算任务，首先在非竞争情境下进行，间隔至少两天以后，同一批被试在竞争情境下进行心算任务（两人做心算任务的比赛），实验过程中全程记录脑电。研究结果表明，竞争情境下，被试会更迅速地对数字进行理解，伴随着一定的焦虑情绪。与此同时，竞争情境中被试调动的认知资源更加丰富，注意力更加投入，记忆保持水平更强（叶新东、王巧燕、杨清泉，2011）。

也有学者关注于竞争情境对学习成绩的影响。研究发现，竞争有助于激发人们对于优胜的渴望，产生更加积极的心理状态，将注意力集中于学习任务，从而有效提升个体的学习成绩（Fisher，1976；Julian & Perry，1967）。

但也有研究认为，竞争的同时要兼顾合作，才能使学习效果更佳（Thompson，1972）。竞争作为一种人们在社会环境中彼此作用的形式，对学习的迁移能力会产生影响，研究结果表明，相较于无竞争的环境，有竞争的环境中个体的学习态度更加主动，使个体的远迁移和近迁移绩效结果显著提升（Eck & Dempsey，2002；孙蕾、李建伟，2007）。在一项词汇语义认知加工的研究中，发现竞争的环境对词汇的识别也会产生影响（王培，2014）。

也有研究关注于竞争对个体创造性的影响。一方面，竞争被认为可以挖掘出个人的潜能，形成追求目标的不竭动力，从而有助于创造性的培养（Shalley et al.，2004）。另一方面，竞争被认为是一种外在压力，可能产生焦虑或是过度紧张，对创造性产生负面的影响（Amabile，1982）。群体层面的研究也发现，竞争的情境可能引发强烈的社会压力感，会抑制发散性思维过程（Wiekens & Stapel，2008）。研究还表明，竞争的挑战程度会显著影响人们的顿悟过程，适度的竞争使被试在完成字谜任务过程中发挥最好水平，高竞争挑战和无竞争挑战的情况下被试表现较差（李亚丹、马文娟、罗俊龙、张庆林，2012）。

基于以上的文献回顾不难发现，竞争作为一种情境变量，对个体行为的影响具有一定的复杂性。一方面，应该更加关注行为结果产生的原因，尤其是关注于个体的内心活动过程和认知过程，对作用机理进行深入的分析；另一方面，对竞争情境要素进行剥离很有必要，现有的不少研究都是简单地划分竞争情境与非竞争情境，得出的结论往往背道而驰，因此应该基于相关理论开展多层次、系统化的研究，探索竞争情境中的关键要素对行为结果的影响。

2.1.4 本节小结

本节首先对竞争进行了界定，将本书竞争研究的范围限制在了社会环境中个体之间的微观作用层面，主要从管理学和心理学的视角来开展研究。随后，根据本书的研究领域和重点，对竞争情境的营造和控制方法进行了介绍，本书将主要应用第二种竞争情境营造方法开展研究，即以情境控制者的身份，营造一种竞争环境，侧重于实验室研究的方法。最后，本节回顾了竞争情境对心算、学习成绩、个体创造性等方面影响的文献。出于对文献综述整体架构的考虑，有关竞争情境对内在动机影响的文献，将在第 2.4 节中做集中介绍。

2.2 内在动机的定义与主要理论流派

在组织行为学和心理学的研究领域，内在动机正逐渐成为人们热衷的话题。动机研究领域著名学者平克（Pink）在其著作《驱动力》中指出，人们对于动机的研究和理解经历了三个阶段：以生物冲动型驱动力为代表的 1.0 时代、以奖惩等外在驱动力为代表的 2.0 时代和以内在动机驱动力为代表的 3.0 时代（Pink，2009）。尽管在不同的发展阶段，不同种类的驱动力都广泛存在并相互作用，但是人们所关注的核心发生了悄然的变化。本书主要关注于内在动机，并在本节对其定义和相关理论做一个梳理。

2.2.1 内在动机的界定

20 世纪初，武德沃斯（Woodworth）最早给出了内在动机的理论雏形，认为好奇心具有驱动个体感知和行动的作用，好比一种内在的自我奖励，使人们具有主动性和积极性（Woodworth，1918）。随后，对内在动机的研究从不同视角逐步展开，逐渐形成了对内在动机内涵的两种主要解释方式。

一种是聚焦于内在动机的内容构成，侧重于将内在动机与内在需要、精神追求联系在一起。例如，马斯洛（Maslow，1943）在需求层次理论中指出，个体潜能的激发，以及自我实现需要的满足，是内在动机的核心。有研究者认为对任务过程的掌控和胜任感催生了内在动机（White，1959）。也有研究者认为自主、胜任、归属这三种基本心理需要是内在动机形成的核心要素（Deci & Ryan，1985a）。阿马比尔（Amabile，1993）在总结前人研究的基础上指出，构成内在动机的主要要素是自我决定、胜任、嵌入、好奇以及兴趣。

另一种主要是行为学说，通过对个体的行为归因，对内在动机进行解释。博莱因（Berlyne，1964）就将内在动机解读为内生渴望和对好奇心的满足以驱动个体行为，从而感受到一种快乐，并享受这一过程。也有学者将内在动机理解为人们在兴趣的驱动下，关注工作任务并努力提升绩效的过程（Izard，

1977）。具体到工作领域，内在动机被界定为员工通过自我激励实现工作绩效提升，这种自我激励来自兴趣或是积极的情绪感受，并形成一种良性的、持久的作用，而不是依赖于外在的奖励或者是报酬（Hackman & Oldham，1975）。综上所述，行为学说认为，如果个体的行为是自发的，是出于自愿的，则可以认为这种动机是一种内在动机。

国内不少学者也对内在动机的问题进行了系统的综述（陈志霞、吴豪，2008；金佳，2014；孟亮，2016；杨红明、廖建桥，2007；周文泳、胡璟璟，2012）。基于自我决定理论并综合不同学者的观点，本书对内在动机的概念进行如下的归纳：由内在心理需要引发的驱动和维持个体行为的力量。内在动机是源自对自主、胜任和归属三种基本心理需要的满足。

2.2.2 内在动机的测量

内在动机一般具有三个层面，分别是总体层面、社会情境层面和特定事件层面（Vallerand，2000）。三个层面的具体介绍参见第1.2.2.3节中对内在动机的界定。特定事件层面的内在动机研究方法是本书关注的重点。

特定事件层面的内在动机的测量，使用比较频繁的是采用量表进行自我报告的方式。一方面其成本比较低；另一方面其可以作为实验研究的辅助，使得测量更加科学有效。测量量表中比较权威的是美国著名心理学家阿马比尔（Amabile）开发的工作偏好量表（work preference inventory，WPI），其中包含对内在动机和外在动机的测量量表，内在动机测量部分主要包含以下维度：第一，自我决定（对选择和自主性的偏好）；第二，胜任力（自我控制倾向和对挑战的偏好）；第三，任务融入（对任务的专注和沉浸程度）；第四，好奇心（对复杂事物的偏好）；第五，兴趣（享受过程并获得乐趣）（Amabile，1985；Amabile et al.，1994）。另外一个主流的量表是由自我决定理论的提出者瑞安（Ryan）开发的内在动机量表（intrinsic motivation inventory，IMI），应用范围不局限于工作领域，只要是个体参与一项活动，都可以使用这一量表进行测量，问项主要关注于乐趣和享受程度（Ryan，1982）。此外还有一个较为简化的量表，被称为情境动机量表（situational motivation scale，SIMS），包含四个题项，关注于活动的有趣性以及活动过程中的良好感受（Guay et al.，2000）。该方法的局限性在于，个体都是通过自我报告的方式对内在动机水平进行描述，主观程度高，容易受到各种因素的干扰，结果偏离真实值的可能性较高。而且测量往往是在任务之后，难以在实验过程中衡量内在动机的动态变化。

另外一种常用的测量方法是行为测量法，也被称为自由选择法（free-choice measure），被广泛应用于实验室研究中。由卡梅伦和皮尔斯（Cameron & Pierce，1994）所做的一项元分析发现，关于奖励对内在动机影响的研究中，有超过64%的研究使用了这一方法。自由选择法的测量方法是：当外在激励撤销时，计算个体仍然愿意从事某项活动的持续时间。更确切地说，主试一般会假装宣布实验结束，然后借故离开被试一段时间，让被试独处在某一空间，一般是8分钟左右。在这段时间中，被试其实是处于被观察的状态，被试可以选择继续从事实验任务，抑或是看杂志，以及做其他事情，包括德西（Deci）所说的做“白日梦”，这是完全自由的。这种设置的逻辑在于，如果被试还是继续开展实验任务，说明其存在内在动机，而且持续的时间越强，说明其内在动机的强度越高（Deci，1971）。该操作方法与内在动机的内涵是一致的，也就是在当没有外在激励存在的时候，人们被内在驱动从事某件事情（Deci & Ryan，1985a）。但该方法也存在一定的局限性，那就是这种测量往往是在任务结束之后，而个体在任务过程中的内在动机变化难以衡量。

以上两种方法都具有各自的优点，也存在一定的局限性。内在动机的实时测量和量化一直是一个难点（Camerer，2010），随着认知神经科学的发展和测量仪器的进步，通过认知神经指标来客观地衡量个体在开展任务或者活动过程中的内在动机水平成为可能，并且相关的指标也比较成熟，这为个体内在动机水平的量化测量提供了新的视角，实现了认知神经层面对个体内在动机的表征。出于对文献综述整体架构的考虑，我们将在第2.5.3节中，对内在动机的认知神经科学的研究进行集中介绍。

2.2.3 内在动机的相关理论

2.2.3.1 成就目标理论

成就目标理论是在成就动机研究的基础上逐渐发展起来的，20世纪80年代，基于学校课堂教学中学生成就动机的研究和社会认知框架研究的基础上，德韦克（Dweck）提出了成就目标理论，他将成就动机划分为了掌控目标（mastery goal）和绩效目标（performance goal）。掌控目标强调自身努力的重要性，将成败等更多归因于内在的、可控的因素；绩效目标关注的则是竞争和绩效结果，倾向于将成败归因于不可控的因素（Dweck，1986）。

两种不同的目标导向，决定了不同程度的内在动机水平。掌控目标导向的个体，往往愿意付出更多的努力，拥有更高的主观能动性，去获得自身能力的发展，面对失败往往能够内部归因，主动克服挑战和困难。绩效目标导向的个体，更关注于与他人的比较和社会的评价，面对困难容易产生无助感，甚至自我否定和情绪低落，内在动机波动较大，平均水平较低（Rawsthorne & Elliot，1999）。

随着研究的深入，学者们又将掌控目标和绩效目标进一步划分，提出了三分模型和四分模型（Elliot & Harackiewicz，1996；Elliot & Mcgregor，2001；Harackiewicz et al.，2002），为后续的实证研究提供了更加坚实的理论指导，也表明了目标设置的多维性和动态性。成就目标理论的意义在于，其关注了目标设定对内在动机的影响以及个体间的差异，为管理实践提供了有益的指导。

2.2.3.2 工作特征模型理论

在组织行为学领域中，基于工作特征模型理论的研究非常普遍。工作特征模型的提出者是哈佛大学著名教授哈克曼（Hackman）和伊利诺伊大学教授劳勒（Lawler），他们最早认为，工作特征应该包含六个因子，分别是技能多样性、自主性、工作完整性、反馈度、合作度和友谊机会（Hackman & Lawler，1971）。1975 年，他们又对原有的模型进行了调整，增设了任务的重要性，去掉了“合作度”和“友谊机会”这两个因子，最终形成了人们所熟知的五因子工作特征理论模型（Hackman & Oldham，1975）。

这一理论认为，员工在工作中的内在动机强度，和工作特征息息相关，好的工作设计有助于个体内在动机的增强。而对于内在动机的有效维持，哈克曼（Hackman）等人认为，要以五种工作特征为重点来进行工作设计，使员工体验到工作本身的价值和意义，体会到所承担的责任和使命（Hackman & Oldham，1975；Hackman & Oldham，1976）。

此外，该理论进一步发展到了群体层面，并增加对相互依存和社会交流机会的关注，更加符合当下管理实践的需求，但模型的设计也更加复杂，操作难度也更大。总体而言，工作特征模型理论一直处于工作设计问题研究中的核心地位，而如何激发员工的内在动机并提升绩效也一直是该理论致力于解决的关键问题，其为内在动机的前置变量研究提供了系统的参考。

2.2.3.3 沉浸理论

对于大多数人而言，具有挑战性的活动或是游戏，具有内在的吸引力。其中甚至有些是带有危险性质的，却不乏爱好者。研究者们试图挖掘这种吸引力产生的原因。沉浸理论（flow theory）的提出，就是源自对这一问题的思考。

森克曾提米亚（Csikszentmiyalhi）通过对象棋爱好者和攀岩爱好者等的深度访谈，发现人们的内在动机源自适度的挑战性，也就是活动、任务、游戏等本身具有一定的挑战，但是却在人们的能力和潜力所能达到的范围之内时，会产生较强的内在动机水平（Csikszentmiyalhi，1975）。如果以个体的能力或技能水平为横坐标，以活动的挑战性为纵坐标，那么内在动机的强度可以绘制成一条倒 U 形的曲线，这条曲线的顶点，被称为最佳状态水平，被称为“心流”或“沉浸”（flow）状态，即人处于高度内在激发的状态（Abuhamdeh & Csikszentmihalyi，2012；Abuhamdeh et al.，2015；Csikszentmihalyi，1990）。

沉浸理论强调能力与挑战的匹配性，并将不同的匹配程度进行了划分。如果挑战程度太高，超过了能力的范畴，个体就会丧失胜任感，因而会进入焦虑状态；如果挑战程度太低，能力远远超出了任务要求，那么个体就会进入一种无聊的状态。只有当挑战与能力达到了均衡的水平，才能最大限度激发个体的内在动机，个体全情投入，非常享受，行为自发地形成一股整体的流，甚至不需要意识的调节和干预（Csikszentmihalyi & Rathunde，1993）。总体而言，沉浸理论将内在动机被激发出来的心理体验描述了出来，并试图解释在何种条件下会激发出这种状态，为目标导向的活动中内在动机的激发提供了有益借鉴。

2.2.3.4 自我决定理论

20 世纪七八十年代，随着认知心理学的发展，人的认知因素逐渐受到学界的广泛关注。动机相关的理论也正是受到了这一趋势的影响，使认知动机成为新的主流研究方向。在这样的背景下，自我决定理论逐渐浮出了水面（暴占光、张向葵，2005；林桦，2008）。

自我决定理论（self-determination theory，SDT）提出于20世纪80年代，提出者是美国著名心理学者德西和瑞安（Deci & Ryan，1985a），这一理论强调个体的自愿和自主决定是驱动个体行为的强大动力。自我决定理论的基础是有机辩证元学说（organismic-dialectical metatheory）。该学说认为，人类是具有内在积极性的生物，具有心理成长和发展的潜在能量。人们在个体需求和外在环境的双重作用下，会对行为做出自我决定，从而使人们开展有益于心智、满足于兴趣和能力发展的行为（Deci & Ryan，2000；林桦，2008）。

自我决定理论不同于其他的动机理论，它是在不断吸纳新的研究成果过程中逐步完善起来的，主要包含五个子理论，分别是基本心理需要理论、认知评价理论、有机整合理论、因果定向理论和目标内容理论。该理论已经在心理学、组织管理、教育与学习动机、体育运动、宗教等多方面取得了丰硕的研究成果（林桦，2008；刘丽虹、李爱梅，2010；王娅，2015）。由于该理论内容丰富，而且也是本书研究的理论基础，故将其单独列为一个部分，在第2.3节中做详细的介绍。

2.2.4 对内在动机相关理论的简要评述

以上的四个理论并不是完全孤立的，在很多方面是紧密联系的，所论述的内容方向性也是一致的，只是采用的视角不同。例如，沉浸理论中所提到的最佳挑战水平，就是任务挑战程度与个体能力的一个平衡状态。同样，在自我决定理论中，胜任需要作为一种基本的心理需求，被定义为感受到拥有充分的技能，有能力并可以有效地应对环境中的各种挑战和互动，被认为是内在动机激发的关键。可见，沉浸理论中的最佳挑战水平与自我决定理论中的胜任需要满足所论述的重点是一致的。又如，成就目标理论，强调了目标设定的重要性。而沉浸理论同样强调，要产生沉浸状态，个体所从事的必须是目标导向的活动。两个理论都将目标作为内在动机激发的关键因素。

需要说明的是，四个理论的适用范围不尽相同。沉浸理论主要是指个体参与目标导向的活动过程中的内在动机，特别是对娱乐、竞技、休闲活动等具有好的解释力。成就目标理论和工作特征模型理论是对工作状态或学习状态下，个体内在动机激发做出的解释。只有自我决定理论是从个体基本心理需求出发，进一步建立起心理需求、内在动机和外在行为之间的关系图，是具有更广泛普适性的理论，对个体动机也具有更强的解释力（孟亮，2016），本书也将以自我决定理论作为内在动机研究的理论基础。

2.2.5 本节小结

本节着重介绍了内在动机的概念，以及在特定事件层面上内在动机的测量方法，这为本书内在动机的界定以及测量方法的选择提供了参考。本书将借鉴自我报告和自由选择法的优点，同时将认知神经科学的方法结合进来，进行更加客观和有效的内在动机测度。此外，本节介绍了内在动机相关的四个主流理论，并探讨了理论之间的关系以及理论的适用范围，为本书内在动机理论基础的选择指明了方向。

2.3 自我决定理论介绍

自我决定理论是本书的主要理论基础，在上一节相关内容的基础上，本节将做一个更加详细的介绍。自我决定理论是关于动机研究的较为系统的理论，本节将首先介绍其五个子理论，随后对管理学和心理学领域自我决定理论的相关研究做一个回顾。

2.3.1 自我决定理论的子理论介绍

2.3.1.1 基本心理需要理论

基本心理需要理论明确了人们的基本内心需要的内涵，以及其与动机和幸福感之间的关系，是自我决定理论最重要的部分，是其他主要子理论假设成立的基础。基本心理需要理论认为，人类在不断进化的过程中，存在着本能的发展需要，这种需要是先天的，而不是后天形成的。通过对一系列相关研究的归纳和检验，最终鉴别出三种基本的心理需要：自主需要（autonomy）、胜任需要（competence）、归属需要（relatedness）（Deci & Ryan，2000）。

（1）自主需要是一种自我决定的需要，是指人们能够按照自己的意愿开展并进行各项活动，拥有自主选择的权力。这种需要是自我决定理论命名的来源，说明了其重要性。当个体所处在特定环境中，能够感受到自主性，或是个体所具有的自我决定权较高时，就容易形成内在的归因和内在的行为驱动力，此时，参与相应活动的内在动机就会比较高。

（2）胜任需要，也译为能力需要，是指人们具备能够恰如其分地完成任务的能力，并在从事某项活动的过程中体验到自己是胜任的，是有能力做好相应任务的，这种需要的满足可以使人获得满足感和成就感。胜任需要在竞争类场景中，可以体现在个体感觉到自己比对手更加适合一项工作，或是对方所带来的挑战在自身的能力承受范围之内，个体可以驾驭竞争的过程，对竞争环境有控制的能力。特别是当个体面对恰到好处的挑战时，能够充分调动人的积极性和主观能动性。

（3）归属需要，也译为关系需要，是指人们需要周围环境或其他人给予帮助、尊重和关怀，表现为一种心理的依赖，使个体有融入感和归属感。归属需要的满足可以增强个体的环境适应能力，表现出较强的内在动机。

基本心理需要理论认为，当上述三种基本需要在特定的环境中得到满足后，个体的内在动机就会增强，外部动机也会得到更加顺畅的内化，可以有效促进个体更长时间坚持一项活动或任务，从而产生良好的绩效结果。而妨碍这些动机的满足，会降低人们的动机水平和主观幸福感（Deci & Ryan，2000；Ryan & Frederick，1997）。

2.3.1.2 认知评价理论

认知评价理论聚焦于个体的内在动机，认为内在动机是人类普遍存在的一种内在的积极倾向，正是由于这种倾向的存在，促使人们依靠内在的驱动力去从事感兴趣的活动，并获得自我的提升，其深刻影响了人们的行为和发展。

认知评价理论深入探讨了内在动机的前置变量，特别是社会情境中的因素对内在动机产生的作用。德西和瑞安（Deci & Ryan，2002）认为，社会环境因素对内在动机的作用是通过个体对因素的基本认知评价实现的。首先，是个体所感觉到的胜任程度，当胜任感强的时候，人的内在动机就会增强，反之，就会降低。其次，是个体的自主感觉，人们必须要体验到行为是可控的，是自我决定范围之内的，那么内在动机才会得到增强。根据外部因素对胜任感和自我决定的作用差异，认知评价理论将报酬、奖励等外在社会因素划分为信息性因素和控制性因素。

信息性因素是指能够给个体提供积极的信息反馈，帮助个体拥有自信和胜任感，或是一些改进性的信息反馈，有助于改善个体的行为，帮助个体增强对活动或事件的控制，在不同程度上促进内在动机的增强。而控制性因素是指个体感觉自己受到别人的迫使或控制，个体非自愿地、不得不去开展某种活动，或严格限定个体的行为方式，都会减弱个体的自我决定感。控制性的因素种类有很多，例如，威胁性质的惩罚（Deci & Cascio，1972）、过分强调竞争结果（Reinboth et al.，2004）、严格的完成期限（Amabile et al.，1976）等，都会显著减弱内在的动机。

此外，认知评价理论认为，当个体处于归属感和依赖感强的情境中时，即满足个体归属需要的情境中时，内在动机也会得到增强（Deci & Ryan，2002）。但是相比较于胜任感和自我决定，归属需要更多的是一种背景性或远端的心理需要，作用的效果并不会非常明显（Ryan et al.，1994；张剑、张建兵、李跃、Deci，2010）。

2.3.1.3 有机整合理论

不同于以往对动机的简单二元划分，有机整合理论将动机视为一个从无动机、外部动机到内在动机的连续过程，如图 2.1 所示。外在动机不再是一个固定的、绝对的动机种类，而是在不断整合的过程中逐步内化，不仅有消极的表现形式，也有积极的表现形式，主要划分为四种类型：第一，外在调节。指人的行为受到外部力量的控制，外部力量一旦消失，行为也将消失。该种外在动机会显著削弱内在动机。第二，内摄调节。指的是个体内心部分接受某种指令或是规则，但是并没有完全内化，就好像人吃了食物，没有完全消化一样。第三，认同调节。指的是一种更高程度的内化，人们更加认同，并可以自发地开展相关的活动，但是仍然存在外部力量的驱动。第四，整合调节。指的是全部内化的外在动机形式，使外在驱动完全转化为自主驱动，自主决定程度非常高（Deci & Ryan，2002；Ryan & Deci，2000）。

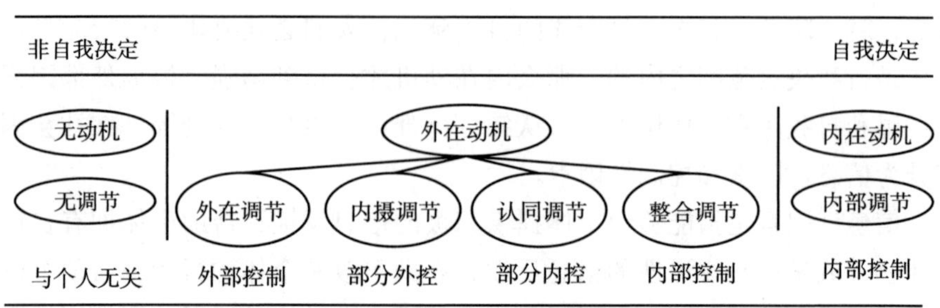

图 2.1 有机整合理论中动机的分类模型

资料来源：本书作者整理。

有机整合理论指出，内化过程是一种有益于人类发展的自然倾向，这种倾向性可以使个体自发地将社会准则、价值观念融入自我的理念中去，这样使得一些外在动机也可以发挥像内在动机一样的作用（Deci & Ryan，2000）。但是究竟如何区分外在动机的类型、如何测量和量化，仍然需要进一步开展研究。有机整合理论认为，究竟一个外在动机能够内化到什么阶段，关键是取决于自我决定、胜任和归属这三个基本需要能否得到满足（Deci & Ryan，2002）。

2.3.1.4 因果定向理论

因果定向理论认为，个体之间存在着个性化的差异，存在不同程度的、综合的动机倾向，对于这种倾向的研究，有助于更好地理解人们行为产生的原因，德西（Deci，1982）将其命名为“因果定向”。因果定向存在着三个不同的水平，分别是自主定向（autonomy orientation）、控制定向（control orientation）和非本人定向（impersonal orientation）。

（1）自主定向涉及的是一种高程度的自我选择诉求，可以自主启动和调整自己的行为。在自主定向的情况下，人们会寻求自我选择和作出决定的机会。相应的，他们会有一个综合的趋势，那就是行为依存于内在的因果路径。德西和瑞安（Deci & Ryan，1985b）举例说，强自主定向会引导人们选择富有自主权的工作，并会把当前所处的情况更多地理解为是自主促进形成的，他们会基于个人的目标和兴趣来开展行动，而不是受限或受控。在自主定向水平很高的情况下，人们更多的是自我决定的，倾向于去自我感受和印证胜任力和行为成效，而不会受到外界奖励等的影响。

（2）控制定向指的是人们的行为受到外部环境因素的控制，人们倾向于寻找、选择或是将事件解读为被支配。当一个人是高度控制定向的，那么他倾向于做他“应该”做的事情，他们倾向于依赖于控制性的事件（如最后期限、受人监督等）来督促自己完成一项任务或活动。而且，外在的奖励在控制定向个体行为上起着关键性的作用。德西和瑞安（Deci & Ryan，1985b）举例认为，报酬或是社会地位等会是控制定向强的个体考虑工作选择时的关键因素。他们面对其他重要抉择时，也会将外在的奖励作为重要的考量指标。

（3）非本人定向指的是个体的行为已经不受内在意志所控制，这类人对调节自我的行为感觉到无力或无助，并不相信能够通过特定的行为获得想要的结果。非本人定向程度高的个体往往认为自己不胜任或无法掌控现有局面，他们认为任务太过艰巨，或是结果与自身所付出的努力和行动无关（将结果归结为是运气的产物等）。这种非本人定向的特质往往出现在个体非常沮丧、焦虑或是心灰意冷的情境下，或是个体盲目追随他人脚步、缺乏自我决定的能力（Deci & Ryan，1985b）。

2.3.1.5 目标内容理论

基于个体内在基本需要的满足程度，目标内容理论提出，要把个体所追求的目标进行划分，区分为内在目标和外在目标。内在目标是指个体自我驱动成长过程中的内发目标，目标的实现与自主需要、胜任需要、归属需要的满足相一致。例如，兴趣发展、亲密关系的构建、自我健康的维护等，都是一种内在的目标。而外在目标是指个人行为的开展是为了获得外在的奖励、社会的称赞等，是外部驱动的，例如，获得更多的财富、提升自己的权力、提高自己的社会地位等（Deci & Ryan，2002）。

学者们还关注了内在目标和外在目标的不同效果。从1993年开始，一系列相关的研究就已经开始展开。研究结果表明，外在目标会使幸福感下降，也会降低人们对环境的适应能力。而内在目标会显著增强被试的幸福感，而且在不同的年龄组中都得到了印证。学者们随后在不同的文化背景中进一步展开了实证研究得到了较为一致的研究结论（Kasser & Ryan，

1993；Kasser & Ryan，1996；Kim et al.，2003；Maarten et al.，2006；Ryan et al.，1999；Vansteenkiste et al.，2007）。研究认为，内在目标的达成有助于基本心理需要的满足，从而有利于提升个体的幸福感。而外在的目标更倾向于一种外部的控制和操纵，不利于内在心理需要的满足，从而与幸福感呈现负向的关系。

2.3.2 基于自我决定理论的管理学和心理学相关实证研究

基于自我决定理论，学者们首先关注于内在动机的前因变量，并开展了大量的研究。外在奖励是学者们关注的一个重点。人们倾向于将绩效奖励视为控制性的环境因素，一项对以色列集体农场上的工人工作动机的研究发现，外在的奖励与内在动机之间存在负相关（Eden，1975）。对于从事枯燥工作的蓝领工人而言，绩效工资计划使得他们的幸福感显著降低（Shirom et al.，1999）。研究还发现，绩效工资计划的引入会对非营利性组织中的员工内在动机产生负面的影响，尤其是当引入绩效工资又撤销，可能使个体工作自主性降低，工作积极性大幅降低，内在动机显著减弱（Deckop & Cirka，2000）。

不少研究聚焦在领导风格对内在动机的影响。研究表明，相较于交易型领导风格，变革型的领导风格会使下属在工作过程中拥有更大的自由度，能够满足自主心理需求，从而强化工作的内在动机，提升对工作的满意度（Bono & Judge，2003；Shamir et al.，1998）。

也有研究关注于自主性支持对内在动机的影响。自主支持性是指管理者会给下属足够的自由，但也并非完全放任，而是提供有益的信息、选择的权力，在不断地反馈与互动的过程中鼓励员工自己调整行为。研究发现，自主支持性会使员工具有更高的工作满意感和更加积极的工作态度，同时对上级的认同度更高（Deci et al.，1982）。另外一项研究搜集了某企业员工全年的工作绩效数据，发现自主支持可以有效地预测下属的基本心理需求，包括自主需要、胜任需要和归属需要，并进一步地有效预测工作的绩效结果与工作满意度（Deci et al.，2001）。由于自主支持有助于激发员工的内在动机，而且不论是集体主义还是个体主义的文化背景都是有效的（Chirkov et al.，2003），所以研究者建议可以通过自我决定理论中满足基本需要的导向，对工作氛围进行重塑。

基于自我决定理论，学者们也关注于内在动机对结果变量的影响，主要是内在动机对工作绩效结果、个体幸福感、组织承诺等的影响。研究表明，个体内在动机的增强有助于提升工作绩效结果（Breaugh，1985；Deci et al.，2001），有助于增加工作满意度，增加工作中克服困难的韧性（Macias et al.，2009），自主性的动机与组织承诺高度正相关（Gagné et al.，2004）。对美国西点军校过去长达14年中1万多名学员的动机数据和毕业结果的数据研究发现，具有强烈内在动机的人，毕业的可能性比平均水平高20%，而且内在动机是唯一关键的要素（Wrzesniewski et al.，2014）。

这些研究中最为引人关注的是2005年由自我决定理论的提出者德西（Deci）和他的同事发表的《自我决定理论与工作动机》（Gagné & Deci，2005），对管理学中动机相关研究影响巨大，并被认为是一篇里程碑式的文章（孟亮，2016），谷歌学术数据显示该文的引用率超过2万次。该论文对内在自主动机的前因变量和结果变量进行了系统分析和整理，最终建立了依托于自我决定理论的自主工作动机模型。在该模型中，前因变量包含社会环境因素（工作内容和情境：挑战、选择、合理度、反馈度；工作氛围：管理者的自主支持）和个体差异因素（自主因果定向）；结果变量共有四个，分别是绩效（复杂度、创意、归属感）、心理幸福感、组织信任和承诺、工作满意度（Gagné & Deci，2005）。

2.3.3 本节小结

在本节中，首先对自我决定理论进行了详细介绍，自我决定理论的提出者很早就开始关注内部动机和外部动机的关系问题，他们认为原有的简单二元划分并不足以解决心理学研究、管理研究和管理实践中的很多问题，有必要进行更加深入的研究和探讨（Deci & Ryan，1985a），因此随着时间的推移，形成了一系列的子理论，本书较为完整地回顾了五个子理论，为本书提供了重要的理论依据和指导。随后，介绍了基于自我决定理论的管理学和心理学的相关实证研究，在第2.4节中，我们将重点介绍竞争情境与内在动机之间关系的研究，为本书研究的具体开展提供参考。

2.4 竞争情境与个体内在动机之间关系的研究回顾

2.4.1 竞争情境整体与个体内在动机之间的关系研究

竞争作为一种人类社会中广泛存在的环境因素，与个体的内在动机之间存在着千丝万缕的联系。一批学者认为，人们对竞争充满渴望，竞争不仅有助于激发获得外界赞赏等的外部动机，也有助于激发兴趣、胜任感、嵌入感等内部动机（Amabile et al.，1994）。弗兰肯和布朗（Franken & Brown，1995）研究认为，人们对竞争的渴望，主要出于五个方面的原因：一是提升自身的胜任力；二是期望获胜；三是使自己更加奋进；四是对竞争中的状态感到满足；五是挑战本身充满了乐趣。

以往有关竞争情境整体和内在动机之间关系的研究争议很大。一些研究表明，竞争对内在动机具有促进作用（例如：Brickman & Bulman，1977；Elliot & Harackiewicz，1994；Tauer & Harackiewicz，2004）。而另一批学者认为，竞争不但不能增加个体的内在动机，反而会产生负面的影响（Deci et al.，1981；Vallerand et al.，1986b）。例如，同样是对运动员被试的研究，有的发现运动的竞争会增加个体的兴趣和享受，同时会增加每周自主训练的天数，激发个体的内在动机（Frederick & Schuster，2003），有的则发现竞争将原本的运动乐趣淡化，取而代之的是获胜这一个目标。个体本身为乐趣而运动，变为了赢而运动，最终使得人们的自我决定感减弱，行为驱动也由内在驱动转变为外在驱动（Fortier et al.，1995）。

之所以会产生这种截然相反的结论，在于竞争情境中存在的竞争要素很多，竞争情境整体对内在动机影响具有复杂性，不能仅仅研究有竞争和无竞争，还应该对竞争要素进行剥离，对干扰变量进行控制。

2.4.2 竞争情境要素与个体内在动机之间的关系研究

以往的研究中，主要关注竞争情境中的竞争结果对内在动机的影响。在一项研究中，主试扮演假被试，与真被试进行猜谜游戏的竞争。一半的被试被要求尽量快速地解决猜谜问题，以超过对手获得胜利。另外一半的被试仅仅是被要求在固定的时间内完成任务。研究表明，对竞争结果的强调会削弱内在动机的水平。研究认为，当人们将注意力放在结果的输赢上时，活动本身变成了获得胜利的工具，个体就会减少对活动过程和价值的关注，从而减弱了内在动机的水平（Deci et al.，1981）。基于自我决定理论中的认知评价理论，研究者还关注于主观和客观的竞争结果对内在动机的影响。人们以往只是关注于客观结果的输赢，而忽视了被试的主观感受。研究认为，只有当被试自我感受到胜任力或是自我决定时，内在动机才会显著增强（McAuley & Tammen，1989）。随后的一文章中，也关注了竞争结果（竞争输和竞争赢）对内在动机的影响，认为获胜相对于落败会增加个体的胜任感，从而增强内在动机（Reeve & Deci，1996）。研究还发现获胜者往往比失败者有更强的内在动机。而对于失败者而言，清晰明确的比赛规则和及时的反馈，有助于激发内在动机。同时，对于失败者，相较于正向的反馈，绩效相关的奖励会减弱个体的内在动机（Vansteenkiste & Deci，2003）。

也有研究关注于个体的差异性。有研究聚焦于竞争和非竞争情境下，被试所收到的正负结果反馈对他们内在动机的影响。研究表明，竞争对内在动机的影响受到个体成就动机的调节，不论是正面反馈还是负面反馈，高成就动机的个体更加享受竞争体验（Tauer & Harackiewicz，1999）。此外，研究者也尝试对被试群体进行划分。例如，一项研究关注于竞争对儿童（6～11 岁）的艺术创造力和艺术活动中内在动机的影响，研究表明竞争会激发男孩的创造力，而抑制女孩的创造力。同时，当竞争同组全部是男孩的时候，男性个体的内在动机会显著增强（Conti et al.，2001）。另一项研究针对青少年群体（14～15 岁），参与学科竞赛的被试更加学习目标导向，不会回避绩效目标，表现出更加浓厚的学习兴趣（Höffler et al.，2017）。

2.4.3 对两者关系研究的简要评述

首先，从研究视野上而言，以往对竞争情境与内在关系的研究分为两种思路。第一种是整体上的研究，简单地划分为有竞争和无竞争两组，研究竞争情境对内在动机的影响，但是得出的结论分歧很大。第二种思路是对特定的竞争情境要素进行研究，控制了干扰变量，使研究更加系统和聚焦。未来的研究应该借鉴第二种思路，对竞争情境要素进行有效剥离。

其次，从研究的丰富度而言，不少重要的竞争情境要素还有待进一步研究，如竞争挑战程度。竞争的挑战程度分不同等级，是动态连续的（李亚丹、马文娟、罗俊龙、张庆林，2012）。沉浸理论认为，能力与挑战的匹配性非常关键，任务的挑战程度会对个体的内在动机产生显著的影响。如果挑战程度太高，超过了能力的范畴，个体就会丧失胜任感，因而会进入焦虑状态；如果挑战程度太低，能力远远超出了任务要求，那么个体就会进入一种无聊的状态。只有当任务挑战与能力达到了均衡的水平，才能最大限度激发个体的内在动机，个体全情投入，非常享受，行为自发地形成一股整体的流，甚至不需要意识的调节和干预（Csikszentmihalyi & Rathunde，1993），那么，在竞争情境中，竞争挑战程度是否与个体内在动机也存在倒 U 形曲线的关系，是值得探讨的话题。

再其次，从研究的视角而言，以往的研究局限于竞争情境对内在动机的短期影响，而缺乏续期的、跨阶段的、跨活动的研究。而竞争情境对个体内在动机的长期影响在社会情境和管理情境中广泛存在，是未来研究值得探讨的方向。

最后，从研究的理论基础上而言，自我决定理论与竞争情境有着较为紧密的联系，因为自我决定理论的提出者和他的同事发表的一些论文，就是基于竞争情境开展的研究（Deci et al.，1981；Reeve & Deci，1996），所以选用成熟的理论体系有助于更加科学地把握研究问题的本质。

2.4.4 本节小结

在本节中，我们主要回顾了竞争情境与个体内在动机之间关系的研究，并依据竞争情境整体和竞争情境局部这两种研究思路，对以往的研究进行了划分。同时，从研究视野、研究的丰富度、研究的视角、研究的理论基础这四个方面进行了评述，为本书的研究选题提供了支撑。

2.5 管理学中基于认知神经科学的脑电信号分析的研究

2.5.1 神经管理学简介

神经管理学的界定最早出现在2006年《管理工程学报》发表的论文中，文章作者马庆国和王小毅认为，随着脑功能成像和脑电监测技术的日臻完善，以及认知神经科学与经济学、管理学、心理学、社会学等学科交叉融合趋势日渐明晰，在这种背景下神经管理学这一学科分支将逐步形成。神经管理学把神经科学作为工具性的方法，引入和应用于管理学研究，有助于了解人们在做出管理决策时的大脑活动过程和认知加工机理，从更基础的层面审视管理相关决策、社会行为与人性，也对管理科学的量化研究起到推动作用（马庆国、王小毅，2006a）。因此，神经管理学是一门研究经济管理活动中大脑活动规律的学科，通过大脑活动的相关指标来解释经济管理活动中的决策过程、经典行为，并预测行为可能产生的结果，从而为优化经济管理决策提供新的支撑。

同年在权威期刊《管理世界》上，神经管理学的两位提出者进一步介绍了神经管理学的主要分支。文章认为，管理学的大多数分支所涉及的管理对象都包含人，管理本身也是人活动和决策的过程。而且只要是涉及人，就不可避免地与人的大脑活动相关。因此管理学中几乎所有分支，都可以与认知神经科学产生交叉融合点。也正是基于此，马庆国和王小毅提出，神经管理学应该包含神经决策学、神经营销学、行为神经科学、神经工业工程学、神经金融学、神经病态行为管理学等重要分支（马庆国、王小毅，2006b）。

随着神经管理学概念的提出，越来越多的学者开始关注这一交叉学科，并尝试使用认知神经科学的方法来探究管理学的问题，这一领域也逐渐获得认可。前沿出版集团（Frontiers）会定期以某一研究领域或学科方面（research topic）作为前沿研究主题，以促进对学术前沿和热点问题的讨论与合作，推动全球科学进步。2016年，前沿出版集团以“神经科学技术在神经管理学与神经营销学中的应用”作为前沿研究主题，并指出“神经管理学是在神经经济学之后出现的重要学科分支，通过认知神经科学的方法和技术来研究经济管理类的议题，着重于探索在人们面对经济和管理问题时的大脑活动和心理过程。”商学院顶尖期刊《市场营销研究》（*Journal of Marketing Research*，UTD24 期刊之一）也组织过一期专刊聚焦神经科学方法在营销学中的应用。2016 年在电子商务著名期刊《电子商务研究》（*Electronic Commerce Research*）上也出现了第一篇基于事件相关电位（事件相关电位）技术的文章，从电生理视角对网购决策过程进行了分解（Wang et al.，2016）。

现阶段该学科的研究主要分为三个领域：一是理论研究领域，旨在发现新的管理规律、产生新的管理理论。理论研究主要在实验室完成，但也有相当部分需要在实验室外的工作现场完成。二是应用研究，也就是用神经科学的手段（包括有关理论）解决经济管理中的实际问题，旨在提高经济管理活动中的工作效率、工作质量以及相应系统安全水平。三是紧跟脑科学的新进展，模仿大脑，产生仿脑计算（类脑计算）的方法，并利用这些方法解决管理科学的问题、工程中的问题以及科学研究中的问题。神经科学与管理科学的交叉融合，有力地拓展了研究的深度和学科的边界，并逐渐应用在管理学的几大核心研究领域，为学科发展注入了新的活力。

2.5.2 动机水平相关的脑电成分

事件相关电位（event-related potentials，ERPs）被广泛应用于脑功能的研究，已经发展得较为成熟，在心理学、认知神经科学等领域取得了较大的成就（魏景汉、罗跃嘉，2010）。其优点可以概括为：第一，时间分辨率高；第二，可以实时测量无行为反应的认知加工过程；第三，无创伤和无侵入性；第四，所需设备较为简单等（魏景汉、罗跃嘉，2010；赵仑，2010）。在前人的研究中，学者们定义了一系列事件相关电位成分用来反映不同的认知加工过程。本书主要希望通过事件相关电位成分来表征内在动机的水平，因此在我们将侧重介绍和动机相关的事件相关电位成分。通过对已有文献的梳理，我们将着重介绍刺激前负波（SPN）、反馈相关负波（FRN）、晚期正电位（P300）三种成分。

2.5.2.1 刺激前负波（SPN）

刺激前负波（stimulus-preceding negativity，SPN）是一个持续的、负走向

的慢波，出现在任务相关的刺激启动之前，反映的是一种带有期待性质的注意（Brunia & van Boxtel，2004；Brunia et al.，2012；Ma et al.，2017）。这一成分最早见诸卜乃尔（Brunia）和达门（Damen）的文章，所采用的是时间估测的按键任务，将SPN成分与运动准备电位区别开来，反映对结果或将出现的刺激材料的一种预期，并发现SPN这一成分具有右半球偏侧优势（Brunia & Damen，1988）。随后，学者们开始关注不同情况的反馈刺激对SPN产生的影响。在一项事件估计任务中，设置了真反馈、假反馈和无反馈三种情况，研究发现仅在迫近真反馈的情况下出现了明显的SPN，说明反馈信息的价值对SPN的产生起到了关键作用（Chwilla & Brunia，1991a）。在此基础上，学者们研究了人们对反馈的知觉预期（信息的可辨识性）或概念预期（算数的难易度）与SPN波幅之间的关系，研究结果表明，SPN与这两种预期之间并不存在紧密的关系，而是与动机的心理过程更加相关，任务相关动机所触发的期待或是关注可能是SPN产生的诱因（Chwilla & Brunia，1991b）。在一项赌博游戏中，当三个框中出现的字母为一致时，则获得游戏的胜利。三个框中的字母依次出现，研究结果表明，当字母出现的情形是“X-X-?”，相较于“X-Y-?”的情形，前者会产生更大的SPN。这一结果为SPN反应注意分配或期待提供了进一步的证据（Donkers & van Boxtel，2005）。

目前为止，对SPN成分的综述性文章主要有两篇：一篇是2004年万博克泰尔和布克（van Boxtel & Böcker，2004）发表在《生理心理学》杂志上的文章。文章归纳认为，SPN通常出现在四种刺激材料呈现之前：第一，包含过往绩效结果信息的刺激材料；第二，传递任务指示信息的刺激材料；第三，与以前任务结果相匹配的刺激材料；第四，触发动机或情绪的刺激材料。

另一篇综述文章登载于2012年牛津出版的《事件相关电位手册》中，其作为手册的一个章节系统介绍SPN成分（Brunia et al.，2012），指出最典型的SPN经常出现在被试等待实验结果的反馈之前。孟亮和马庆国基于自我决定理论，在研究自主权时发现，对自主权的满足可以增加人们的内在动机。实验通过设置人们对难度相同任务的选择机会，来对自主权实现控制。当被试拥有自主权时，相比于没有自主权的情况，在被试等待实验结果的反馈之前出现了一个更加负走向的SPN，表明自主权增加了人们对正性结果的期待，增大了内在动机（Meng & Ma，2015）。在一项研究努力程度对个体认知加工过程影响的实验中，在加法和乘法任务的正确率相同的情况下，人们对任务难度更大的乘法任务抱有更高的主观期待，反映在更大的 SPN 波幅上，表明付出的努力会增强人们对于结果的主观期望水平（Wang et al.，2017）。此外，一项研究通过独裁者博弈探索了美丽颜值减弱异性公平感知的原因。当普通外貌的女性独裁者进行分配时，男性被试 SPN 的波幅显著增大，表明其对颜值相对较低的女性是否能给出公平的分配方案更加期待，对其有更高的道德要求。而当美丽的女性独裁者出现时，被试对于分配方案公平性的期待显著减弱（Pei & Meng，2016）。综上所述，由于 SPN 成分对动机的响应或者映射非常敏感，其波幅可以作为一种指标帮助我们了解个体的内在动机的水平。

2.5.2.2 反馈相关负波（FRN）

反馈相关负波（feedback-related negativity，FRN）是大脑加工反馈信息最重要的一个脑电成分，其波峰出现在反馈刺激出现后的 250 毫秒左右，主要分布在额 - 中央区（李鹏、李红，2008；魏景汉、罗跃嘉，2010）。FRN 最早由米尔特纳（Miltner）等人发现，在一项时间估计任务中，被试需要估计 1 秒钟的时长并及时做出按键反应，以停止秒表走动。实验设计了一个时间估计的偏差区间，落入这个区间则获胜，反之则为落败。当被试按键反应 1 秒钟之后，实验的正误结果会呈现在屏幕上，即告知被试这一轮是成功还是失败。结果表明，负性的反馈信号会诱发一个非常明显的负走向事件相关电位成分，波峰出现在 250 毫秒左右，最大波幅出现在 FCZ 的附近，被称为反馈相关负波（Miltner et al.，1997）。自 FRN 被提出以来，学者们开展了大量的研究并形成了两种主要的理论流派，分别是强化学习理论和情感动机理论。

强化学习理论由霍尔罗伊德（Holroyd）和科尔斯（Coles）于 2002 年提出，该理论认为 FRN 与错误相关负波（ERN）是同源的，都是当强化学习的信息经由多巴胺系统，传输到前扣带回（anterior cingulated cortex，ACC）时产生的，正性的反馈信息使神经调质多巴胺的分泌增多，进而对 ACC 产生了抑制作用，因此 FRN 的波幅就相应地减小；相反，负性的反馈信息没有类似的抑制作用，因而 ACC 的活动较强，FRN 的波幅相应就较大。这一机制可以被 ACC 用于对个体当前的行为进行调整，并改变在接下来类似任务中的决策和行为，是大脑进行动态学习的一个反映（Holroyd & Coles，2002）。随后纽霍斯（Nieuwenhuis）等人发表了关于 FRN 的综述性文章，基于强化学习理论归纳了四个基本的观点：第一，FRN 反映的是对反馈结果好与坏的评估；第二，FRN 的波幅受到真实结果和期待结果之间关系的影响，即 FRN 波幅并不对奖励大小的绝对值敏感，而是对奖励值与期望值之间的波动敏感；第三，FRN 的波幅变化与错误相关负波 ERN 的波幅变化方向是相反的，反映了学习的功能；第四，FRN 发源于前扣带回（Nieuwenhuis et al.，2004）。

不少学者基于强化学习理论开展了一系列的研究。在一个赌博游戏中，每个试次中设定了不同数量的赌注，结果发现，虽然输钱相对于赢钱诱发了更大的 FRN 波幅，但是 FRN 的波幅对损失金钱的数额大小并不敏感，在输钱的情况下所诱发的 FRN 波幅大小相同（Yeung & Sanfey，2004）。在此基础上，另外一项研究设计了两项赌博实验，在实验一中，反馈结果会告知被试是获得了 5 美分或 25 美分，抑或是输掉了 5 美分或 25 美分，在实验二中，加入了平局的情况，即不赢钱也不输钱。在实验一和实验二中，输钱所诱发的 FRN 波幅是一致的，与输钱的绝对值无关，赢钱比输钱诱发了相对较小的 FRN 成分。此外，在实验二中，平局的情况所诱发的 FRN 波幅与输钱情况所诱发的波幅大小一致，进一步表明 FRN 对输赢的具体数量不敏感，而是将可能出现的结果分成好与坏两种情况（Yeung & Sanfey，2004）。

其他的一些研究证实了 FRN 波幅对奖励值与期望值之间的波动敏感，即 FRN 的波幅主要取决于期待值与实际结果之间的差别。霍尔罗伊德（Holroyd）等人的研究发现，FRN 的产生与其所处的背景环境非常相关，一个情境可以决定一个结果是有利的还是不利的，情境系统也决定了可能得到的最好结果以及可能得到的最坏结果。举例而言，获得了 1000 美金相对于获得 500 美金的选项，那结果就是好的；获得了 1000 美金相对于获得 2000 美金的选项，那结果就是差的。虽然都是获得了 1000 美金，但效价可能完全不同。基于强化学习理论，霍尔罗伊德（Holroyd）等人认为，在大脑的基底核有一个监控系统，持续不断地评估正在进行的事件，包括反应和反馈，并对持续发生的事件是有利还是不利进行定性。当监控系统向好的方向调整预期，就会产生正向预期信号，指示正在发生的事件好于预期；反之，则会发出负向预测信号，指示正在发生的事件坏于预期。中脑的多巴胺系统会将这种预期信号传回基底核，用于提升预测水平，同时传递给前扣带回的运动区，以提升当下的绩效水平，同时使 FRN 的波幅发生相应的变化（Holroyd et al.，2004）。另外一项研究通过两个子实验进一步验证了 FRN 来源于反馈与预期的不匹配。在实验一中，被试被要求关注动态光点并进行快速按键反应，反应之后被试需要评估自己的表现并作答，然后出现按键的绩效结果；而在实验二中，唯一的不同之处是被试不需要对自己的表现进行估计，屏幕上直接出现绩效结果。评估和最终的真实结果之间可能吻合，也可能产生偏差。研究表明，只有当真实的绩效与被试的预期出现偏差时，才会产生 FRN 成分，FRN 的产生与被试的绩效水平高低无关（Oliveira et al.，2007）。

关于 FRN 的另外一个重要理论是情感动机理论，该理论认为 FRN 成分的波幅反映的是被试对反馈结果偏主观的情感或动机强度。在 2002 年《科学》杂志上，格林和威洛比（Gehring & Willoughby，2002）首次提出了这一理论。在他们的研究中采用了一个赌博的游戏任务，在每一个试次中，被试有两种选择：5 或 25，代表不同数额的金钱（美元）。不论选择 5 或是 25，都有可能赢得相对应的金钱，或者输掉相对应的金钱，其决定于电脑的随机设置和反馈。为了增加游戏的真实性和现场感，被试最终获得的任务报酬与每一个试次中的收益或者损失情况挂钩。最终结果表明，在被试选择 25 的情况下，相比于选择 5 的情况，产生的 d-FRN 的波幅更加显著（d-FRN 在本实验中指特定选项下，输钱结果触发的 FRN 减去赢钱结果触发的 FRN），这一结果说明，虽然两种选项下都存在输钱和赢钱的可能性，但是在选择 25 的情况下，赌局的结果对被试而言更加重要，引发了更强的情感和动机的投入。因此格林和威洛比认为，FRN 可以作为情感或动机水平的衡量指标。

在另一项赌博任务中，被试可以得到自己的输赢结果反馈以及另外一个人的输赢结果反馈，发现不论是自己结果的反馈还是他人结果的反馈，都可以诱发非常明显的 FRN 成分，且自身任务结果反馈所诱发的 FRN 波幅更大，该实验说明在被试不执行任务的情况下也可以诱发 FRN（Yu & Zhou，2006）。在此基础上，一项类似的研究探讨了赌博任务中，被试自己的结果反馈与朋友的结果反馈所诱发的 FRN 波幅的差异，并通过共情特征问卷让被试进行了主观报告。研究表明，不论是自己的结果反馈还是朋友的结果反馈，都会诱发显著的 FRN 波幅。行为数据和脑电数据的相关分析进一步表明，被试共情程度越高，朋友的结果反馈所诱发的 FRN 越大，表明了情感在 FRN 产生过程中的重要作用（Fukushima & Hiraki，2009）。进一步的，一项研究将被试、被试的朋友、陌生人同时引入实验，发现被试是否参与到赌博任务中，会影响到其观察另外两人实验结果时反馈结果所诱发的 FRN 差异。表明了 FRN 不仅受到情感的影响，还涉及动机的影响（Ma et al.，2011）。这一系列研究为 FRN 的情感动机理论提供了更加深入的证据。

近年来，基于情感动机理论假设产生了一系列的研究。在一项研究老虎机赌博成瘾的游戏中，“差一点成功”情境下的 FRN 的波幅介于“完全失败”和“成功”情境下的 FRN 波幅之间。因为“差一点成功”和“完全失败”从客观上来说结果是相同的，但是触发的 FRN 存在差异，研究认为这表明了个体主观情感和主观价值评估的介入（Luo et al.，2011）。在一项关于自主权的研究中，实验通过操纵人们对难度相同任务的选择机会来研究这一议题，结果发现当被试拥有自主权时，相比于没有自主权的情况，产生了一个增大的 d-FRN（输的结果减去赢的结果），该研究基于自我决定理论提出，自主权的有无调节了人们参与任务的内在动机，并反映在 d-FRN 的波幅差异上（Meng & Ma，2015）。在一项努力程度对个体认知加工过程影响的研究中，文章通过 FRN 表征在反馈绩效结果阶段的情感和动机，研究发现尽管加法和乘法任务的正确率不相上下，但是人们更加看中付出更多努力之后的胜利果实（乘法任务的正性绩效结果反馈产生了更大波幅的 FRN-P300 联合波）（Wang et al.，2017）。

总结而言，不论是 FRN 的情感动机理论还是强化学习理论，其主要反映的都是大脑前扣带回的认知功能，并都有大量的研究支撑。其两者不是对立的，而是相互补充的，学者在开展研究的过程中，可以综合利用两种理论，有助于更加全面、客观和深入地探讨自己的研究发现。

2.5.2.3 晚期正电位（P300）

P300 成分是运用范围很广的一个脑电成分，潜伏期在 300～600 毫秒，最初发现时是出现在 300 毫秒左右的正波，因此称为 P300（Nieuwenhuis et al.，2005；Sutton et al.，1965）。在最初的研究中采用的是偏差检测（odd-ball）实验范式，即在同一感觉通路中有两种刺激，一种刺激发生的概率很小，另一种刺激出现的概率很大，此时概率小的刺激被称为靶刺激，要求被试发现靶刺激后快速按键并累加计数。研究结果表明，靶刺激出现后 300 毫秒会出现 P300，且在 PZ 附近波幅最大。在非注意情况下或是靶刺激与任务无关时，不能触发 P300。因此 P300 的波幅主要与投入的心理资源多少呈现正向的相关关系（Sutton et al.，1965）。P300 作为一个重要的内源性成分，与个体的高级心理活动紧密相关。自萨顿（Sutton）最早发现这一成分以来，研究者们尝试探索 P300 与认知加工过程之间的关系，形成了大批的研究成果。

不少研究都证实了 P300 与注意力资源的分配紧密相关。在双任务实验范式中包含实验任务和干扰任务，当干扰任务执行难度比较低时，其占用的资源相对就少，实验任务就会分配到更多的注意资源，因此诱发更显著的 P300 波幅。相反，如果干扰任务的操作难度较大，就会消耗较多的注意力资源，因此实验任务诱发的 P300 波幅就小（Kok，2001；Ma et al.，2015；Polich，1987）。在另一项研究中发现，被试在观察朋友和陌生人的赌博任务时，与朋友收益相关的反馈结果诱发的 P300 明显大于与陌生人收益相关的反馈结果诱发的 P300。这是由于朋友之间的强烈共情，使得被试投入朋友收益的注意力更多（Leng & Zhou，2010）。在研究外在物质激励对内在动机剥夺的实验中，采用的是与本实验类似的停表任务，研究表明停表成功的反馈结果会比停表失败的反馈结果诱发更大的 P300 波幅，在对反馈结果效价评估的过程中，被试更乐于看到停表成功的结果（Ma et al.，2014）。在结果反馈阶段，P300 常常伴随 FRN 一起出现。在最近的一项研究中，设计了一系列乘法和加法计算任务，每一道题给出了最长 10 秒的作答时间。相比加法，完成乘法运算需要实验参与者付出更多的努力。研究发现，尽管加法和乘法任务的正确率都在 80% 以上，人们更迫切去了解自己在乘法中的表现，人们也更为珍视付出努力之后获得的胜利果实，乘法任务的正性反馈诱发的 FRN 和 P300 波幅更大，人们主观上对乘法得出的正面结果给予了更多的注意分配（Wang et al.，2017）。

P300 还被认为与工作记忆的更新过程相关，并在此基础上产生了背景更新理论（context updating theory），该理论认为，信息会以“图式”的形式存入大脑，当新的刺激出现以后，大脑会将其与以后的“图式”进行比较，如果新的输入与以往的相同，记忆“图式”不会发生变化，不会诱发 P300。但是当新的输入与记忆的“图式”不同时，大脑就会对现有的“图式”进行更新，从而诱发 P300（Donchin & Coles，1988；Polich，2007）。此外，P300 还被认为与抑制加工有关。在 Go/NoGo 的实验范式中，当出现 NoGo 刺激时，个体需要对行为反应进行抑制，这种抑制会诱发 P300。并且个体的抑制能力越强，NoGo 诱发的 P300 成分波幅越大（Smith et al.，2006；Smith et al.，2013）。

综上所述，P300 成分可以反映被试的注意投入、记忆以及抑制加工相关认知加工过程，在本书中，研究任务较少涉及记忆和抑制加工，主要与个体的注意资源投入有关，所以在本书中，我们主要关注结果反馈阶段的 P300 及其对注意资源分配情况的反映。

2.5.3 内在动机的认知神经科学的研究

科学技术的不断进步，带来了测量设备的极大改善，为学科交叉融合提供了良好的硬件基础。2002 年，诺贝尔经济学奖得主弗农·史密斯（Vernon Smith）在颁奖大会上以“经济学中的建构主义和生态理性”（Constructivist and Ecological Rationality in Economics）为主题进行了发言，他重点介绍了神经经济学，并指出了神经经济学在个体决策、社会交换和经济制度三个领域中的价值和作用，并认为新的大脑研究设备激发了神经经济学去探索大脑内在秩序和人类决策行为之间的关系。此后，越来越多的研究者开始涉足神经科学与社会科学的交叉领域，以神经营销学、神经管理学、神经决策科学等为代表的交叉学科也相继涌现，基于认知神经科学的内在动机研究也逐渐增多。

最早一篇运用认知神经科学手段研究内在动机的论文于 2010 年发表在《美国科学院院报》（PNAS），文章聚焦于外在物质奖励对内在动机的挤出效应。该文采用的是一个有趣的秒表停表任务，并通过核磁共振技术进行大脑成像。具体的研究范式包含两个任务。任务一是按键停表，屏幕上呈现秒表走字，被试需要尽力将秒表停在 5 秒钟左右，如果介于［4.97，5.03］区间则该试次获胜；不在这一区间则该试次落败。而在任务二中，秒表会自动停止，被试仅需按键进入下一个试次，这种情况下无输赢之分。每名被试都需要参加各个区组的实验，每个区组都需要进行 60 次任务一和 30 次任务二。被试被随机分配到奖赏组和对照组。在奖赏组中，第一个区组的被试费与绩效挂钩，第二个区组的是固定报酬。在对照组中，两个区组均是固定报酬。文章通过纹状体的激活程度来表征个体内在动机的强弱，结果发现，在第一个区组，奖赏组的纹状体激活强于对照组；而在第二个区组，对照组的纹状体激活强于奖赏组，也即奖赏组被试在外在奖励撤销以后纹状体激活程度大幅度降低，为挤出效应提供了直接的脑科学证据（Murayama et al.，2010）。

著名的行为经济学家、加州理工学院的科林·凯莫勒（Colin Camerer）发文对该研究高度赞誉，他认为，以往由于条件和方法的限制，导致动机强度无法量化，而村山（Murayama）的研究提供了一个全新的视角，同时内在动机是经济管理领域的重要选题，对实践指导意义重大，该研究为后续研究的技术手段选取提供了有益借鉴（Camerer，2010）。

随后，有一些学者应用核磁共振成像技术，继续对内在动机开展研究。阿尔布雷特和他的同事们（Albrecht et al.，2014）在改进村山（Murayama）研究范式的基础上，将外在的物质奖励这一变量更改为了口头赞扬，发现口头赞扬有助于增强个体的内在动机，而且这种影响具有持久性，这一研究表明，外在的精神激励与外在物质奖励的作用是存在差异的。进一步的，戴珀斯和特里科米（DePasque & Tricomi，2015）关注于动机性访谈对内在动机的影响机制，研究表明，通过解决个体心理上存在的矛盾，可以显著增强内在动机水平，并反映在纹状体的激活程度上。此外，马斯登（Marsden）和他的同事们通过自由选择任务，测量被试在无要求条件下从事相关任务的时间，并通过核磁共振成像技术开展监测。结果表明，当内在动机水平高的时候，脑资源占用和消耗的比例反而低。通过这一规律，研究者试图找到外在动机施加在被试身上时的最佳水平，文中称为生物标记物（biomarker），既能提高绩效，又不至于减弱内在动机（Marsden et al.，2015）。

不同于功能性磁共振（fMRI）的高空间分辨率优势，不少学者所使用的事件相关电位技术（ERPs），主要是利用其高时间分辨率的特点。相较于核磁共振的秒级时间分辨率，事件相关电位技术可以达到毫秒级，这为研究人们的认识神经过程和认知加工阶段提供了非常重要的技术手段。

马庆国等人利用事件相关电位技术，研究了外在动机对内在动机的“挤出效应”。实验设置了奖赏组和控制组，每组进行三阶段的实验，奖赏组的第二阶段设置了和绩效挂钩的金钱奖励，其他阶段为固定报酬。控制组的三个阶段均为固定报酬。研究对比了每组中第一阶段和第三阶段内在动机水平的变化，结果发现，在奖赏组中，被试的内在动机水平显著减弱，反映在了反馈相关负波的差异波上（d-FRN），而控制组不存在这种情况（Ma et al.，

2014）。在一项关于自主权的研究中，实验通过操纵人们对难度相同任务的选择机会来研究这一议题，结果发现当被试拥有自主权时，相比于没有自主权的情况，产生了一个增大的 d-FRN（输的结果减去赢的结果），该研究基于自我决定理论提出，自主权的有无调节了人们参与任务的内在动机，并反映在 d-FRN 的波幅差异上。研究还发现，当被试拥有自主权时，相比于没有自主权的情况，在被试等待实验结果的反馈之前出现了一个更加负走向的 SPN，表明自主权增加了人们对正性结果的期待，增大了内在动机（Meng & Ma，2015）。在一项研究努力程度对个体认知加工过程影响的实验中，在加法和乘法任务的正确率相同的情况下，人们对任务难度更大的乘法任务抱有更高的主观期待，反映在更大的 SPN 波幅上，表明付出的努力会增强人们对于结果的主观期望水平（Wang et al.，2017）。

综合而言，事件相关电位技术应用于内在动机研究，为学者们开辟了一个新的视角，而这些研究所提炼的 SPN、FRN、d-FRN 等认知神经指标，为内在动机的量化和过程中的变化提供了科学的衡量标准和证据。孟亮（2016）对此进行了系统的梳理，提出了动机认知加工模型，包含内在动机脑电指标的适用条件和使用过程中的注意事项，为后续的研究提供了极大的便利。此外，以往研究都是聚焦于独立的个体，而涉及竞争等社会互动过程的研究较少，本书将在这方面做一个补充，应用认知神经科学方法研究竞争情境下人际互动过程中的内在动机水平。

2.5.4 本节小结

本节首先介绍了神经管理学这门学科。人的行为活动，本质都是由大脑控制和决定的，神经管理学作为一门新兴的交叉学科，试图找出经济管理问题中，决策和行为背后的大脑活动机制，从而找到新的视角来解释人们的行为规律，开展经济管理活动过程中的结果预测，并优化相关的决策制定。随后，本书重点介绍了和动机水平相关的重要脑电成分，并在本节最后介绍了内在动机的认知神经科学研究。通过对本节的回顾，我们发现应用认知神经科学手段来研究管理行为和决策，正在成为新的学术增长点。现有的研究所涉及的范围和主体还相对较窄，关注的内容还比较少，同时，通过事件相关电位开展测度时，对其各个阶段的内在动机监测还不够全面，这为我们进一步开展研究提供了空间。

2.6 本章小结

本章首先对竞争相关理论进行了综述，随后回顾了内在动机的主要理论流派，并重点介绍了自我决定理论，以及竞争情境与个体内在动机关系的相关研究，最后介绍了管理学中基于认知神经科学的相关研究。本章文献综述的整体逻辑在于，竞争是本书所设定的具体情境，自我决定理论是本书的理论基础，内在动机是本书关注的重点内容，神经管理学是本书的学科依托，认知神经科学方法是本书的研究工具。五个方面形成了彼此的联系，即在具体的情境中，依托经典的理论基础，聚焦于情境相关的重点研究问题，选择合适的测量手段，开展系统的、科学的、具有拓展性的研究。本章为本书整体研究框架的搭建、研究方法的选用、研究方案的设计提供了重要的支撑。

3 理论框架与研究构思

在第 1 章研究背景和意义的基础上，结合第 2 章对以往相关研究的综述，本章将提出本书的理论框架（如图 3.1 所示）和四个具体的研究设计。

3.1 本书的理论框架

作为动机问题研究的主流理论之一，自我决定理论认为个体普遍具有胜任、自主和归属三种基本心理需要，其中胜任需要的满足对于个体内在动机的提升具有重要意义（Deci & Ryan, 1975, 2002），这为竞争与内在动机之间关系的研究提供了很好的理论基础。本书基于自我决定理论，从个体普遍存在的胜任心理需要出发，通过心理学导向的实验设计，聚焦于竞争对个体内在动机的影响。

围绕竞争与内在动机之间关系这条主线，本书首先通过一项传统的行为学实验，探索了竞争可能对个体内在动机产生的影响，并且关注了可能影响个体胜任需要的一项重要的任务属性（任

竞争
竞争中
（当期）
竞争后
（后期）
竞争挑战
竞争不确定性
竞争不一致性
竞争结果
胜任需要
内在动机
竞争过程
激励机制
竞争结果
激励机制
个体心理层面
时间进程视角
竞争情境要素
自我决定理论
认知神经机制
管理实践建议

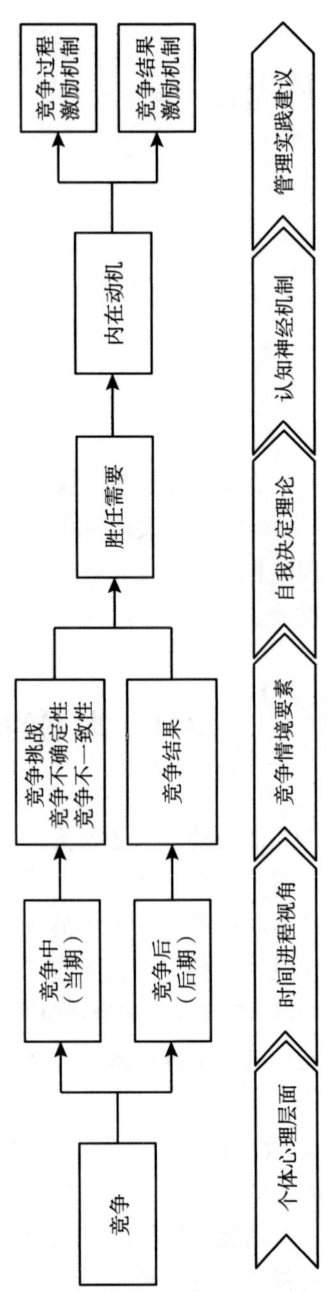

图3.1 理论框架

务难易程度）对竞争与个体内在动机之间关系的调节作用。基于研究一，我们在后续研究中可以有效控制任务难度，并提出合理的研究假设。

根据时间进程的差异，竞争对内在动机的影响可以划分为当期影响（竞争时）和续期影响（竞争后）。竞争的当期影响，是指竞争的动态过程对个体内在动机的即时影响。在竞争的动态过程中，可能对个体胜任需要产生作用的主要因素是竞争挑战程度、竞争的不确定性和不一致性，这是研究二和研究三聚焦的重点。竞争的续期影响，是指竞争任务或活动结束之后，对下一阶段任务或活动中个体内在动机水平的深远影响。在竞争结束之后，可能对个体胜任需要产生作用的主要因素是竞争结果，因此，研究四设置了三个被试组（胜利组、失败组和控制组），每个被试组均需经历三个阶段的实验，组间设置的唯一差别在于第二阶段的操控（竞争胜利、竞争失败、无竞争），进而观测不同被试组第三阶段（竞争后阶段）与第一阶段（基线阶段）个体内在动机的变化。以往的研究很少关注于竞争的续期影响，研究四有助于厘清竞争对后续活动中个体内在动机水平的预测作用。

时间进程视角是本书的创新之处，但要实现对内在动机的实时和过程化测量，就必须借助于合适的测量理论和方法。自 2014 年以来，借助事件相关电位技术（ERPs）高时间分辨率、实时测量的特点，管理学和心理学领域的学者们开始尝试运用脑电指标对不同任务阶段的内在动机水平进行表征，具体参见第 2. 5. 3 节。随着一系列论文相继发表，运用事件相关电位技术研究内在动机问题逐步走向成熟，这也为研究二、研究三和研究四对该方法的使用提供了借鉴。

3. 2　研究一的构思与设计

3. 2. 1　设置本研究的理由与目标

研究一在本书中的作用体现在：一是采用成本较低的行为实验方法，通过竞争有无的设定，探索竞争是否会对个体内在动机产生影响，进而为本书后续研究开展的必要性奠定基础；二是通过操控不同竞争挑战水平，研究竞争如何影响个体的内在动机，两者的关系是正向还是负向，为后续研究假设的提出提供参考；三是尝试使用行为学研究的方法，观测其测量的效果，为后续研究中内在动机测量方法的选用提供借鉴；四是为后续研究中实验任务难度的控制提供标准，排除干扰变量，更好地研究竞争对个体内在动机的当期影响和续期影响。

自我决定理论认为，个体胜任心理需要的满足决定了个体在任务中的内在动机水平。自我决定理论的子理论——认知评价理论进一步指出，当个体在外部环境中感受到胜任感时，会表现出更加强烈的内在动机（Deci & Ryan，1975，2002）。在竞争情境中也是如此，只有胜任需要得到了满足，才可能最大限度激发个体的内在动机。因此，本研究进一步讨论了可能影响个体胜任需要的不同竞争挑战水平对个体内在动机的影响。如果挑战程度太高，超过了能力的范畴，个体就会丧失胜任感，进而会进入焦虑状态；如果挑战程度太低，能力远远超出了任务要求，那么个体就会进入一种无聊的状态。只有当挑战与能力达到了均衡的水平，才能使个体的胜任需要得到满足。在竞争情境中，竞争挑战很可能对个体的胜任感产生显著的影响。本书通过四人一组的行为实验，模拟了高竞争挑战、低竞争挑战、无竞争挑战的情境，首先对竞争挑战和个体胜任需要满足之间的关系进行了研究。

任何竞争活动的开展，都要依托于某一具体任务，因此对于任务属性的控制非常关键。在竞争情境中，可能影响个体胜任需要的任务属性是任务的难易程度。因此本研究还探讨了任务难度对竞争挑战与内在动机之间关系的调节作用。

3.2.2 研究方法的选取

研究一中使用自我报告法和自由选择法进行竞争环境下内在动机的测量。特定事件层面的内在动机的测量，使用比较频繁的是量表自我报告的方式，一方面其成本比较低，另一方面其可以作为实验研究的辅助。自由选择法（free-choice measure），被广泛应用于实验室研究中。由卡梅伦和皮尔斯（Cameron & Pierce，1994）所做的一项元分析发现，关于奖励对内在动机影响的研究中，有超过64%的研究使用了这一方法。自由选择法的测量方法是：当外在激励撤销时，计算个体仍然愿意从事某项活动的持续时间。设置这种环境的逻辑在于，如果被试在所谓的“正式实验”之后还愿意继续开展实验任务，说明其存在内在动机，而且持续的时间越强，表明其内在动机的强度越高（Deci，1971）。这种操作方法与内在动机的定义较为一致，也就是当没有外在激励存在的时候，人们被内在驱动从事某件事情（Deci & Ryan，1985a）。但该方法也存在一定的局限性，那就是这种测量往往是在任务结束之后，而个体在任务过程中的内在动机变化难以监测。

3.2.3 研究一的主要内容

基于研究目的，研究一主要探讨以下这些问题：

（1）竞争挑战程度高低，是否会对个体的胜任感知产生影响？会如何影响个体的胜任感知？

（2）竞争挑战程度高低，是否会影响个体的内在动机？会如何影响个体内在动机？

（3）任务难度是否会对竞争挑战与内在动机之间的关系产生调节作用？未来的研究应该如何操控任务难度，从而排除干扰，使实验设计更好地服务于研究目的。

3.3 研究二的构思与设计

3.3.1 设置本研究的理由与目标

从当期视角来看，竞争的不确定性和不一致性对个体内在动机的影响尚缺乏实证研究。竞争的不确定性一般是由于任务难度导致的对结果的不确知状态。当不确定性很强时，个体可能会寻求一切可以增强胜任感的方式，特别是关注于对手的作答，来暂时消除不确定性和满足个体的胜任需要。但是当双方的作答不一致时，可能进一步导致不确定性的增强，胜任需要被进一步激发，从而使得个体对最终正确答案的揭晓抱有强烈的期待和内在动机。本研究基于自我决定理论，试图验证上述假设的推演。

3.3.2 研究方法的选取

以往对内在动机的研究主要集中在行为科学层面，其优点在于成本低、操作简单，但是缺点在于行为数据对内在动机的表征并不敏锐。此外，行为科学的研究，一般是采用自我报告法或是自由选择法，通过被试自我阐述内在动机强度，或是通过测量自愿参加实验任务的时间对内在动机进行表征，这些数据基本上都是在任务结束之后采集的，而不是在任务过程中完成的直接测量（金佳，2014）。

由于本研究是基于时间进程视角的内在动机研究，对内在动机进行过程监控很有必要。在这样的诉求下，我们希望选用时间分辨度高、在任务过程中能够对内在动机进行客观测量的工具来开展研究。因此，本研究采用事件相关电位技术，其具有高效、安全、高时间分辨率的特点（Luck，2005）。通过大脑的电生理数据，来观测实验任务中内在动机的强弱和变化，并探索不同的任务过程和阶段适合表征个体内在动机的指标。

3.3.3 研究二的主要内容

基于研究目的，研究二主要探讨以下这些问题：

（1）竞争对个体内在动机的即时影响如何？这种影响是否存在规律？

（2）竞争的不确定性和不一致性如何影响内在动机强度？在作答不确定性水平很高时，是否更加迫切想了解对方的作答情况？双方作答不一致时（相比作答一致时），是否更加迫切期待正确答案的揭晓？以及在查看正确答案的结果时，是否更加专注并表现出更高的内在动机水平？

（3）在现有认知神经科学脑电指标研究的基础上，有哪些适用于竞争情境中个体内在动机的表征？

3.4 研究三的构思与设计

3.4.1 设置本研究的理由与目标

研究三的设置在本书中起到了承上启下的作用。第一，“承上”体现在基于研究一的行为实验结果，我们对本研究中竞争挑战对个体内在动机的当期即时影响，可以进行有效的预测，并提出合理的假设。第二，研究一中通过设置任务最终达成的条件来实现对竞争挑战程度的操控，但这种操控往往缺乏有效的互动和及时的反馈，模拟环境的真实性较差，被试的融入感不高。本研究通过开发双人联机竞争停表任务，通过对“完败”“惜败”“险胜”“完胜”这四种竞争过程的模拟，使被试嵌入竞争任务挑战之中，将竞争挑战程度模拟“过程化”。第三，研究三在研究一的基础上，进一步建立了竞争挑战程度与个体胜任水平之间的关联，使得研究进一步深化。第四，我们在行为研究的基础上，进一步使用认知神经科学指标对个体参与竞争挑战过程中的内在动机水平进行实时监测和表征，并探索了作用过程的神经机理。第五，通过研究一对任务难度的研究，可以合理控制本研究的实验任务难易程度，排除这一因素可能产生的干扰。

所谓“启下”是指：研究二、研究三的当期视角和研究四的续期视角互为补充，使得本书创新性地以时间进程的差异作为切入点，研究竞争对个体内在动机的即时影响和深远影响。即时影响是深远影响的基础，深远影响是即时影响的有益延伸，系统化的思考将有助于原有理论体系的完善，尤其是对经典理论使用的前提条件进行明确。

3.4.2 研究方法的选取

研究三与研究二类似，都是从时间进程的视角出发，实现过程中的数据采集。我们还是主要依托事件相关电位技术开展研究，因为这种测量方法更加适用于本研究中实时动态化监测的实验设计。

3.4.3 研究三的主要内容

基于研究目的，研究三主要探讨以下这些问题：

（1）竞争对个体内在动机的即时影响如何？竞争挑战程度高低如何影响内在动机强度？这种影响是否存在规律？

（2）在现有认知神经科学脑电指标研究的基础上，有哪些适用于竞争情境中个体内在动机的表征？

（3）如何过程化模拟不同的竞争挑战程度？如何创新实验任务范式？如何通过实验设计在竞争挑战程度与个体胜任力之间建立关联？

3.5 研究四的构思与设计

3.5.1 设置本研究的理由与目标

本研究与研究二、研究三的当期视角互为补充，主要研究竞争对个体内在动机的续期影响。最新的研究结果表明，胜任挫败会发生在挑战程度过高、负性反馈频繁、社会比较中的落败等情境中（Ryan & Deci，2017）。而个体往往不会完全被动地接纳胜任挫败，而是会激发出一种自我恢复的过程（Fang et al.，2017）。因此，如果个体因竞争落败而胜任挫败，很可能导致其在参与后续活动中表现出更加强烈的内在动机和更充足的准备去追求胜任感的满足。

本研究基于自我决定理论的最新研究成果，对不同的竞争结果进行操控，并对竞争任务后的活动中个体的内在动机水平进行测量，试图探索竞争对个体内在动机的深远影响。

3.5.2 研究方法的选取

研究四与研究二、研究三类似，都是从时间进程的视角出发，实现过程中的数据采集。我们还是主要依托事件相关电位技术开展研究，因为这种测量方法更加适用于本研究中分阶段的实验设计。

3.5.3 研究四的主要内容

基于研究目的，研究四主要探讨以下这些问题：

(1) 竞争对个体内在动机的续期影响如何？前一阶段竞争的结果，是否会影响个体参与下一阶段任务过程中的内在动机水平？

(2) 在现有认知神经科学脑电指标研究的基础上，有哪些适用于竞争情境中个体内在动机的表征？

(3) 如何研究竞争的续期影响？如何创新实验任务范式？应该划分几个实验阶段？

3.6 本书的整体架构

本书基于自我决定理论，主要的研究目标是：从个体普遍存在的胜任心理需要出发，研究竞争对个体内在动机的当期影响和续期影响。基于研究目标，本书被划分为了四项研究。其中，研究一是后续研究的基础，通过行为科学的研究方法，初探了竞争对个体内在动机的影响，同时关注了可能影响个体胜任需要的一项重要的任务属性（任务难易程度）对竞争与个体内在动机之间关系的调节作用。

研究二和研究三从自我决定理论出发，主要探讨了竞争对个体内在动机的当期（即时）影响，运用事件相关电位技术监测不同竞争要素（挑战水平、不确定性、不一致性）对个体内在动机的影响。

研究四从自我决定理论出发，聚焦于竞争对个体内在动机的续期（长远）影响，运用事件相关电位技术监测竞争结果对个体内在动机的影响。

这四项研究彼此呼应，有助于从时间进程的视角，较为系统地认识竞争与个体内在动机之间的关系。同时，依托于认知神经科学方法，为后续竞争相关研究中的内在动机测度提供更丰富的客观指标。这四项研究的基本关系如表3.1所示。

表 3.1　　四项研究之间的关系

项目	研究一	研究二、研究三	研究四
研究主题	竞争对个体内在动机影响的初步探索，以及任务难度的调节作用	竞争对个体内在动机的当期影响	竞争对个体内在动机的续期影响
理论基础	自我决定理论	自我决定理论	自我决定理论
实验任务	单人单机停表	双人联机停表 双人答题任务	单人单机停表 双人联机停表
研究方法	一项行为学实验	三项认知神经科学实验	一项认知神经科学实验
测量手段	自我报告 + 自由选择	事件相关电位	事件相关电位
相关变量	竞争挑战、任务难度、内在动机	竞争挑战、竞争不确定性、竞争不一致性、内在动机	竞争结果、内在动机
核心作用	①为后续研究提供假设参考；②为后续任务难度设定提供标准；③为后续研究测量手段选用提供借鉴	①探究竞争挑战程度对内在动机的即时影响；②探究竞争不确定性和不一致性对内在动机的即时影响；③使用双人联机停表和双人答题任务，为后续研究提供参考	操控竞争结果，探究竞争对内在动机的深远影响

资料来源：本书作者整理。

3.7　本章小结

本章主要陈述了本书的理论框架，并基于研究目的和理论构思，形成了紧密关联、逻辑清楚的四项研究设计。在本章中，我们分别介绍了各个研究的目标、研究方法和主要的研究内容，为具体实验的设计和操作提供了指南。

| 4 |
研究一：竞争对内在动机的影响初探
——任务难度的调节

4.1 研究目的

竞争广泛存在于社会生活和工作场景中，是人们在交流互动过程中彼此作用的主要形式之一（Vansteenkiste & Deci，2003），竞争对于个体的心理和行为会产生较为复杂的影响（Reeve & Deci，1996），在第1.2.1节中，介绍了现有竞争对内在动机影响的研究产生分歧的原因，因此，开展竞争情境中具体要素对内在动机影响的研究，有助于抽丝剥茧，厘清作用机制。

作为动机研究的主流理论之一，自我决定理论认为，个体普遍具有自主需要、胜任需要和归属需要三个方面的基本心理需要。其中，胜任需要的满足，对于提升个体的内在动机水平具有重要的意义（Deci & Ryan，2002）。尽管自我决定理论经历了数十年的发展并得到学界广泛认可，但现有的实证研究更多的是从自主需要出发开展研究，而对胜任需要的研究较少（Ryan，2012；孟亮，2016）。如果从过程化的视角来看，竞争挑战（competition challenge）是竞争情境中可能影响个体胜任需要满足的一个重要因素，研究一作为整体框架的预研，将以竞争挑战对内在动机的影响为切入点，初探竞争对内在动机可能产生的影响。

有关竞争挑战，也有学者将其称为竞争强度，管理学文章更多的是从行业竞争挑战对企业业绩影响的视角展开，多是以企业或组织为研究对象，属于中观层面的研究。而针对微观层面上的个体来探讨竞争挑战的影响，主要是在心理学研究领域，且涉及的文章较少。竞争挑战界定的基础在于竞争本身的属性，即竞争的成功或是最终目标的达成具有对抗性、掠夺性和排他性，也就是一个人或一群人的成功，意味着其他人或其他一群人的失败（Deutsch，1949；Murayama & Elliot，2012）。李亚丹等认为，竞争的本质是竞争强弱变化的动态过程，并将竞争挑战的操作定义界定为一种对任务成功概率的控制，也就是在一群人中有多少比例的人可以算作成功，从而使得竞争的挑战程度发生变化（李亚丹、马文娟、罗俊龙、张庆林，2012）。本研究将竞争挑战界定为由于竞争本身的排他性和对抗性所带来的对个体能力的威胁。

竞争挑战程度的本质是表征人际间的竞争激烈程度，并在这种比较输赢、争夺胜负、抢占资源的对抗性较量的过程中，对个体能力产生威胁，并对个体心理和生理产生压力。本书认为如果个体面对的竞争挑战程度与个体各方面能力相匹配，那么胜任需要就能够得到满足，个体的内在动机就可能得到增强；而如果竞争挑战程度过高，超出了个体的承受范围，那么可能会使胜任感显著降低，进而影响到个体的内在动机水平；如果个体的能力远远超出了竞争挑战水平，那么个体可能会感受到无聊，也不会有很高的内在动机。所以，本书第一个研究目标，是通过设置高竞争挑战、低竞争挑战和无竞争挑战这三种不同竞争挑战强度的情境，来研究竞争挑战对个体胜任感和内在动机的影响。

在本研究中，除了探讨竞争挑战这一要素，我们还关注于竞争情境中可能影响个体胜任感的任务特性（任务难度）对竞争挑战与个体内在动机之间关系的调节作用，这是本研究的第二个研究目标。在竞争情境下，一般会以某一任务或某几项任务作为载体进行比拼和竞争，如运动比赛、项目竞标、市场营销战等，所以竞争情境的研究往往无法脱离任务本身，而应该将其纳入考量范围。任务的难度往往与个体胜任感紧密相关。如果任务难度本身超出了个体的能力范畴，很显然被试不仅会有很低的胜任感，自信心受到打击，而且也无法顺利开展竞争活动。如果任务难度适中，个体能够驾驭和从容应对，也就能够产生更强的胜任感，拥有更强的内在动机。

综上所述，本项研究基于自我决定理论，从胜任需要的满足出发，研究竞争情境中可能对个体胜任需要满足产生作用的竞争挑战对个体内在动机的影响，以及任务难度的调节作用。研究一在整篇论文中的作用体现在：一是探索竞争挑战对个体胜任需要和内在动机可能产生的影响，为后续研究假设的提出提供参考；二是尝试使用行为学研究的方法，观测其测量的效果，为后续研究中内在动机测量方法的选用提供借鉴；三是为后续研究中实验任务难度的控制提供标准。

4.2 研究假设

4.2.1 涉及个体内在动机水平的假设

竞争本身具有对抗性、掠夺性和排他性（Murayama & Elliot，2012）。以往的研究发现，相较于无竞争挑战的情境，有竞争挑战的情况中，个体对自我能力的预期更加消极（Vallerand et al.，1986b；Lam et al.，2004）。竞争挑战还会对个体的原型启发产生影响，相比于高强度竞争和无竞争环境，低强度的竞争水平最有利于字谜问题的解决。同时竞争挑战还会影响个体的情绪（李亚丹、马文娟、罗俊龙、张庆林，2012）。一项对个体创造力的研究发现，低竞争挑战相比于没有竞争的情境，中学生的独创性、灵活性等指标显著提升。但是高竞争挑战下中学生的创造能力相比无竞争和低竞争情境产生了明显下降（李翔，2014）。基于以往的研究，本书认为，竞争的挑战程度一方面可能会影响个体对自身能力的判断，使胜任感知发生变化，影响个体的内在动机；另一方面可能对个体的意愿、兴趣等产生影响。因此做出如下的假设：

H1：竞争情境中，竞争挑战对个体内在动机水平的主效应显著。

在竞争情境下，一般会以某一任务或某几项任务作为载体进行比拼和角逐，所以竞争情境的研究不能脱离任务本身。以往未见基于竞争环境中的任务难度与内在动机的研究，但是对于任务难度与动机关系的研究相对较多，研究表明，超过个体能力的高难度的任务，会削弱个体的学习动机以及内在动机水平（Deci & Ryan，2002；Timmers & Veldkamp，2011；Timmers et al.，2013；孟亮，2016）。因此做出如下的假设：

H2：竞争情境中，任务难度对个体内在动机水平的主效应显著。

任何竞争的形式都无法脱离任务这个载体，但以往的研究未见将竞争挑战和任务难度综合考虑的研究。本书推断认为，如果某项任务的难度是常规的，那么竞争挑战可能会对个体的内在动机产生影响。但是如果任务难度已经非常高，个体的内在动机水平已经减弱到很低的一个程度，那么竞争挑战对个体内在动机的影响就不会有很大的作用空间。因此做出如下的假设：

H3：任务难度会对竞争挑战与内在动机之间的关系产生调节作用。

4.2.2 涉及个体感知胜任水平的假设

竞争情境由于具有排他性和对抗性，因此不可避免的是人际间的比较，对于个体的心理承受能力和自信心都充满挑战。如果挑战程度太高，超过了能力的范畴，个体就会丧失胜任感，进而会进入焦虑状态。以往的研究就表明，如果竞争挑战强度过高，个体容易紧张和焦虑，并由此引发知觉和注意范围变窄，阻碍信息正常加工，减弱个体的控制能力（Friedman & Forster，2008）。如果挑战程度太低，能力远远超出了任务要求，那么个体就会进入一种无聊的状态，个体的潜能无法充分调动。只有当挑战与能力达到了均衡的水平，才能使个体的胜任需要得到满足。因此，竞争所带来的挑战程度也可能会对个体的感知胜任产生影响，但究竟是正面影响还是负面影响，要根据竞争挑战程度的差异具体分析。因此做出如下的假设：

H4：竞争情境中，竞争挑战对个体感知胜任水平的主效应显著。

对于任务难度而言，其与个体胜任心理需要的满足息息相关（Deci & Ryan，2002）。如果任务难度适中，个体往往能够驾驭竞争所带来的困难和压力，也就能够产生更强的胜任感，激发出更多的潜能，拥有更强的内在动机。而一旦任务难度超出了个体能够驾驭的能力范围，很显然被试不仅会有很低的感知胜任水平，自信心受到打击，而且也无法顺利开展竞争活动。因此做出如下的假设：

H5：竞争情境中，任务难度对个体感知胜任水平的主效应显著。

竞争情境中的竞争挑战和任务难度两项要素，均是影响个体感知胜任水平的重要因素。当任务难度适中时，竞争挑战所带来的人际压力以及对能力的威胁，可能导致个体感知胜任水平产生波动。但是当任务难度已经很高时，个体的感知胜任水平已经很低，进一步的竞争挑战所能引起的感知胜任水平变化有限。而且由于注意资源的有限性，被试已经疲于面对艰难的任务，可能根本无暇顾及与他人的比较，所以竞争挑战的施加并不会对个体的感知胜任水平产生明显的影响。因此做出如下的假设：

H6：任务难度会对竞争挑战与个体感知胜任水平的关系产生调节作用。

4.2.3 对于研究一假设的总结

对于研究一假设的总结，具体如表 4.1 所示。

表 4.1　　对于研究一的假设总结

假设对象	假设内容
内在动机	H1：竞争情境中，竞争挑战对个体内在动机水平的主效应显著
	H2：竞争情境中，任务难度对个体内在动机水平的主效应显著
	H3：任务难度会对竞争挑战与内在动机之间的关系产生调节作用
感知胜任	H4：竞争情境中，竞争挑战对个体感知胜任水平的主效应显著
	H5：竞争情境中，任务难度对个体感知胜任水平的主效应显著
	H6：任务难度会对竞争挑战与个体感知胜任水平的关系产生调节作用

资料来源：本书作者整理。

4.3 研究方法

4.3.1 实验被试

通过浙江大学的校内学生论坛，我们总共招募了 196 名被试，其中男生

98 名。被试的年龄区间是 18 ~ 27 岁，均值为 21.73 岁，标准差为 2.08。每位被试在实验报名时，要求勾选并声明自己是自愿参加实验，并愿意服从随机分配。在实验现场，被试首先需要了解实验的流程，并签署实验知情同意书。同时，要求确认同组中没有熟悉的人，以排除人际距离这一因素的干扰（Ma et al.，2015）。实验过程中，为了营造竞争氛围并兼顾实验开展的可行性，我们安排 4 人一组开展实验。为了控制性别因素，使得每组被试个体特征的同质性更高，我们使得 2 名男生 2 名女生一组开展实验，即男生和女生分别被随机分配到各个组中，每组随机分得 2 名男生和 2 名女生开展实验。实验任务整体上得到了较好得完成，但是有一组被试实验过程中电脑突然断电，导致实验过程被打断，数据记录不完整，该组 4 名被试被删除。故最终的有效被试是 192 名。

4.3.2 实验设计

实验采用 3（竞争挑战程度：高竞争挑战、低竞争挑战、无竞争挑战）×2（任务难度：常规、困难）的被试间实验设计，故本实验共分为 6 种条件，每种条件下都是 8 个组，每组 4 个人，即每种条件 32 名被试。

本研究的实验任务是“停表任务”，该任务被较多地用于内在动机的研究中（Ma et al.，2014；Murayama et al.，2010）。具体而言，在本实验的每一个试次中，一个秒表出现后自动开始走字，被试需要尽己所能将秒表停在 3 秒左右，越接近 3 秒越好。和前人的研究一样，会设置一个成功的停表区间，举例来说，如果将按键停表的成功区间设定为 2.97 ~ 3.03 秒之间，那么停表时间落入这个区间则为成功，反之则为失败。

对于任务难度的操控，由于在每一个试次中，被试被要求将秒表尽可能准确地停在 3 秒左右，越接近越好。所以以 3 秒为中心，加减不同的时间长度以调节成功区间的大小，可以用来改变任务的难度。在本实验中，困难组的成功停表区间是［2.97，3.03］，即如果秒表停在该区间之内，则该试次成功，记 1 分；如果未停在该区间之内，则该试次失败，不计分。常规组的成功停表区间是［2.93，3.07］，即如果秒表停在该区间之内，则该试次成功，记 1 分；如果未停在该区间之内，则该试次失败，不计分。

对于竞争挑战程度的操控，在高竞争挑战组中，4 个人中只有 1 位最终获得比赛的胜利。在低竞争挑战组中，4 个人中得分排名前三的同学，获得比赛的胜利。在无竞争挑战组，被试处于无竞争设定的状态。该操控方法参考范斯滕基斯特和德西（Vansteenkiste & Deci，2003）归纳的直接竞争情境情况下，被试间设置方法的第二种，即控制组的被试做与竞争组一样的任务，并且只是告知他们“做最好的自己”就可以了，而不提与别人的竞争以及输赢结果。还参考了以往研究中对于竞争挑战设置的理念，竞争环境既相互依存又相互抑制，且最终目标的实现具有排他性（Deutsch，1949；Murayama & Elliot，2012）。同时，为了更加适应于中国文化背景，参考了《心理学报》等发表的针对中国在校大学生群体的关于不同竞争挑战水平的操控过程（李翔，2014；李亚丹、马文娟、罗俊龙、张庆林，2012）。

4.3.3 问卷选用

随着自我决定理论的日趋成熟，相应的测量方法也日臻完善。自我决定理论的最初提出者德西（Deci）和其他知名学者一起开发了 17 套成熟的测量量表，为基于自我决定理论的各方面研究提供了有效的测量工具，并在自我决定理论的官方网站上可以查到 17 套量表的详细资料以及各领域运用这些量表所发表的代表性论文。

由于研究一主要聚焦于竞争情境下，竞争挑战对个体内在动机的影响，所以本研究选取了自我决定理论系列量表中的内在动机测量量表（intrinsic motivation inventory）中的核心问项，如“这项停表游戏很有趣”“我认为这项停表游戏是令人愉快的”等，以及感知胜任测量量表（perceived competence scale）中的核心问项，如“我现在有能力操控好停表游戏”“对于自己操控停表游戏的能力充满信心”等。我们运用相应的量表，在六种不同的条件下，对个体的内在动机水平和感知胜任水平进行了测量。

以上所选用的自我决定理论系列量表历经不断修订和完善，已经非常成熟，被普遍运用于各种不同文化背景和不同人群中，具有很高的信度和效度（Deci & Ryan，2000；Deci et al.，2001；Gagné & Deci，2005；Hagger et al.，

2015；Murayama et al.，2010；Trenshaw et al.，2016；Standage et al.，2005)。① 本研究中，内在动机测量量表和感知胜任测量量表的 Cronbach's α 分别为 0.89 和 0.94。早期中国学者基于自我决定理论的论文，主要以论述为主。近些年来实证研究不断增多（陈福亮、杨剑、季浏，2014；李菲、鲁耀斌、赵玲，2011；刘靖东、钟伯光、姒刚彦，2013；孟亮，2016；王丽琴，2014；王忠军、刘丽丹，2017；杨富、姚梅芳、张军伟，2017；袁留亮，2013；张剑、张微、冯俭，2010；张旭、樊耘、黄敏萍、颜静，2013）。

4.3.4 实验过程

本研究采用了“创设竞争情境—5 分钟‘3 秒停表’任务—3 分钟自由选择—主观感受测评”的四阶段实验范式。

4.3.4.1 阶段一：创设竞争情境

被试报名之后，进行了随机分组，并通知其参与实验的具体时间。正式实验的当天，主试再次通知和确认被试可以准时参加实验的时间，以免耽误同组其他同学。到场后，被试分别被安排在同一房间内的 4 台电脑前，但彼此距离较远，无法窃窃私语。同时，被试被要求在整个实验过程中，不能与其他参与实验的被试言语交流。将手机调成静音状态，尽量减少不必要的声响。被试按照所在组所对应的实验条件，阅读相应的实验指导语（如表 4.2 所示），以了解实验的具体任务和流程。如果有不明白的地方通过举手示意主试，由主试进行解答。

表 4.2　　研究一各条件下的实验指导语中的条件控制内容

分组	内容
GK 组（高竞争挑战——困难模式）	按键停表之后，结果将呈现在屏幕上，如果秒表停在［2.97，3.03］之间，该轮成功，得 1 分；如果未停在该区间之内，该轮失败，不计分。任务进行 5 分钟之后，主试将会告知比赛结束，你前 5 分钟的累计得分将作为本局的最终得分。在你进行停表任务的同时，还有 3 位同学，也在进行同样的停表任务。你与他们一起比赛，得分排名第一的同学，获得该局的胜利。希望你能打败对手，在任务中取得上佳表现！

① 还有很多运用这套量表的论文，官网（http：//selfdeterminationtheory.org/publications/）上都分领域做了很好的整理，可以直接下载学习。

续表

分组	内容
DK 组（低竞争挑战——困难模式）	按键停表之后，结果将呈现在屏幕上，如果秒表停在［2.97，3.03］之间，该轮成功，得 1 分；如果未停在该区间之内，该轮失败，不计分。任务进行 5 分钟之后，主试将会告知比赛结束，你前 5 分钟的累计得分将作为本局的最终得分。在你进行停表任务的同时，还有 3 位同学，也在进行同样的停表任务。你与他们一起比赛，得分排名前三的同学，获得该局的胜利。希望你能打败对手，在任务中取得上佳表现！
WK 组（无竞争挑战——困难模式）	按键停表之后，结果将呈现在屏幕上，如果秒表停在［2.97，3.03］之间，该轮成功，得 1 分；如果未停在该区间之内，该轮失败，不计分。任务进行 5 分钟之后，主试将会告知任务结束，你前 5 分钟的累计得分将作为本局的最终得分。希望你能在任务中取得上佳表现！
GC 组（高竞争挑战——常规模式）	按键停表之后，结果将呈现在屏幕上，如果秒表停在［2.93，3.07］之间，该轮成功，得 1 分；如果未停在该区间之内，该轮失败，不计分。任务进行 5 分钟之后，主试将会告知比赛结束，你前 5 分钟的累计得分将作为本局的最终得分。在你进行停表任务的同时，还有 3 位同学，也在进行同样的停表任务。你与他们一起比赛，得分排名第一的同学，获得该局的胜利。希望你能打败对手，在任务中取得上佳表现！
DC 组（低竞争挑战——常规模式）	按键停表之后，结果将呈现在屏幕上，如果秒表停在［2.93，3.07］之间，该轮成功，得 1 分；如果未停在该区间之内，该轮失败，不计分。任务进行 5 分钟之后，主试将会告知比赛结束，你前 5 分钟的累计得分将作为本局的最终得分。在你进行停表任务的同时，还有 3 位同学，也在进行同样的停表任务。你与他们一起比赛，得分排名前三的同学，获得该局的胜利。希望你能打败对手，在任务中取得上佳表现！
WC 组（无竞争挑战——常规模式）	按键停表之后，结果将呈现在屏幕上，如果秒表停在［2.93，3.07］之间，该轮成功，得 1 分；如果未停在该区间之内，该轮失败，不计分。任务进行 5 分钟之后，主试将会告知时间到，你前 5 分钟的累计得分将作为本局的最终得分。希望你能在任务中取得上佳表现！

资料来源：本书作者整理。

4.3.4.2 阶段二：做 5 分钟的“3 秒停表”任务

通过阅读实验指导语，被试了解到自己需要和同组其他被试一样，完成 3 秒停表任务。在被试开始正式实验之前，被试会参与练习。练习阶段共包含 5 个试次，主试会观察被试是否领会了实验的基本要求。此外，由于本实验聚焦于被试的内在动机，故在正式实验之前，我们向被试告知他们所得到的是固定报酬，也就是不存在竞争相关奖励（competitively-contingent rewards）

或绩效相关奖励（performance-contingent rewards），即竞争结果或是绩效客观水平不影响他们所获得的报酬。正式实验时，4 名被试进入程序后，屏幕上出现“欢迎参加本实验，听到主试的口令后，迅速按任意键开始”。随后，主试说“开始!”，4 名被试同时按键启动实验。实验进行 5 分钟后，主试将会通知“5 分钟到”，被试需要将此时的累计得分写在旁边预先准备好的纸条上，该分数（即前 5 分钟的累计得分）作为本局的最终得分。与此同时，5 分钟后程序还在进行，被试了解到，程序到一定时间后会自动停止并跳出，不用做出关闭程序的举动。

根据时间计算，被试在 5 分钟的区组实验中，大约会经历 42 个或 43 个试次。如图 4.1 所示，在每个试次中，首先在屏幕中央出现“+”字符并呈现 1000 毫秒，用于提示被试注意。随后是 1000 毫秒的空屏。紧接着秒表自动开始走动，被试可以通过键盘上的任意按键将秒表停下来。被试按键后，时间框中会出现“已按键”的反馈，呈现 500 毫秒。然后本试次的停表结果会出现在屏幕上，呈现 1000 毫秒。每两个试次之间，会有 400 ~ 600 毫秒（随机）的空屏。如果按键停表的时间在成功区间之内，累计得分会增加 1 分，时间框会以绿色呈现。如果不在成功区间之内，累计得分不增加，时间框会以红色呈现。

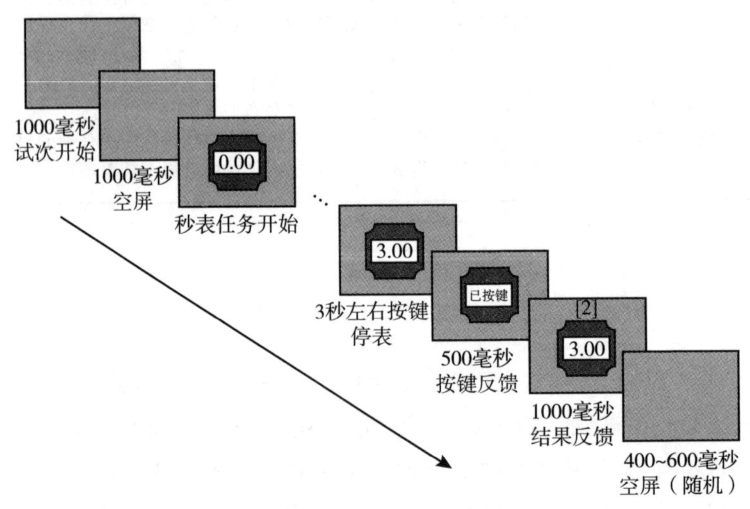

图 4.1　研究一每个试次的流程

资料来源：本书作者整理。

4.3.4.3 阶段三：3 分钟自由选择

实验进行5分钟后，主试按约定通知“5分钟到，请把此时的累计得分写到旁边的小纸条上”，并告知被试，电脑上的程序一会将自动停止并跳出。随后，被试被告知，由于被试数量大，问卷发完了，要去取刚打印好的问卷，请稍作等候。此时主试走出房间。同时，由于光线内亮外暗，主试可以透过带有白纱窗帘的玻璃窗对被试的实验情况进行监控。我们参考以往行为实验中的自由选择法的理念，通过 E-prime 软件记录下来了从5分钟到8分钟这段时间内，被试的按键次数，按键次数越多，被试的内在动机可能越强。

需要补充说明的是，在每个试次中，被试是否按键，E-prime 软件都会记录下来。如果该试次没有按键，秒表会停在4秒，并继续后续的程序。该程序共包含80个试次，随后会自动跳出生成数据文件。在被试不按键的情况下，程序跑完共需约10.6分钟；在被试所有试次都认真按键的情况下，程序跑完需要约9.3分钟。所以，在被试正确理解实验任务的情况下，程序至少可以运行8分钟以上，保证了5分钟到8分钟这段时间的数据的采集。从5分钟到8分钟这段时间内，程序一直在电脑上运行，被试的按键次数均被记录了下来。

4.3.4.4 阶段四：主观感受测评

8分钟时，主试回到被试所在的房间，发放问卷。我们通过问卷测度了被试的内在动机水平、感知胜任水平等。

被试填写问卷后，被告知竞争的结果。随后，被试完善个人信息表，包含专业、年级、年龄、联系方式等，并会收到实验报酬，至此实验全部结束。

4.4 数据分析

4.4.1 控制检验

4.4.1.1 任务难度的控制检验

本研究通过改变按键停表成功区间的长短来操控任务难度。在困难模式中，成功区间是［2.97，3.03］；在常规模式中，成功区间是［2.93，3.07］。所以从客观指标上，可以通过前5分钟的按键成功率的差异，来反映任务难度是否操控成功。结果显示，常规模式的被试平均按键成功率为51.10%（SD=0.169），困难模式的被试平均按键成功率为18.46%（SD=0.083）。95%置信区间的独立样本T检验结果显示，常规组与困难组的按键正确率存在显著的差异（$t=16.939$，$p<0.001$）。

此外，还通过问卷采集了被试对于任务难度的主观感受，请被试对成功停表过程中所体验到的困难程度进行评分，采用李克特（Likert）7级量表（评分越高，难度越大）。结果显示，常规组的平均评分为4.125（SD=1.445），困难组的平均评分为5.516（SD=1.008），95%置信区间的独立样本T检验结果显示，常规组与困难组的评分具有显著的差异（$t=-5.732$，$p<0.001$）。因此，无论是从客观按键指标还是主观评分指标来看，对任务难度的操控都是有效的。

4.4.1.2 竞争挑战的控制检验

对于不同竞争挑战程度的控制检验，主要是通过问卷测量被试的主观感受来进行分析。实验之后，会请被试对任务过程中所体验到的竞争挑战程度进行评分，采用Likert 7级量表（评分越高，代表所感受到的竞争挑战程度越高）。通过对高竞争挑战组、低竞争挑战组、无竞争挑战组的ANOVA分析和多重比较，如表4.3所示，被试体验到的竞争挑战程度差异非常显著，$F_{2,189}=130.528$，$p<0.001$，无竞争挑战组最低（Mean=1.834，SD=0.801），低竞争挑战组其次（Mean=3.125，SD=0.984），高竞争挑战组最高（Mean=4.953，SD=1.407）。被试所体验到的竞争挑战程度的大小也与实验所操纵的竞争水平趋势一致（$M_{无竞争挑战组}<M_{低竞争挑战组}<M_{高竞争挑战组}$，$p<0.001$），这说明本实验中竞争挑战程度的情境创设是有效的。

表 4.3　　竞争挑战程度的多重比较结果

方法	分组		均差	显著性水平 p 值	95% 置信区间	
					下限	上限
LSD	无竞争挑战组	低竞争挑战组	-1.28125*	0.000	-1.6628	-0.8997
		高竞争挑战组	-3.10938*	0.000	-3.4909	-2.7278
	低竞争挑战组	无竞争挑战组	1.28125*	0.000	0.8997	1.6628
		高竞争挑战组	-1.82812*	0.000	-2.2097	-1.4466
	高竞争挑战组	无竞争挑战组	3.10938*	0.000	2.7278	3.4909
		低竞争挑战组	1.82812*	0.000	1.4466	2.2097
Tamhane's T2	无竞争挑战组	低竞争挑战组	-1.28125*	0.000	-1.6653	-0.8972
		高竞争挑战组	-3.10938*	0.000	-3.6011	-2.6177
	低竞争挑战组	无竞争挑战组	1.28125*	0.000	0.8972	1.6653
		高竞争挑战组	-1.82812*	0.000	-2.3485	-1.3077
	高竞争挑战组	无竞争挑战组	3.10938*	0.000	2.6177	3.6011
		低竞争挑战组	1.82812*	0.000	1.3077	2.3485

注：* $p<0.05$。根据方差齐性检验，三个组的数据不具有方差齐性，故读取 Tamhane's T2 的检验结果（马庆国，2005）。

资料来源：本书作者整理。

4.4.1.3　被试理解实验积分规则的控制检验

在实验中，我们让被试在完成 5 分钟的所谓“正式”实验之后，请他们在手边的纸条上，写下 5 分钟主试喊停时所在试次显示的累计分数，经过比对被试所汇报的分数和 E-prime 程序内记录的分数，所有被试均汇报无误，这一方面反映了被试整体上较为认真和诚恳，另一方面反映了被试较好地理解了整个实验的积分机制。

4.4.2　内在动机的统计分析结果

本实验采用被试间的实验设计，竞争挑战程度和任务难度均为被试间因素。统计了 3（竞争挑战程度：高竞争挑战，低竞争挑战，无竞争挑战）×2（任务难度：常规，困难）这 6 种不同实验情况中，自我报告法和自由选择法2种方法所采集的内在动机数据。

首先，是自我报告法的统计分析，对分属6种实验情况的192名有效被试（每种条件32人）的问卷作答结果进行了两因素被试间方差分析（two-way between-subjects ANOVA）。统计分析结果表明，任务难度的主效应显著（$F_{1,186}=19.074$，$p<0.001$），常规模式下的内在动机水平（Mean = 4.306，SD = 1.251）显著高于困难模式（Mean = 3.598，SD = 1.078）。竞争挑战的主效应也是显著的（$F_{2,186}=4.814$，$p=0.009$），低竞争挑战的内在动机水平最高（Mean = 4.243，SD = 1.341），高竞争挑战其次（Mean = 3.984，SD = 1.146），无竞争挑战下的内在动机水平最低（Mean = 3.629，SD = 1.089）。竞争挑战和任务难度的交互效应也是显著的（$F_{2,186}=4.779$，$p=0.009$），我们调用SPSS中的MANOVA命令，进一步对简单效应进行了分析。

如图4.2所示，简单效应分析结果表明，当任务难度为常规模式时，竞争挑战的主效应显著（$F_{2,187}=8.650$，$p<0.001$），低竞争挑战模式的内在动机水平最高（Mean = 4.924，SD = 1.066），其次是无竞争挑战模式（Mean = 4.295，SD = 1.193）和高竞争挑战模式（Mean = 3.701，SD = 1.208）。当任务难度为困难模式时，竞争挑战的主效应不显著（$p>0.05$）。

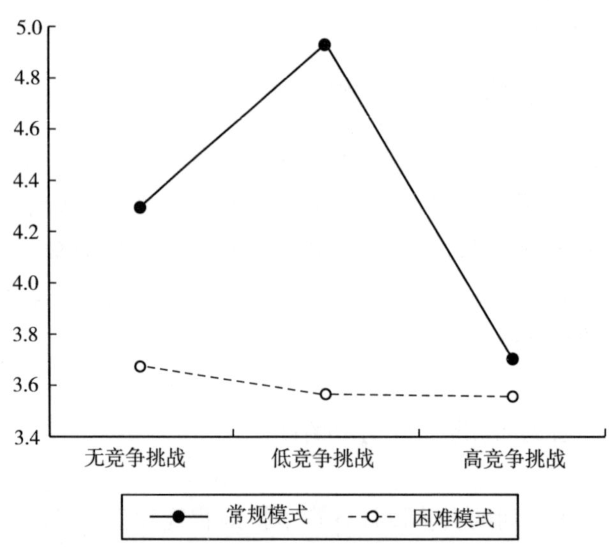

图4.2 不同竞争挑战情况下的内在动机水平均值

资料来源：本书作者整理。

其次，是自由选择法的统计分析，如上文中介绍的，自由选择法是通过5分钟至8分钟期间被试自由按键次数来反映内在动机的强弱。对自由选择法的数据进行了描述性统计分析发现，各组的按键次数均呈现非正态分布，且总人数中有62名被试在3分钟自由选择过程中没有按键，24名被试仅按键1次（均为主试告知5分钟时间到时，紧接着进行的按键）。所以可以认为，有86名被试没有继续按键，占到总人数的44.79%，且较为均匀地分布在各个条件组中。经过实验过程观察，发现这主要是由于被试在自由选择过程中受到手机的吸引，而放弃继续按键停表。20世纪70~90年代，拼图游戏（实验任务）和看杂志等（可以自由选择的其他活动）唤起兴趣程度的差异相对较小，自由选择法还有适用的空间。当下，手机和其他电子产品极其普及，个体的兴趣阈限已被拉高。停表任务（实验任务）和玩手机等（可以自由选择的其他活动）所能唤起的兴趣程度已经没有可比性。而且，各组按键次数的标准差接近或大于均值，导致变异系数接近或大于1，说明数据的离散情况严重，离群值对均值影响很大，均值已失去代表性。所以综合而言，运用传统的自我选择法来科学表征内在动机是较为困难的，很难在事后将参与实验任务的内在动机水平真实反映出来，因此，运用该方法采集的按键次数的数据不再做进一步分析。针对内在动机测量方法的选用，我们会在第4.5.3.1节以及第8章进行讨论。

4.4.3 感知胜任的统计分析结果

与内在动机的统计方法一致，统计了3（竞争挑战程度：高竞争挑战，低竞争挑战，无竞争挑战）×2（任务难度：常规，困难）这6种不同实验条件下的感知胜任水平的差异，采用两因素被试间方差分析。

统计分析结果表明，任务难度的主效应显著（$F_{1,186} = 15.491$，$p < 0.001$），常规模式下的感知胜任水平（Mean = 4.615，SD = 1.015）显著高于困难模式（Mean = 4.005，SD = 1.157）。竞争挑战的主效应不显著（$p > 0.05$）。竞争挑战和任务难度的交互效应显著（$F_{2,186} = 4.049$，$p = 0.019$），我们调用SPSS中的MANOVA命令，进一步对简单效应进行了分析。

简单效应分析结果表明，如图 4.3 所示，当任务难度为常规模式时，竞争挑战的主效应显著（$F_{2,187}=3.870$，$p=0.023$），低竞争挑战模式的感知胜任水平最高（Mean = 5.031，SD = 0.987），其次是无竞争挑战模式（Mean = 4.547，SD = 0.831）和高竞争模式（Mean = 4.265，SD = 1.086）。当任务难度为困难模式时，竞争挑战的主效应不显著（$p>0.05$）。

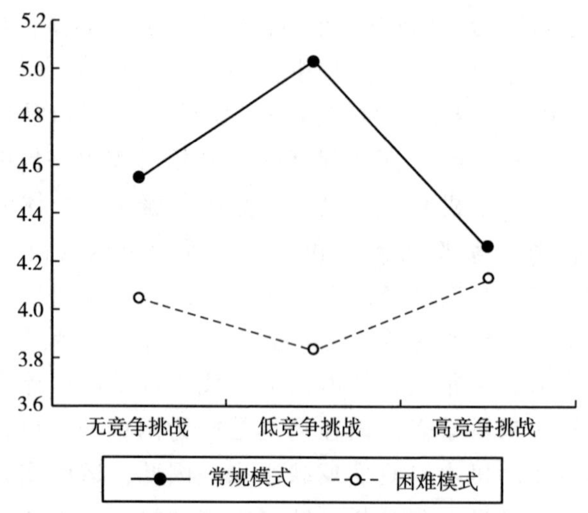

图 4.3　不同竞争挑战情况下感知胜任水平的均值

资料来源：本书作者整理。

简单效应分析结果表明，当处于无竞争模式时，任务难度的主效应边缘显著（$F_{1,188}=3.480$，$p=0.063$），常规模式的感知胜任水平（Mean = 4.547，SD = 0.831）高于困难模式的感知胜任水平（Mean = 4.047，SD = 0.821）。当处于低竞争挑战模式时，任务难度的主效应显著（$F_{1,188}=19.920$，$p<0.001$），常规模式的感知胜任水平（Mean = 5.031，SD = 0.987）显著高于困难模式（Mean = 3.836，SD = 1.367）。当处于高竞争挑战模式时，任务难度的主效应不显著（$p>0.05$）。

综上所述，对研究一提出的全部研究假设验证情况进行总结，如表 4.4 所示。

表 4.4 对于研究一假设验证情况的总结

假设对象	假设内容	验证情况
内在动机	H1：竞争情境中，竞争挑战对个体内在动机水平的主效应显著	成立
	H2：竞争情境中，任务难度对个体内在动机水平的主效应显著	成立
	H3：任务难度会对竞争挑战与内在动机之间的关系产生调节作用	成立
感知胜任	H4：竞争情境中，竞争挑战对个体感知胜任水平的主效应显著	不成立
	H5：竞争情境中，任务难度对个体感知胜任水平的主效应显著	成立
	H6：任务难度会对竞争挑战与个体感知胜任水平的关系产生调节作用	成立

资料来源：本书作者整理。

4.5 结论与讨论

在这项行为学研究中，考察了影响个人胜任需要的竞争挑战对个体内在动机的作用。本研究采用被试间实验设计，具体的实验任务是 4 人一组同时开展停表任务，要求每位被试通过按键，尽可能准确地将秒表停在 3 秒左右，越接近越好。竞争挑战程度的操控，是通过 4 人同时开展任务时最终获得比赛胜利概率的差异来实现，胜出的概率越小，则竞争挑战程度越高，竞争越激烈。任务难度的操控，是通过设置以 3 秒为中心的成功停表区间的长短来实现，如果成功区间缩短，那么任务难度就会提高。控制检验的结果显示，我们对以上情境的操控是有效的。在上述两因素操控成功的情况下，我们共模拟了 6 种实验条件，分别是高竞争挑战—困难模式、低竞争挑战—困难模式、无竞争挑战—困难模式、高竞争挑战—常规模式、低竞争挑战—常规模式、无竞争挑战—常规模式。并在每种条件下分别测度了个体的感知胜任水平，并通过自我报告法和自由选择法两种方法，对个体的内在动机水平进行了测量。下面主要是对研究一的结论进行陈述，并进一步讨论和总结。

4.5.1 内在动机的结论与讨论

结果表明，竞争情境中的竞争挑战和任务难度的主效应都是显著的，假设 H1 和假设 H2 成立，这一结果表明竞争挑战和任务难度都会显著影响个体的内在动机水平。此外，竞争情境中，竞争挑战和任务难度对个体内在动机水平的交互作用显著，假设 H3 成立。具体而言，当任务难度为常规模式时，竞争挑战对个体的内在动机有显著的影响，低竞争挑战的内在动机水平最高，无竞争挑战情况下次之，高竞争挑战情况下最低。以往的研究发现，个体可以通过自我评估或是与他人的比较，来评估自己是否胜任某项任务，进而对内在动机产生影响（Vallerand & Reid，1984）。当没有竞争时，常规性的任务可能对个体缺乏驱动性，认知资源可能不容易被完全调动，个体的潜能没有得到充分的激发。而在低竞争挑战的模式下，较好地激发了个体的掌控感和胜任感，进而激发了被试对任务的兴趣和积极性，表现出较高水平的内在动机。但是这并不意味着竞争挑战程度越高越好，如果竞争挑战程度过高，可能会使个体丧失控制感和胜任感，产生过大的压力和心理焦虑，抑制正常的信息加工。自我决定理论认为，胜任需要的满足对于激发个体的内在动机具有重要作用。当个体的胜任感减弱时，个体的内在动机也会被削弱（Deci & Ryan，2000）。本研究的结论与自我决定理论的观点相一致，并进一步在竞争情境中得到了验证。

内在动机的沉浸理论认为，人们的内在动机源于适度的挑战性，也就是活动、任务、游戏等本身具有一定的挑战，但是却在人们的能力和潜力所能达到的范围之内时，会产生较强的内在动机水平（Csikszentmiyalhi，1975）。沉浸理论强调能力与挑战的匹配性，并将不同的匹配程度进行了划分。如果挑战太高，超过了能力的范畴，个体就会丧失胜任感，因而会进入焦虑状态；如果挑战太低，能力远远超出了任务要求，那么个体就会进入一种无聊的状态。只有当挑战与能力达到了均衡的水平，才能最大限度激发个体的内在动机（Csikszentmihalyi & Rathunde，1993）。沉浸理论推测，如果以个体的能力或技能水平为横坐标，以活动的挑战性为纵坐标，那么内在动机的强度可以绘制成一条倒 U 形的曲线，这条曲线的顶点，被称为最佳状态水平，被称为“心流”或“沉浸”状态，即人处于高度内在激发，甚至失去主观意识控制的状态（Abuhamdeh & Csikszentmihalyi，2012；Abuhamdeh et al.，2015；Csikszentmihalyi，1990）。本研究在竞争情境中验证了沉浸理论，在常规任务模式下，竞争的挑战程度只有与个体的能力较好匹配时，才能更好地激发个体的内在动机水平。

同时，简单效应的分析结果显示，在当任务难度为困难模式时，竞争挑战的主效应不显著。任务难度的控制检验结果显示，困难模式的被试平均按键成功率仅为18.46%，说明任务的难度已经远远超过了个体的能力承受范围，因此被试在不断得到按键失败的负反馈过程中，会感受到明显的不胜任，发现自己无法驾驭停表任务，此时内在动机水平已经处于非常低的水平。在这样的高难度任务背景下施加竞争挑战，对个体内在动机的影响空间已经不大。所以本书认为，正是由于任务难度对个体内在动机已经产生了较大的剥夺，所以竞争挑战的主效应不显著。

4.5.2 感知胜任的结论与讨论

两因素被试间方差分析的结果表明，竞争情境中，任务难度对个体感知胜任水平的主效应显著，所以假设H5成立。以往的研究认为，任务难度是影响个体胜任水平的重要因素（Deci & Ryan，2002；Eccles & Wigfield，2002；Stodden et al.，2008；Timmers & Veldkamp，2011；Timmers et al.，2013）。与前任的研究结论相一致，在竞争情境中，本书也发现任务难度会影响个体的感知胜任水平，常规模式下的感知胜任水平明显高于困难模式下的感知胜任水平。

研究还发现，竞争挑战对个体感知胜任水平的主效应不显著，故假设H4不成立。事实上，以往对于竞争挑战与胜任水平的研究一直存在分歧，要根据具体情况具体分析。由于竞争挑战和任务难度对个体感知胜任水平的交互效应显著（假设H6成立），所以进一步做了简单效应的分析。简单效应分析结果表明，当处于常规任务模式时，竞争挑战的主效应显著。低竞争挑战的感知胜任水平最高，其次是无竞争挑战和高竞争挑战。即在任务难度适度的情况下，低竞争挑战更有利于个体形成胜任感，这与以往的研究结论比较一致，因为这种情况下，被试既面临一定的人际挑战而不至于感觉潜能无法发挥，又能够获得较大的任务成功概率，同时能够得到积极的反馈（Engeser，2012；Vallerand & Reid，1984）。

简单效应的分析结果还表明，当处于困难任务模式时，竞争挑战的主效应不显著。任务难度的控制检验结果显示，困难模式的被试平均按键成功率仅为18.46%，说明任务的难度已经远远超过了个体的能力承受范围，因此被试在不断得到按键失败的负反馈过程中，会感受到明显的不胜任，在这样的基础上继续施加竞争挑战，能够产生影响的空间已经不大。而且由于注意资源的有限性，被试已经疲于面对艰难的任务，可能根本无暇顾及与他人的比较，所以竞争挑战的施加可能并不会对个体的感知胜任水平产生明显的影响。所以本书认为，正是由于任务难度对个体感知胜任已经产生了较大的剥夺，所以竞争挑战的主效应不显著。

自我决定理论认为，当胜任需要被满足，个体从事任务的内在动机会显著增强（Deci & Ryan，1975；Deci & Ryan，2000）。这一观点也在本书中得到了证实，在低竞争挑战—常规模式下，相比于无竞争挑战—常规模式，个体的感知胜任水平明显升高，也表现出了最强的内在动机水平。在高竞争挑战—常规模式下，由于感知胜任水平被剥夺，内在动机水平也明显降低，甚至低于了无竞争挑战—常规模式。感知胜任水平和内在动机水平的变化呈现了一致性的趋势。对于管理者而言，可以通过调整竞争挑战水平来改变个体的感知胜任水平，使员工的能力得到更好的体现，为员工创造适合的成长平台和发展空间，进而提升员工的内在动机。

4.5.3 综合讨论

4.5.3.1 关于内在动机测量方法选用的讨论

在本研究中，我们试图使用自我报告法和自由选择法两种方法对竞争环境下的内在动机水平进行测量。特定事件层面的内在动机的测量，使用比较频繁的是量表自我报告的方式，基于自我决定理论，有成熟的内在动机量表（intrinsic motivation inventory），可以完成对内在动机的有效测度。另外一种方法是自由选择法（free-choice measure），被广泛应用于实验室研究中。由卡梅伦和皮尔斯（Cameron & Pierce，1994）所做的一项元分析发现，在1994年前，关于奖励对内在动机影响的研究中，有超过64%的研究使用了这一方法。自由选择法的测量方法是：当外在激励撤销时，计算个体仍然愿意从事某项活动的持续时间。设置这种环境的逻辑在于，如果被试在所谓的“正式实验”之后还愿意继续开展实验任务，说明其存在内在动机，而且持续的时间越强，说明其内在动机的强度越高（Deci，1971）。归纳而言，自我报告法主要是被试自己报告完成实验过程中的主观感受以及内在动机的激发程度。自由选择法主要是通过个体愿意继续或再次开展特定任务的时间来衡量内在动机的大小。两种方法虽然视角不同，但是两者所测量的内容应具有一致性。本研究的一项重要任务，是探索适合当下时代背景的开展内在动机测量的有效方法。

与自由选择法最初所使用的拼图游戏属性类似，本研究所采用的停表任务，也具有一定的趣味性和吸引力。这项任务来自以往对内在动机问题研究所使用的实验程序（Murayama et al.，2010），并融入了拼图游戏后主试离开一段时间，创设自由选择时空的思想（Deci，1971）。过去的研究，自由选择的时间设置为 8 分钟左右，而我们的自由选择时间设置为 3 分钟左右，主要是出于三个方面的考虑。首先，如果主试离开的时间过长，被试在所谓的“等待”过程中会产生焦躁的情绪，不利于后续自我报告问卷数据的收集。其次，自由选择法提出于 20 世纪七八十年代，当时计算机还很笨重，所以主试说要离开一段时间，录入或是提取数据是正常的。现在要想找一个很合理的理由，主试离开较长时间是困难的，而且会给不明真相的被试造成主试不够专业的印象。最后，完成一个拼图游戏的时间要远远长于完成一次停表的时间，所以，我们将自由选择时间设置在 3 分钟，也是基于对任务特点差异的考量。

但不得不说，在当下的信息时代运用自由选择法，会变得越来越困难。20 世纪 70～90 年代，拼图游戏（实验任务）和看杂志、看报纸等（可以自由选择的其他活动）唤起兴趣程度的差异相对较小，自由选择法还有适用的空间。当下，手机和其他电子产品极其普及，一部手机解决很多需求，丰富的软件提供了无穷的乐趣和打发时间的方式，个体的兴趣阈限已被拉高。停表任务（实验任务）和玩手机等（可以自由选择的其他活动）所能唤起的兴趣程度已经没有可比性。所以，在当前数字信息极其发达的年代，运用传统的自我选择法来科学表征内在动机是较为困难的，很难在事后将参与实验任务的内在动机水平真实反映出来。

与此同时，对于自由选择法测量的有效性，也有学者提出了质疑，认为简单地以自由选择阶段被试在目标任务上所花费的时间长短作为内在动机的衡量指标并不客观，人的坚持有可能原因是多方面的（Baumeister & Tice，1985）。因此，本书为未来坚持要选用自由选择法测量内在动机的研究提供以下建议：

(1) 在一个实验中，自由选择法与自我报告法应一起使用，自由选择阶段被试继续从事目标任务的时间和自我报告中愉悦度等指标只有高度相关，才能表明是内在动机（Ryan et al.，1991）。

(2) 如果可行的话，经被试同意，在实验之前请被试上交手机等电子产品，由主试代为保管。

(3) 针对特殊人群，自由选择法可能还是适用的，例如，针对幼儿园小朋友的内在动机测量（王金秋，2015），但同时也要考虑电子产品使用低龄化的问题。

(4) 自由选择法一般要求是被试间实验设计，因此为了收集同样数量的数据，被试间实验相对于被试内数据，所需的被试数目往往成倍增加，给实验带来较大的可行性问题（舒华、张亚旭，2008）。有中国学者提供了在被试内实验设计情境下开展自由选择法测量的方案（孟亮，2016），可供参考。

因为自由选择法的使用存在一些困难，所以未来的研究建议采用自我报告法和认知神经科学方法开展测量。自我报告法是被试自己报告完成实验过程中的主观感受以及内在动机的激发程度，往往是在实验结束之后进行自我汇报。认知神经科学方法是对实验中认知加工过程的直接记录和测量，以事件相关电位为代表的测量方法，其优点是时间分辨率高，可以进行过程监控，并根据需要分阶段分析，使得结果更加客观，本书的研究二、研究三和研究四将充分利用这些优点，运用脑电指标来表征内在动机的水平。

4.5.3.2 研究一选择行为学研究方法的原因

首先，由于行为学研究的成本和实验难度相对较低，可以作为系统研究的一个探索性预研，挖掘竞争挑战对个体胜任需要和内在动机可能产生的影响，为后续研究假设的提出提供参考。其次，由于后续研究需要设置合理的任务难度，在本研究一中发现，[2.93，3.07] 这一区间的被试平均按键成功率为51.10%（SD=0.169），任务的难度是适中的，为后面的实验研究设置成功区间提供了很好的标准。最后，尝试使用自我报告法和自由选择法这两种行为学研究方法，可以观测其测量的效果以及优缺点，为后续研究中内在动机测量方法的选用提供参考。

4.5.3.3 对竞争情境下竞争挑战和任务难度两者之间关系的理解

竞争挑战和任务难度都是影响个体内在动机水平和感知胜任水平的重要因素。由于竞争的排他性和对抗性，竞争挑战表现为一种人际交互和社会比较过程所带来对个体能力的威胁，是由于竞争的排他属性和对抗属性带来的，所以可以界定为一种人际挑战；任务难度是基于个体能力，对任务本身的操控和驾驭，是由于任务的难易属性带来的，所以可以界定为一种任务挑战。因为国外的研究较多使用“挑战”（challenge）一词，所以两者在构念上可以理解为带来挑战的两个不同方面。以往关于竞争挑战的研究较少关注于任务本身的属性，而任何竞争活动开展都要以任务作为依托，所以未来的研究应该对此更加重视。尤其是在实验任务选用和设计的过程中，对任务属性可能产生的影响应该纳入考虑或加以控制，以增加研究的系统性和科学性。

4.5.3.4 本研究对于管理实践的借鉴意义

对于管理实践而言，当员工执行常规任务时，设置一定的竞争机制，有助于提升工作的挑战性，增加工作的丰富性，并能够有效调动个体的内在动机，从而起到激励员工的作用。在工业工程领域，人、材料、能源、信息、机器设备、环境被有机整合成一个系统，从而降低生产成本，提高生产效率。但原有的管理模式，更多的是考虑物质系统的部分优化，例如，节拍设置、流水线布置、计算机集成制造等，往往忽视人的生理和心理状态，很多单调性的工作容易注意疲劳，美国每年因工作困乏（sleepiness）造成的损失就达数百亿美元，高度简化或是重复性的劳动无法满足个体的胜任感。本书建议可以通过设置一定的竞争机制，增加人际间的互动，使得任务具有适度的挑战性，从而调动个体的内在动机（Vallerand，2000）。同时，要注意竞争挑战程度的把控，竞争机制的设置要审慎，因为过度的竞争很可能打击个体的自信心，使员工丧失胜任感，进而对内在动机产生负面的影响。

而当员工从事难度很高的任务时，管理者要认识到超出他们能力的任务会使他们丧失内在动机。在这时候，通过竞争机制的设置以期提高员工的工作积极性是徒劳的。此时，管理者应该思考如何帮助员工解决他们无法处理的问题，给予更多的指导和建议，并及时提供更多的正面鼓励和反馈等，从减少任务难度的角度入手，可以有效提升个体的内在动机水平。

4.5.3.5 本研究的局限与后续研究展望

研究一为本书后续的研究奠定了重要的基础，但也存在一定的局限。在研究一中，使用了自我报告法和自由选择法来测量内在动机水平，尽管这两种方法都是借鉴前人研究的经典方法，但是都是事后测量，要求被试主观评价或是继续从事特定任务，无法实时地表征正式实验过程中的内在动机水平。相较于神经科学方法对大脑直接响应的测量，自我报告法和自由选择法都很容易受到外部各种因素的干扰（孟亮，2016）。

而在直接测量、实时记录方面，认知神经科学方法能够较好地体现出优势。在《牛津人类动机研究手册》（*The Oxford Handbook of Human Motivation*）中，著名社会心理学家瑞安（Ryan）指出，应用认知神经科学方法研究个体的动机问题是未来动机研究的发展趋势之一（Ryan，2012）。近年来，不论是心理学界，还是管理学界，人们开始尝试使用认知神经科学的方法来探讨动机问题。最早一篇运用认知神经科学手段研究内在动机的论文于 2010 年发表在《美国科学院院报》（PNAS）（Murayama et al.，2010），著名的行为经济学家、加州理工学院的科林·凯莫勒（Colin Camerer）教授发文对该研究高度赞誉，他认为，以往由于条件和方法的限制，导致动机强度无法量化，而村山（Murayama）的研究提供了一个全新的视角，同时内在动机是经济管理领域的重要选题，对实践指导意义重大，该研究为后续研究的技术手段选取提供了有益借鉴（Camerer，2010）。随后，一系列运用功能性磁共振和事件相关电位技术的论文相继发表（Albrecht et al.，2014；DePasque & Tricomi，2015；Ma et al.，2014；Marsden et al.，2015；Meng & Ma，2015；Wang et al.，2017），为学者们开辟了一个新的视角，为内在动机的量化和过程中的实时监测提供了科学的衡量标准和方法。这一领域方兴未艾，在前人的基础上，仍然有巨大的探索空间。我们也将在研究二、研究三和研究四中，尝试使用认知神经科学方法开展研究。

4.6 本章小结

本章从自我决定理论出发，初探了竞争情境中与胜任心理需要满足息相关的竞争挑战对内在动机的影响。本研究采用被试间实验设计，竞争挑战程度分为高竞争挑战、低竞争挑战和无竞争挑战三个水平，任务难度分为常规任务和困难任务两个水平，共包含六种实验条件开展研究。研究结果显示，竞争挑战和任务难度都会显著影响个体的内在动机水平，而且任务难度会对竞争挑战与内在动机之间的关系产生调节。具体而言，当任务难度为常规模式时，竞争挑战对个体的内在动机有显著的影响，低竞争挑战的内在动机水平最高，无竞争挑战模式下次之，高竞争挑战模式下最低。当任务难度为困难模式时，竞争挑战的主效应不显著。对于感知胜任水平，竞争挑战的作用趋势与对内在动机的作用趋势一致，当处于常规任务模式时，竞争挑战的主效应显著。低竞争挑战模式的感知胜任水平最高，其次是无竞争挑战模式和高竞争挑战模式。当处于困难任务模式时，竞争挑战对胜任感知水平的主效应不显著。这些结果帮助我们更好地理解竞争如何影响个体的内在动机，并提出了管理实践的建议。

在本章中，还尝试使用自我报告法和自由选择法来测度个体的内在动机水平。研究结论主要基于自我报告法，自由选择法的使用并不成功，基于本实验的经验教训，进一步探讨了内在动机测量方法的选用，并对不同的方法做了对比，为以后的研究提供借鉴。鉴于行为学测量方法的不足，也为后续研究选用认知神经科学方法开展研究提供了指引。

| 5 |

研究二：当期视角下竞争的不确定性和不一致性对内在动机的影响及其神经机制*

5.1 研究目的

不确定性和不一致性可能成为激发个体动能的源泉。想象一下你刚参加完一场考试，此时你想做的第一件事可能是与其他人对答案。你真正感兴趣的不是那些有明确答案的简单题，而是具有很强不确定性的题目，因为你对此类题目是否正确缺乏信心。如果与其他人的答案一致，你可能会感到如释重负，就好像答案已经确凿无疑。相反，如果别人给出了与你不同的答案，则会感到焦虑并且渴望进一步的核实。实际上，你已经提交了试卷，考试成绩已经无法改变。然而，题目的不确定性和答案的不一致性仍然会引起强烈的好奇心。类似的现象在我们的日常生活中时有

---

* 本部分发表在 Wang L，Sun H，Li L，Meng L. Hey，what is your choice? Uncertainty and inconsistency enhance subjective anticipation of upcoming information in a social context [J]. Experimental Brain Research，2018，236 (10)：2797 - 2810。

发生，这说明了不确定性和不一致性的魔力。

近年来，学者们开始探究不确定性与个人预期之间的关系。涉及的不确定性主题场景包括不可预知的疼痛（Hellvig et al.，2008；Seidel et al.，2015），不确定的经济损益（Foti & Hajcak，2012），以及不可预测的情感类图片刺激的效价（Qi et al.，2017）。这些研究主要聚焦于不确定性如何影响非社会交互场景中个体的主观预期，学者们得出了一致的结论，即不确定的线索将加强人们对即将到来反馈的期待（Hellvig et al.，2008；Foti & Hajcak，2012；Seidel et al.，2015）。

在一项开创性研究中，凯特纳和他的同事（Catena et al.，2012）提出了关于不确定性的假设，该假设认为相比于某些确定和可预测的情况，在不确定和不可预测的条件下，人们对未来的预期值会显著增加，在不同主题情境下开展的多项研究验证了这一假设。相较于没有电击的情况，50%电击可能性（被试遭受无害但有疼痛感的电击）情况下，被试对即将到来的刺激给予了更持久的预期警觉和关注（Hellwig et al.，2008）。有趣的是，当被试一定会受到电击时，也观察到了类似的效果（Seidel et al.，2015）。此外，在货币相关的主题研究中，被试对损失和收益较为确定的情况表现出漠不关心，而对于获得奖励的可能性为50%的情况表现出明显的预期增强（Foti & Hajcak，2012）。一些间接的研究结果也支持这样的观点，在图片浏览任务中，图片效价的可变情况增加了不确定性，进而增强了被试的预期值（Qi et al.，2017）。

虽然前人做了大量工作且极具启发性，但现有的多数研究都是在非社会交互背景下进行的，是个体独立于社会的行为表征。因此，有必要弥补这种割裂的情况，在社会互动情境中探讨结论的适用性，一些学者已经开展了尝试。在一项关于社会评价的研究中，根据被试对负性评价的敏感性高低，划分为负评高畏惧组和负评低畏惧组，并被要求判断照片中的人喜欢（社会接受）或是不喜欢（社会排斥）他们，被试等待3秒后会看到照片对应人员的社会评价反馈。结果表明，当负评高畏惧组被社会接受时，SPN波幅较大。为了解释这一发现，研究认为社会接受对于负评高畏惧组是一个不确定和不可预测的结果。然而，研究人员认识到这只是一种猜测，不确定性是否会影响社会交互背景下的预期需要进一步验证（van der Molen et al.，2014）。为了填补这一研究空白，我们在本章中采用了百科知识测验的任务，每个被试与另一个匿名的同性被试配对竞争开展答题。我们通过操纵题目的难度，来实现被试对题目答案不确定性的操控，并将题目划分为高不确定性题目和低不确定性题目。在一名被试做出回应后，他/她会被告知另一名被试的答案，然后系统给出正确答案。单个试次实验被分为六个阶段（不包括注视和空白屏幕）：回答题目、确认回答、预期对手的回答、呈现对手的回答、预期正确答案和呈现正确答案。本研究运用 ERP 技术检测不同任务阶段的实时脑电情况。具体而言，本研究主要有两个方面的目的。

研究目的一：竞争环境下不确定性和不一致性对个体内在动机的影响尚缺乏实证研究。本研究在社会交互情境中，拟探索人们处理竞争环境下不确定性和不一致性的加工过程，以及对个体内在动机的影响。包括当题目解答完成后，人们是否会寻求他人的答案来暂时消除不确定性？在作答不确定性水平很高时，是否更加迫切想了解对方的作答情况？双方作答不一致时（相比作答一致时），是否更加迫切期待正确答案的揭晓？以及在查看正确答案的结果时，是否更加专注并表现出更高的内在动机水平？本研究试图探究以上问题的答案。

研究目的二：由于内在动机较难通过自我报告来客观测度，因此我们尝试使用认知神经科学的最新研究成果，探索运用电生理指标，表征个体的认知加工过程。在整个实验过程中，将全程记录被试的脑电活动，并重点关注多个重要加工阶段，包括预期对手的回答阶段、呈现对手的回答阶段、预期正确答案阶段和呈现正确答案阶段，通过认知神经科学指标对个体的内在动机进行表征。

5.2 研究假设

由于人们的预期或内在动机是潜在的，所以难以通过自我报告来客观地测度，因此我们诉诸于事件相关电位技术（ERPs）来表征个体的内在动机。在整个实验过程中，脑电数据被全程记录下来，我们重点关注两个重要的认知加工阶段：一是等待对手对高不确定性和低不确定性题目回答的阶段；二是当被试与他的对手做出不一致的回答（相对一致的回答）时，预期正确答案的阶段。

5.2.1 具体假设

人们对不确定性通常是厌恶的（Luhmann et al.，2011），并伴随着压力和焦虑（Herwig et al.，2007a；Grupe & Nitschke，2013；Sarinopoulos et al.，2010；Williams et al.，2015）。例如，人们在预测不确定事件的结果时往往持悲观态度，这一点得到了认知神经科学研究结果的支持。在一项功能性磁共振（fMRI）研究中，赫维希等（Herwig et al.，2007b）发现，当被试预期未知效价图片和负性图片时，大脑激活情况是相似的，而与预期正性图片引起的大脑激活区域没有重叠。此外，在一些事件相关电位（ERPs）研究中，高神经质组的被试在面对不确定性和负性反馈时，会呈现出相同幅度的奖励积极性成分（RewP）（Holroyd et al.，2006；Hirsh & Inzlicht，2008）。由于不确定事件被认为是不利的，对不确定事件的“悲观偏见”普遍存在，寻求信息以消除不确定性是人类的本性（Dall & Johnstone，2002；Dall et al.，2005）。在本研究中，尽管对手的答案不如正确答案权威，但在正确答案最终被揭示之前，它仍然可能被视为是与正确答案起着相似作用的社会信息。从自我决定理论的视角，当不确定性很强时，个体可能会寻求一切可以增强胜任感的方式，特别是关注于对手的作答，来暂时消除不确定性并满足个体的胜任需要。因此，了解对手的行为反应可以（至少暂时）消除不确定性带来的焦虑和压力。我们预测相比于较低不确定性的题目，高不确定性的题目更能唤起对他人回答的强烈期待。

刺激前负波（SPN）是一种持续的、负走向的慢波，出现在任务相关的刺激启动之前，表征一种带有期待性质的注意（Brunia & Damen，1988；Foti & Hajcak，2012；Ma et al.，2017）。SPN 通常在大脑的右半球更加明显，在右前额叶皮质上表现得尤为显著（Kotani et al.，2003；Brunia et al.，2011）。也有研究表明，SPN 按大脑中线分布（Novak et al.，2016；Oumeziane et al.，2017；Pornpattananangkul et al.，2017）。SPN 的波幅被认为是表征外在刺激诱发期待性注意的一个关键指标（Luck & Kappenman，2011；Kotani et al.，2015；Kotani et al.，2017）。具体来说，SPN 的波幅大小反映了个体的预期水平，因为增强的主观预期会诱发更大的 SPN（Brunia et al.，2011；Moser et al.，2014；Meng et al.，2016）。

以往研究表明，减少不确定性是人类的本性，会激发信息寻求行为，并诱发更多的注意力资源分配（Gottlieb et al.，2013）。从自我决定理论的视角，相较于低不确定性题目，高不确定性题目可能减弱个体的感知胜任程度，因此个体会寻求其他信息来满足自己的胜任需要。因此，我们做出如下假设：

H1：相较于低不确定性题目，高不确定性题目会诱发个体对他人作答更大的期待，会诱发更加显著的 SPN 波幅。

配对竞争的两位被试对高不确定性题目给出一致和不一致答案的概率大约是对半分。当遇到高不确定性的题目，被试倾向于寻求对手的回答来解决不确定性。那么一致的答案会（至少暂时）削弱不确定性，而不一致的回答反而会进一步增加不确定性。由于一致的答案会让不确定性得到一定程度的削弱，我们预测被试对正确答案的预期程度降低；相反，不一致的答案会带来更多的不确定性，并可能导致更多的注意力资源被分配给信息寻求行为。从自我决定理论的视角，当不确定性很强时，个体可能会寻求一切可以增强胜任感的方式，特别是关注于对手的作答，来暂时消除不确定性和满足个体的胜任需要。但是当双方的作答不一致时，可能进一步导致不确定性的增强，从而使得个体对最终正确答案的揭晓抱有强烈的期待和内在动机。因此，我们做出如下假设：

H2：对于高不确定性题目，当双方作答不一致时（相比作答一致时），被试会对正确答案表现出更明显的期待，会诱发更加显著的 SPN 波幅。

除了研究一致性如何调节人们对最终反馈的主观预期之外，我们还想探究它如何影响个体的结果处理过程。为了衡量人们对答案正确性的在意程度，我们采用 RewP 来测度，这是一种在反馈后产生的早期正向偏误。一般在反馈开始后 250 毫秒左右达到峰值，且波幅在正性反馈条件下大于负性反馈（Proudfit，2015；Mühlberger et al.，2017）。这一 ERP 成分通常也被称为损失大于收益的负偏差，又名反馈相关负波（FRN）（Yaung & Sanfey，2004；Hajcak et al.，2006）。究竟如何界定该成分，学术界尚未统一，但并不影响其对于个体内在动机程度的衡量（Proudfit，2015）。为了排除观察到的 RewP 模式中除研究者想检验的因素之外其他因素的影响，大多数关于 RewP 的研究采用了差异波。RewP 差异波是指负反馈引起的波幅减去正反馈引起的波幅，RewP 差异波的大小可以快速呈现不同实验条件下个体的结果动机（Gehring & Willoughby，2002；Yeung et al.，2004）。具体来说，被试对于反馈结果的内在动机越强，RewP 差异波幅就越大。

竞争是人们为了更好地生存和发展，进行的比较输赢、抢占资源的对抗性较量。在这项研究中，当两个被试配对并展示对方的作答，竞争自然而然地发生。没有人愿意表现得比别人差，个体的胜任需得到激发，所以不一致的回答会增强个体对结果的关注和内在动机水平。因此，我们做出如下假设：

H3：对于高不确定性题目，当双方作答不一致时（相比作答一致时），被试会对正确答案表现出更强烈的内在动机，会诱发更加显著的 RewP 差异波幅。

为了进一步研究不一致性对反馈加工过程中注意资源分配的影响，我们采用 P300，这是一种具有广泛大脑中线分布的正向成分（Donchin & Coles, 1988；Gray et al.，2004；Enge et al.，2008）。它通常在刺激后 300～600 毫秒达到峰值（Patel & Azzam，2005；Wu & Zhou，2009），振幅在中央顶叶区达到最大（Hillyard et al.，1995；Coull，1998）。以往的研究表明，动机的增强会触发更多注意资源的投入，引起 P300 的增强（Donchin & Coles，1988；Nieuwenhuis et al.，2005；San Martín，2012）。与两者一致的回答相比，当两位被试的回答不一致时，个体会对反馈信息表现出更加强烈的注意投入（Yu & Sun，2013），因此，我们做出如下假设：

H4：对于高不确定性题目，当双方作答不一致时（相比作答一致时），被试会对正确答案表现出更加明显的注意投入，会诱发更加显著的 P300 波幅。

5.2.2 对于研究二假设的总结

对神经层面的假设进行列表呈现，如表 5.1 所示。

表 5.1　对于研究二的假设总结

假设对象	假设内容
神经层面	H1：相较于低不确定性题目，高不确定性题目会诱发个体对他人作答更大的期待，会诱发更加显著的 SPN 波幅
	H2：对于高不确定性题目，当双方作答不一致时（相比作答一致时），被试会对正确答案表现出更明显的期待，会诱发更加显著的 SPN 波幅
	H3：对于高不确定性题目，当双方作答不一致时（相比作答一致时），被试会对正确答案表现出更强烈的内在动机，会诱发更加显著的 RewP 差异波幅
	H4：对于高不确定性题目，当双方作答不一致时（相比作答一致时），被试会对正确答案表现出更加明显的注意投入，会诱发更加显著的 P300 波幅

资料来源：本书作者整理。

5.3 研究方法

5.3.1 实验被试

在浙江大学的校内论坛，我们总共招募了36名被试，其中包含22名男性被试和14名女性被试，并随机分配每两名同性被试为一组（彼此不认识），被试的年龄平均值为22.50岁，标准差为2.09。被试的视力或矫正视力正常，且均无精神紊乱或是心理疾病史，伦理委员会审核批准了该实验。所有被试在参加实验前，被告知了脑电实验的流程和细节，并签署了知情同意书，表示自愿参加该实验。2名被试因为伪迹过多以及1名被试由于未理解指导语，他们的数据及对手的数据被剔除。因此，来自15个有效组（30名被试）的数据进入分析阶段。

5.3.2 实验范式

如图5.1所示，在每个试次一开始，会首先出现一个500毫秒的“+”字符，提示被试的注意。随后，一个包含两个选项的选择题会出现在屏幕中央。在题干上方，白色和黑色图标分别代表被试和他/她的对手，一个绿色的确认图标“√”一开始也会出现在题干上方。被试需要通过按键（A或B）在8秒内做出选择。当被试做出选择后，被试的图标将与他/她所选的选项相匹配，持续1秒钟。被试如果在分配的时间内没有作答，那么会出现一个附加选项C和“未选”，与他/她的图标匹配。系统将记录未回答题目的数据，但不进行分析。随后，对手图标下方的三个点开始依次闪烁，提示对手的回答正在加载（预期阶段1）。在此期间，被试在一定程度上会预测对手的选择。至少2秒后，对手的图标将与他/她的选项相匹配。如果两个被试的选择时长有较大差异，等待时间会更长一些。值得注意的是，一旦两个被试选择了相同的选项，他们的图标都会出现在所选选项的前面。对手的选择会呈现1秒（预期阶段2），之后正确答案将会加载。预期阶段2与预期阶段1非常相似，只有一个例外——闪烁等待提示点位于绿勾下方。在这段时间里，通常两个被试都会对正确答案产生预期。两秒钟后，“√”出现在正确答案前面，持续1200毫秒（反馈阶段）。最后，屏幕上将出现空白屏幕，持续600～800毫秒。

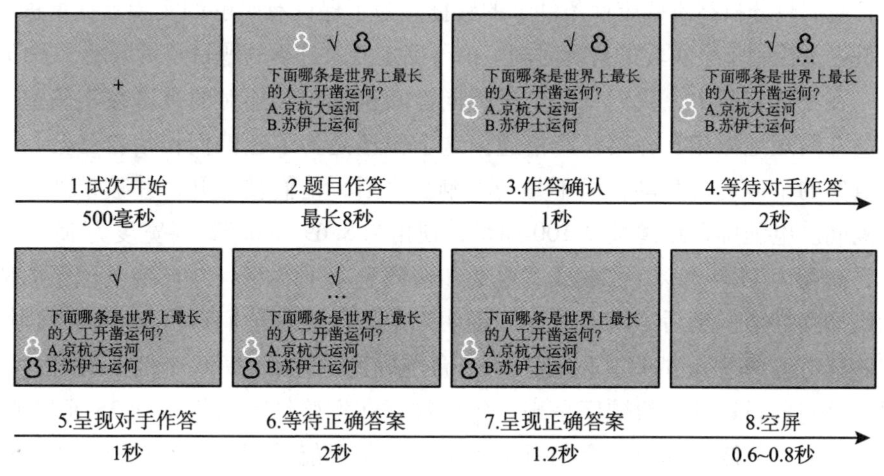

图5.1 研究二每个试次的流程

5.3.3 实验过程

在前测中，我们招募了30名被试来完成200道选择题。这些题目是从网上题库中精心挑选出来的，在两个选项中只有一个正确答案。为了确保被试认真回答题目，他们被告知在测试后会随机选择一个题目与奖励挂钩。如果他们选择了一个正确的选项，那么他们将得到额外的5元奖励。否则，他们只能得到出场费。根据前测数据，准确率超过95%的题目被放入低不确定性题目库（被试对自己的答案很确定），而准确率在50%左右的题目被放入高不确定性题目库。最后，我们筛选出100个高不确定题（准确度50%±2%）和50个低不确定题（准确性≥97%）进行正式实验。因此，每位被试在正式实验中需要回答150个题目（100个高不确定性和50个低不确定性）。他们可以仔细考虑每个题目，并需在8秒内做出回答。

正式实验的轮数是根据我们的研究目的确定的：探究个体对题目正确答案的不确定性如何影响对他人回答的预期（预期阶段1），并探究他人一致与不一致的回答如何影响个体对最终反馈的预期（预期阶段2）。在预测阶段1，我们同时分析高不确定性和低不确定性条件下的数据。然而，考虑到低不确定性条件下的题目只需要一般性知识，并且被试能够正确地回答几乎所有题目（行为数据的结论），低不确定性题目几乎没有不一致的回答。因此，在第 2 阶段，我们只分析高不确定性条件下的数据。为了保证有足够的实验数据量进行分析以及控制整个实验的持续时间，高不确定性条件下的题目数量增加了一倍。

在正式实验中，我们将被试进行同性随机配对。配对的被试在实验室见面，并简短地做相互介绍。严格遵循这个程序是为了让他们相信自己会与一位真实的个体进行互动，而不是与电脑。之后，他们被分开，并被带到各自的隔间。电脑屏幕距离被试 100 厘米，视角为 8.69°×6.52°（宽度为 15.2 厘米，高度为 11.4 厘米）。被试需要在知情同意书上签字，并在脑电记录前阅读纸质指导语。然后，由主试详细说明细节，以确保他们尽可能全面地理解实验任务。每个被试要求回答 100 个高不确定性题目和 50 个低不确定性题目，这些题目以伪随机顺序呈现。每位被试在实验结束后将得到 35 元报酬，在实验后，将随机抽取一个题目来确定被试是否能得到额外的报酬。答对者获得 5 元，答错者不受处罚。

5.3.4 脑电数据记录

脑电实验的被试招募工作一般在实验前一周启动，通过校内论坛发布信息，并对事件相关电位技术、实验的基本要求、可选时间段、报酬等信息做详细的介绍，打消被试对脑电实验的恐惧心理。在同学报名之后，对基本信息、身体状况、精神状况等做了解，并约定好具体的参加实验时间。

实验当天，首先进行脑电采集的准备工作。被试在实验室内用专用的洗发水对头皮进行清理，随后吹干头发。紧接着，被试被引导进入灯光柔和、隔音、隔磁、隔电的专业实验室中，主试为被试戴上电极帽，粘贴外接电极点，涂抹导电膏，并引导被试熟悉实验室环境和实验流程，保持心态平和稳定。当阻抗水平下降到 5000 欧姆以下后，开始进入实验练习阶段，并模拟采集脑电，观察数据的质量。

参数细节：脑电（electroencephalogram，EEG）数据通过 64 导的 NeuroScan 电极帽进行采集（由美国神经软件实验室开发），根据被试头颅大小选用合适型号。电极采用 Ag/AgCl 合金电极，采用 NeuroScan Synamp2 放大器，采样频率为 500 赫兹。采用国际脑电图学会设定的 10～20 电极导联定位标准，如图 5.2 所示。共有 6 个外接的电极，以左侧耳朵后面的骨性突起（乳突）作为参考电极，同时在右侧乳突处也安放了一个外接电极，用于脑电数据预处理阶段中的参考转换。由于眨眼等带来的眼电会对正常的脑电产生干扰，所以我们通过在左右眼外侧 1 厘米处设置两个用于水平眼电记录的电极，并通过在左眼上下 1 厘米处安放两个用于垂直眼电记录的电极，记录下眼球不同方向运动带来的电位变化情况，在数据处理的阶段通过特定的算法去除眼电对脑电的影响。在整个数据记录过程中，为了保持数据的质量，头皮阻抗保持在 5000 欧姆以下。同时，对市电干扰（50 赫兹的工频交流电干扰）进行了滤除（Luck，2005；魏景汉、罗跃嘉，2010；赵仑，2010）。

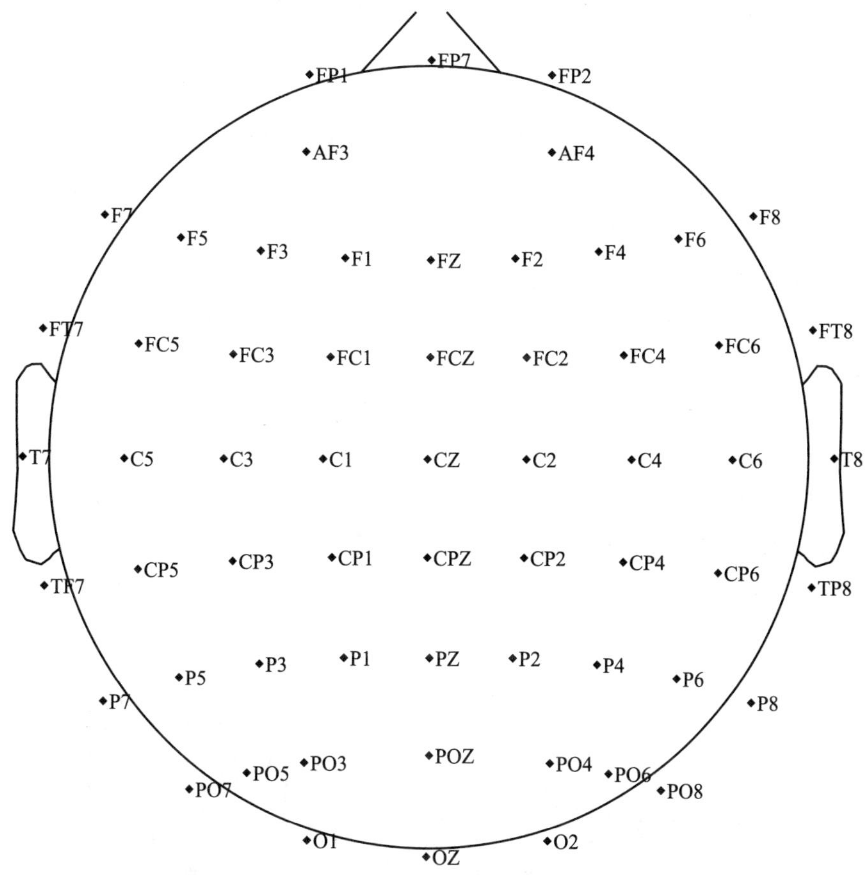

图 5.2　64 导电极帽的电极点分布

资料来源：本书作者整理。

5.4 数据分析

5.4.1 行为数据分析

本研究使用被试的行为数据进行控制检验：计算并比较不同情况下的反应时间，检验被试对高不确定性题目是否犹豫不决，对低不确定性题目是否有足够信心；一致和不一致答案的数量是否大致相等。我们采用的是配对样本 T 检验的方法。

反应时间衡量了从题目开始到被试做出反应的持续时间。配对样本 T 检验的结果显示，低不确定性题目的平均反应时为 2.271 秒，标准差为 0.446；高不确定性题目的平均反应时为 3.661 秒，标准差为 0.748。高不确定性题目的平均反应时显著高于低不确定性题目 [$T(29) = -15.50$; $p < 0.001$]，如图 5.3 所示。本研究还对题目的准确率数据进行了分析。对于低不确定性题目，被试的作答平均准确率为 98.04%，标准差为 2.20%；对于高不确定性题目，被试的作答平均准确率为 50.54%，标准差为 5.69%。个体完成低不确定性题目的准确率显著高于高不确定性题目 [$T(29) = 45.34$; $p < 0.001$]。此外，被试完成高不确定性题目，两人给出一致答案的概率是 53.65% (SD = 2.81%)，这表明一致性和不一致性条件的数量很接近。因此，我们的实验操纵是成功的。

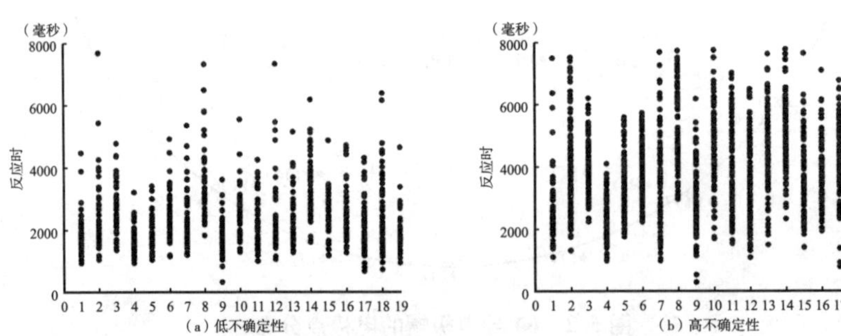

图 5.3 在低不确定性和高不确定性情况下的反应时间

5.4.2 脑电数据分析

5.4.2.1 脑电数据的预分析

在获得了 EEG 原始数据之后，需要进行离线数据处理。本研究所采用的是美国神经软件实验室开发的 Scan 4.3 软件。一般情况下，为了得到可靠的事件相关电位的波形，需要进行如下的基本步骤：

（1）脑电浏览并剔除明显扰动的脑电数据段。按照时间顺序浏览整个脑电数据，要剔除明显扰动或是漂移的数据段，通过 Scan 的 Reject 功能剔除“坏区”。这一步主要依赖于主试的经验判断，尤其是在实验过程中存在被试身体晃动、仪器不稳等因素造成的伪迹，要去除掉。如果存在数据筛查的遗漏，后续 Scan 软件也会通过去伪迹的步骤进一步剔除。

（2）去除眼电（electrooculogram，EOG）干扰。被试眨眼和眼动在实验过程中是不可避免的，会对脑电信号的记录产生很大的波动，必须在离线分析阶段将其干扰消除掉。实验过程中，我们通过置于两眼角外侧的两个电极记录水平眼动电位，通过左眼上下两个电极记录垂直眼动电位和眨眼电位的重叠电位，Scan 软件可以通过记录眼电，并通过特定的算法科学消除眼电对脑电数据造成的干扰。

（3）滤波。滤波的作用是进一步过滤噪声和不关注的数据频段，SPN 采用的是 0.01 ~ 30 赫兹的带通滤波，RewP 和 P300 采用的是 0.5 ~ 30 赫兹的带通滤波。

（4）分析段截取。对连续记录的脑电数据进行分段处理，是事件相关电位研究的一个关键环节。通常根据研究的目的，选择特定的时间点作为零点，分析前后一段时间内的脑电数据，以包含所需观察的事件相关电位成分。通过 Scan 软件的 Epoch 功能就能实现分析段的截取。对于反馈结果期待阶段，截取反馈前 2000 毫秒作为数据分析的时间段。对于反馈结果加工阶段，截取反馈结果前 200 毫秒到反馈呈现后 800 毫秒的数据分析段。

（5）基线校正。基线校正的作用是消除脑电数据相对于基线的偏离。一般情况下，会选取刺激前的某一段时间的脑电数据作为基础值，将拟分析的时间段内电位与该基线进行相减处理，获得新的电位值。常用的基线校正的时间长度为 200 毫秒，这样稳定性较好。对于反馈结果期待阶段而言，将反馈结果出现之前 2200 毫秒到反馈结果出现之前 2000 毫秒的脑电数据作为基线。对于反馈结果加工阶段而言，将反馈出现之前的 200 毫秒作为基线。

（6）参考电极的转换。目前按照国际惯例和通用的做法，一般采用一只乳突作为参考进行数据采集，然后转换为双侧乳突的平均参考。该做法既保留了双耳参考的优点，又不会引发物理连接短路造成的电位分布失真。是目前最为普遍的做法。

（7）伪迹去除。为了去除肉眼看不到的噪声，根据通用的标准，通过 Scan 软件将波幅小于 -100 微伏和大于 100 微伏的 EEG 片段予以剔除（脑电数据都是微伏级别，在这个范围之外一般都是伪迹），从而进一步保证进入统计分析的数据质量。

（8）叠加平均。对于每一位被试，根据研究的阶段（如反馈期待阶段、反馈结果加工阶段等）和不同的实验条件进行分类，并将类别内的所有试次数据进行叠加平均。

经过以上对脑电数据的预处理，就可以运用统计分析软件，进行统计分析。在进入统计分析时，要在前人研究和实验设计的基础上，选取合适的事件相关电位成分，并根据成分的特点选取时间窗和电极位。

5.4.2.2 脑电数据的统计分析

本研究采用了二元设计，被试彼此配对，使得数据不独立。考虑到数据的嵌套性质，我们通过 State 12 中的多级水平回归，从群体水平上分析了电生理数据。我们将随机截距模型（random intercept model）定义如下，并在所有 ERPs 成分上施用：

$$amplitude_{ij} = \beta_{0_j} + \beta_{1_j} condition_{1_{ij}} + \beta_{2_j} region_{2_{ij}} + \varepsilon_{ij}$$

$$\beta_{0_j} = \gamma_{00} + \gamma_{01} G_{1_j} + \delta_{0_j}$$

其中，G 代表群体因子（Kristjansson et al.，2007；Di Domenico et al.，2016）。

（1）对 SPN 成分的统计分析。

在预期阶段 1 和阶段 2，分析段截取的是刺激出现前 2000 毫秒到刺激出现的时点（-2000 ~ 0 毫秒），并以 -2200 ~ -2000 毫秒作为基线。参照之前的研究（Fuentemilla et al.，2013；Morís et al.，2013；Megías et al.，2017），对刺激触发前 -200 ~0 毫秒的 SPN 波幅进行统计分析。虽然一些研究发现，在期待阶段诱发的 SPN 波幅会在外侧前额叶区域表现最为明显（Yacubian et al.，2007；Dreher et al.；2009；Foti & Hajcak，2012），但中额叶区域如前扣带皮层（ACC）也被认为是 SPN 的主要分布区（Seidel et al.，2015）。根据脑地形图的分布，在预期阶段 1，我们选择 F2、F4、F6、FC2、FC4、FC6、C2、C4、C6 这九个电极点进行分析，对高不确定性和低不确定性两种条件进行对比；在预期阶段 2，我们选择 F1、FZ、F2、FC1、FCZ、FC2、C1、CZ、C2 这九个电极点进行分析，对一致与不一致两种条件进行对比。

预期阶段 1（对他人回答的期待阶段）：在多层次回归模型中，生成一个虚拟变量来定义低不确定性与高不确定性的条件。同样，两个虚拟变量被用来定义三个兴趣区，分别是前额区（F2、F4、F6）、前中央区（FC2、FC4、FC6）和中央区（C2、C4、C6），我们将 SPN 的振幅设置为因变量。如表 5.2 所示，组水平的随机截距和个体水平的误差项分别被命名为组随机截距和个体误差。结果表明，与高不确定性条件相比，低不确定度条件下 SPN 的波幅显著减弱（虚拟变量“低不确定性”的系数为 1.980，为正值）。从这个回归中没有发现其他显著效应。相应的波形图如图 5.4 所示，脑地形图如图 5.5 所示。

表 5.2　　在预期阶段 1 的 SPN 多层次回归结果

项目	波幅
前额区	0.575 (0.59)
前中央区	0.0611 (0.06)
低不确定性	1.980 * (2.02)
低不确定性 × 前额区	0.000220 (0.00)

续表

项目		波幅
低不确定性×前中央区		0.357 (0.26)
常数项		-4.578*** (-4.99)
组随机截距	常数项	0.844*** (3.78)
个体误差	常数项	1.333*** (24.22)
	数量	180

注：括号中为T统计结果，* $p<0.05$，** $p<0.01$，*** $p<0.001$。

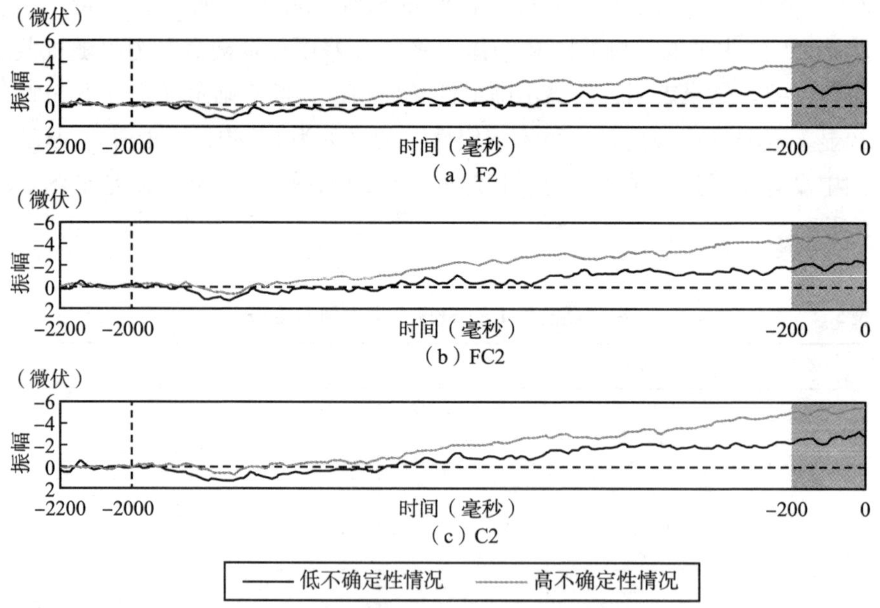

图 5.4　在预期阶段 1 的 SPN 波形图

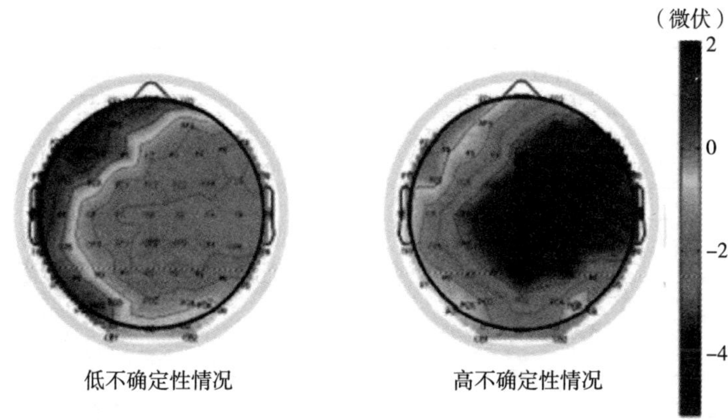

图 5.5　在预期阶段 1 的 SPN 脑地形图

预期阶段 2（对正确答案的期待阶段）：在多层次回归模型中，生成一个虚拟变量来定义一致与不一致的条件。同样，两个虚拟变量被用来定义三个兴趣区，分别是前额区（F1、FZ、F2）、前中央区（FC1、FCZ、FC2）和中央区（C1、CZ、C2），我们将 SPN 的振幅设置为因变量。如表 5.3 所示，组水平的随机截距和个体水平的误差项分别被命名为组随机截距和个体误差。结果表明，在不一致性条件下 SPN 的波幅，显著大于在一致性条件下的波幅（虚拟变量"一致性条件"系数为 2.413，显著大于零）。此外，SPN 的波幅在前额区比在中央区更显著，而一致性和兴趣区之间没有显著的交互作用效应。相应的波形图如图 5.6 所示，脑地形图如图 5.7 所示。

表 5.3　　在预期阶段 2 的 SPN 多层次回归结果

项目	波幅
前额区	2.349 * (2.32)
前中央区	0.969 (0.96)
一致性	2.413 * (2.38)

续表

项目		波幅
一致性×前额区		-1.277 (-0.89)
一致性×前中央区		-0.676 (-0.47)
常数项		-6.882*** (-6.13)
组随机截距	常数项	1.208*** (5.93)
个体误差	常数项	1.368*** (24.86)
	数量	180

注：括号中为T统计结果，*p<0.05，**p<0.01，***p<0.001。

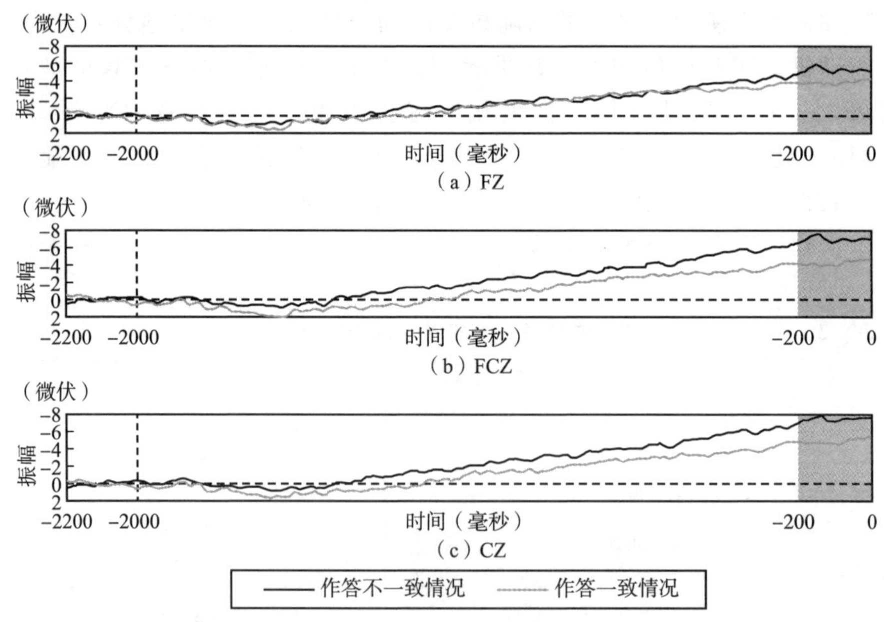

图5.6 在预期阶段2的SPN波形图

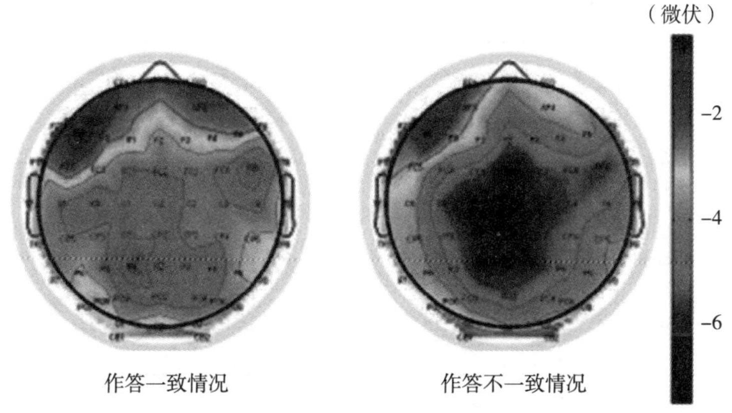

图 5.7 在预期阶段 2 的 SPN 脑地形图

（2）对 RewP 差异波的统计分析。

我们只分析了在高不确定性情况下的 RewP，因为在低不确定情况下几乎没有不一致的反应和错误的答案。我们截取的是答案反馈前 200 毫秒到 800 毫秒作为分析段，基线选择的是答案反馈前 200 毫秒到 0 毫秒。根据脑地形图分布，我们选取 F1、FZ、F2、FC1、FCZ、FC2 进行分析（Luo et al.，2014；Meng & Ma，2015），截取的时间窗为 220~280 毫秒的平均振幅。

与其他成分一致，用一个虚拟变量来定义两个兴趣区，分别是前额区（F1、FZ、F2）和前中央区（FC1、FCZ、FC2），RewP 差异波的振幅（指的是 RewP 负反馈的波幅减去正反馈的波幅）设为因变量。如表 5.4 所示，差异波 RewP 在不一致的反应条件下比在一致条件下更显著。相应的波形图如图 5.8 所示，脑地形图如图 5.9 所示。

表 5.4 反馈阶段 RewP 差异波的多层次回归结果

项目	波幅
前额区	0.0821 (0.10)
一致性	-1.636* (-1.97)
一致性×前额区	0.109 (0.09)

续表

项目		波幅
常数项		1.130 (1.57)
组随机截距	常数项	0.466 (1.68)
个体误差	常数项	1.171*** (16.96)
	数量	120

注：括号中为T统计结果，*p<0.05，**p<0.01，***p<0.001。

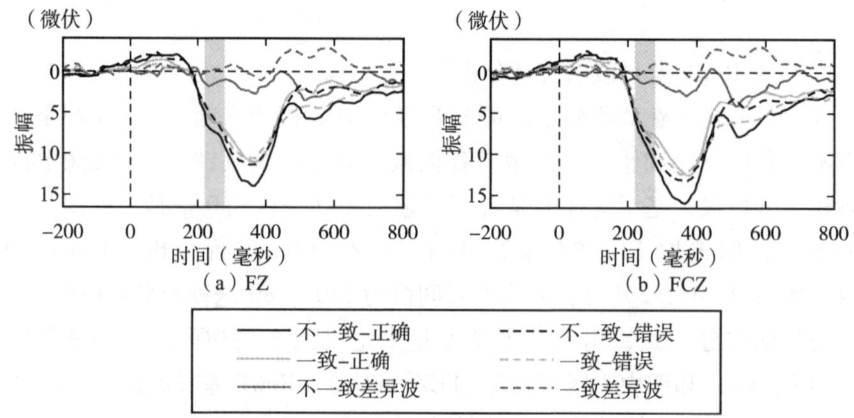

图5.8　RewP和差异波RewP的波形图

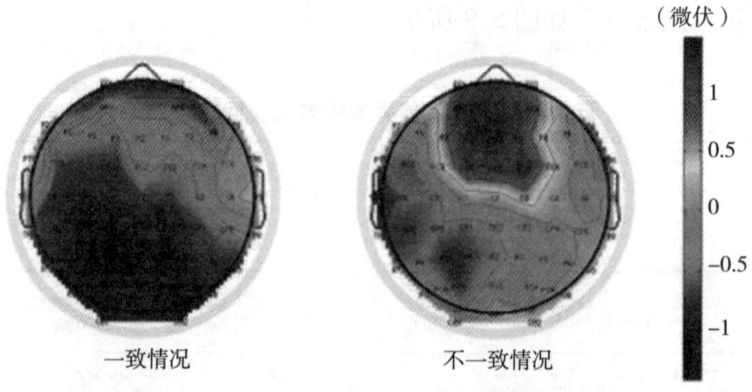

图5.9　RewP和差异波RewP的脑地形图

（3）对 P300 成分的统计分析。

我们只分析了在高不确定性情况下的 P300，因为在低不确定情况下几乎没有不一致的反应和错误的答案。我们截取的是答案反馈前 200 毫秒到 800 毫秒作为分析段，基线选择的是答案反馈前 200 毫秒到 0 毫秒。根据脑地形图分布，我们选取 C1、CZ、C2、CP1、CPZ、CP2 进行分析（San Martín, 2012），截取的时间窗为 280 ~450 毫秒的平均振幅。

与其他成分一致，用一个虚拟变量来定义两个兴趣区，分别是中央区（C1、CZ、C2）和中央顶区（CP1、CPZ、CP2），P300 振幅设为因变量。如表 5.5 所示，与一致反应条件相比，不一致反应中的 P300 更显著。然而，当给出反馈时，既没有呈现出兴趣区的影响，也没有观察到不同条件与兴趣区之间的交互作用对 P300 的影响。相应的波形图如图 5.10 所示，脑地形图如图 5.11 所示。

表 5.5　　反馈阶段 P300 的多层次回归结果

项目		波幅
中央区		0.839 (1.01)
一致性		-1.723* (-2.07)
一致性 × 中央区		-0.00969 (-0.08)
常数项		11.13*** (10.61)
组随机截距	常数项	1.213*** (5.96)
个体误差	常数项	1.169*** (16.95)
	数量	120

注：括号中为 T 统计结果，* $p<0.05$，** $p<0.01$，*** $p<0.001$。

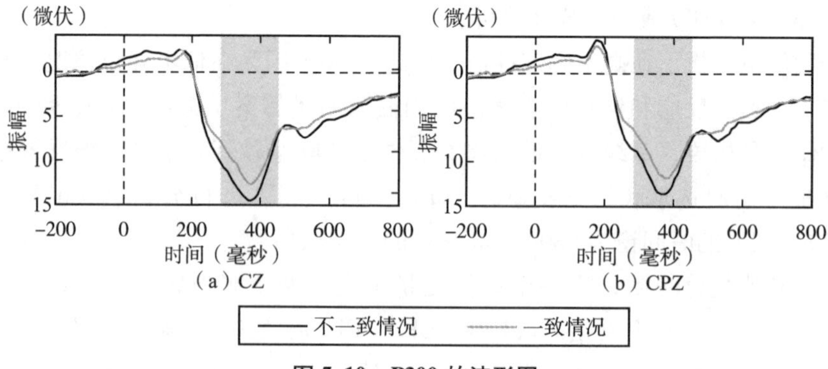

图 5.10　P300 的波形图

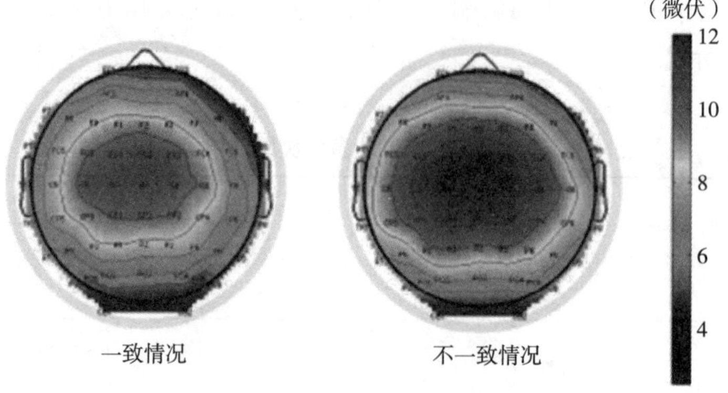

图 5.11　P300 的脑地形图

5.5　结论与讨论

在这项研究中，我们探讨了竞争环境中不确定性和不一致性对个体内在动机可能产生的影响。我们重点关注两个重要的认知加工阶段：一是等待对手对高不确定性和低不确定性题目回答的阶段；二是当被试与他的对手做出不一致的回答时，预期正确答案的阶段。在整个实验过程中，脑电数据（EEG）被全程记录下来，同时通过行为数据对条件设定进行了控制检验。对于研究二涉及的假设验证情况如表 5.6 所示。

表 5.6　　　　　　　　对于研究二的假设总结

假设对象	假设内容	验证情况
神经层面	H1：相较于低不确定性题目，高不确定性题目会诱发个体对他人作答更大的期待，会诱发更加显著的 SPN 波幅	成立
	H2：对于高不确定性题目，当双方作答不一致时（相比作答一致时），被试会对正确答案表现出更明显的期待，会诱发更加显著的 SPN 波幅	成立
	H3：对于高不确定性题目，当双方作答不一致时（相比作答一致时），被试会对正确答案表现出更强烈的内在动机，会诱发更加显著的 RewP 波幅	成立
	H4：对于高不确定性题目，当双方作答不一致时（相比作答一致时），被试会对正确答案表现出更加明显的注意投入，会诱发更加显著的 P300 波幅	成立

资料来源：本书作者整理。

不确定性无处不在，它通常被认为是一种令人厌恶的状态，人们会积极寻求各种机会以减少不确定性（Luhmann et al.，2011）。在正常情况下，当结果最终公布时，不确定性的问题得到解决。然而，这需要一段时间的焦虑等待。对大多数人而言，等待结果本身并不是愉快的经历。特别是在竞争的情境下，人们会寻求借助各种社会信息，暂时或部分地免除不确定性，并相应地调整自己的预期。这是一个有趣的现象，其认知机制值得深入研究。

为了研究个体是否会通过竞争环境中的社会信息来减少不确定性，更重要的是探究竞争的不确定性和不一致性如何影响个体的内在动机，我们在本研究中采用了知识问答任务，需要两个匿名的同性被试一起完成。在本研究中，不确定性被定义为对结果的不确知状态。对于大多数被试来说，高不确定性题目的正确答案是未知的，被试的回答仅凭随机猜测；相较之下，低不确定性题目只涉及一般常识，非常容易作答。行为数据表明，对不确定性的操控是成功的。在高不确定性条件下，被试回答的准确率只有 50.54%，接近随机选择的概率；在低不确定性条件下，被试回答的准确率则高达

98.04%，这表明被试对答案是肯定的。同时，被试回答高不确定性题目的速度要慢得多，反应速度的差异反映了被试在回答高不确定性题目时的犹豫和深思熟虑，而对低不确定性题目的答案则非常自信。电生理数据结果表明，在预期阶段1，被试会寻求对手的信息来减少不确定性。特别是在高不确定性条件下，对于他人作答的预期更为强烈，因此呈现出波幅更大的 SPN。进一步而言，在预期阶段2，当被试与他/她的对手有不一致的回答时，被试对正确答案的揭晓更加期待，会诱发更为明显的 SPN 波幅。同时在结果加工阶段，会有更加强烈的内在动机，表现在更大波幅的 RewP 差异波。

以往研究表明，不确定性会加强对即将到来刺激反馈的主观期待（Hellwig et al.，2008；Foti & Hajcak，2012；Soriano-Mas et al.，2012；Seidel et al.，2015；Qi et al.，2017）。虽然这些发现令人鼓舞，但现有的研究大多是在非社会化和非交互化背景下进行的。为了拓展以往研究结论的适用性，本研究试图检验在竞争环境下，不确定性对主观期待的作用，以及对结果加工阶段的影响。SPN 是一个持续的、负走向的慢波，出现在任务相关刺激启动之前，其波幅的大小反映了个体积极预期的强烈程度，也可以理解为内在动机的强烈程度（Damen & Brunia，1987；Brunia & Damen，1988；van Boxtel & Böcker，2004；Mattox et al.，2006；Brunia et al.，2011；Moser et al.，2014）。因此，从两个预期阶段观察到的 SPN 振幅走向，竞争的不确定性的确增强了人们对即将到来信息的期待程度。特别是在竞争环境中，人们不仅对最终结果反馈抱有强烈的期待（Luck & Kappenman，2011；Kotani et al.，2015；Kotani et al.，2017），同时对于他人的作答也有很强的期待程度，以缓解自身对不确定性的焦虑以及满足自身的胜任需要。特别是当面对高度不确定性题目时，被试更渴望了解对手的答案，因为这些答案可以作为社会信息，有助于减少不确定性。因此，本研究表明，竞争环境下可以满足个体胜任需要的社会线索，有助于诱发个体明显而强烈的期待。

在本研究中，虽然人们希望将他们的答案与其他人的答案进行比较以减少不确定性。但事实上，一旦双方对高不确定性题目做出不一致的回答时，不确定性反而进一步增加。根据我们的预测，当被试对高不确定性题目的作答与对方不一致时，在反馈结果的预期过程中会观察到一个更大振幅的 SPN，这一点得到了验证。同时，在最终结果反馈阶段，可以观察到更大振幅的 RewP 差异波和 P300。因此，该结果表明在竞争环境中，不一致作答造成的不确定性增强，会进一步激发个体的胜任需要并增加个体对最终正确答案的主观期待和在意程度。

研究认为，RewP 差异波的大小反映了被试的快速评估过程以及内在动机的水平（San Martín，2012；Ma et al.，2014；Meng & Ma，2015）。研究表明，多种方式可以提高个体的内在动机，包括选择的自主性（Meng & Ma，2015）、后续行为的承诺（Ma et al.，2015）、任务参与程度（Ma et al.，2011；Shen et al.，2013）等。研究还发现，反应一致性也可以调节 RewP 差异波的振幅，与他人不一致的反应将导致在后续反馈结果期间更加明显的 RewP 差异波。但这项研究是在知道他人的选择后，被试才做出选择。如果被试做出不一致的选择且被证明是正确的，那么这个选择更具有奖励性，会诱发更大的 Rewp 差异波（Yu & Sun，2013）。我们的研究任务要求被试和对手独立作答，被试在被告知对手的回答之前，已经做出了选择。因此，是由于不一致的反应带来的不确定性，最终提高了被试的内在动机水平，表现为更大振幅的 Rewp 差异波。

此外，学者们普遍认为，在反馈加工过程中，内在动机的增强会伴随更多注意资源的投入，因此会诱发振幅更大的 P300（Donchin & Coles，1988；Nieuwenhuis et al.，2005；San Martín，2012）。在本研究中，当被试和对手给出不一致的回答时，在结果反馈阶段出现了更大波幅的 P300，这一发现与 SPN 和 RewP 的结果相呼应。这些结果共同表明，不一致性会增强个体对结果反馈的期待（SPN），赋予更大程度的内在动机（Rewp 差异波），并分配更多的注意力资源用于反馈的处理（P300）。

这项研究创设了一项竞争性的环境，尽管两名被试之间并不涉及直接的竞争（报酬方案是固定报酬 + 浮动报酬，浮动报酬能否获得，取决于从全部作答题目中随机抽选出题目的作答情况），但由于两人的作答情况会展现给对方，不可避免的人们会产生一种竞争性心态。人们有试图比对手表现更佳的自然倾向，并进行着暗自的隐性社会比较。本研究说明，在竞争性环境中，人们的动机水平确实存在复杂的影响因素，这些影响因素值得在后续研究中深入探索。未来的研究可以设定更加明显的竞争环境，来探究不同竞争要素对个体内在动机的影响。

5.6 本章小结

本研究考察了当期视角下竞争的不确定性和不一致性对个体内在动机的影响和神经机制。本研究采用知识测验的任务，同性被试配对参与实验。当被试预测对手对高不确定性题目（相对于低不确定性题目）的反应时，以及当他们发现对手给出的回答与自己的不一致并预期正确答案时，从脑电数据均可观察到一个更明显的 SPN。此外，不一致的反应诱发了在反馈阶段更明显的 Rewp 差异波和更大振幅的 P300。这些结果表明，不确定性和不一致性都会增强人们在竞争环境中对即将到来刺激的主观期待，同时不一致性还会增强人们对结果反馈的内在动机和注意力投入。这项研究的基本结论是：在竞争环境中，不确定性和作答的不一致性将影响人们的动机水平；个体对于自身能否正确作答高度不确定时（相比确定时），更迫切地了解对方的作答情况；双方作答不一致时（相比作答一致时），则更迫切的期待正确答案的揭晓、在查看正确答案时也更为专注、动机水平更高。

| 6 |

研究三：当期视角下竞争挑战程度对内在动机的影响及其神经机制

6.1 子实验一：完胜过程与险胜过程对内在动机的影响研究*

6.1.1 研究目的

美国军事统帅巴顿将军曾经说过，只有接受过挑战，才可能感受到胜利的喜悦。在我们的日常生活中，许多人都热衷于下棋、攀岩、蹦极等，这类活动没有任何的外在报酬，人们却乐此不疲。有趣的是，活动本身所具有的挑战程度，成为参与者享受活动的决定性因素之一。研究表明，活动中所需付出的认知努力和挑战性有助于增强个体的内在动机（Cacioppo et al.，1996）。甚至有

---

* 本部分发表在 Meng L，Pei G，Zheng J，Ma Q（2016）. Close games versus blowouts：Optimal challenge reinforces one's intrinsic motivation to win［J］. International Journal of Psychophysiology，2016，110：102－108。

些活动具有极大的危险性，而且没有外在的奖励，人们依旧非常着迷（Abuhamdeh & Csikszentmihalyi，2012）。

长久以来，研究人员们致力于解释这种现象背后的原因。作为动机研究中最具影响力的理论之一，自我决定理论认为，个体一般具有三种基本的心理需要：自主需要、胜任需要、归属需要。胜任需要是指人们能够恰如其分地完成任务的能力，并感受到充满效率、娴熟地、有效果地从事特定的活动。这种需要的满足，有助于保持和促进内在动机（Deci & Ryan，2002）。同时，研究者还发现，如果一项活动或任务能够实现最优的挑战水平，可以最大限度上激发个体感受到的胜任力，进而有效地激发个体的内在动机（Bassi & Delle，2012；Csikszentmihalyi & Rathunde，1993）。

在竞争中，很好理解的是人们享受大幅领先对手的快感。然而，有没有可能人们更加享受胶着的比赛以及来之不易的领先过程呢？在哪种情况下个体的内在动机水平更强呢？

在本实验中，借助双人联机停表任务在实验室的环境中模拟竞争情境，对竞争的挑战程度进行了过程操纵，在研究一的基础上进一步建立了竞争挑战程度与个体胜任力之间的联系，从而形成了完胜过程（大幅领先对手，竞争的挑战程度低）和险胜过程（胶着险胜对手，竞争的挑战程度与能力较为匹配）两种实验条件。

与以往传统的行为学实验不同，本书采用认知神经科学的手段，试图通过对大脑认知加工过程的实时监测，形成对个体内在动机的客观表征。具体而言，本实验有以下的三个研究目的：

研究目的一：基于自我决定理论，在控制了胜利这个结果的前提下，研究完胜过程和险胜过程中不同的挑战程度对个体内在动机的影响。挑战程度会对个体的胜任需要产生重要的影响，进而影响个体的内在动机（Bassi & Delle，2012；Deci & Ryan，2002）。本实验共设置了两种实验条件，即：完胜过程与险胜过程。在完胜过程中，个体显然是可以驾驭挑战的，而且个体的能力大幅度超过竞争所带来的挑战。在险胜过程中，比赛过程非常胶着，比分交替上升、难舍难分，个体的能力与竞争所带来的挑战更加匹配。本研究通过模拟这两种实验条件，操纵不同的挑战程度，研究其对个体内在动机的影响。

研究目的二：基于以往的认知神经科学研究成果，进一步探索运用电生理指标，表征个体在竞争环境下完成任务过程中的内在动机水平。脑电被认为可以科学反映个体的认知加工过程（Luck，2005），运用脑电指标来表征个体的内在动机水平并形成成果发表，最早是在2014年（Ma et al.，2014），这是一个较新的研究领域，也为内在动机研究提供了全新的视角，随后产生了一系列的研究成果，尤其是对情境线索加工阶段、反馈结果期待阶段、反馈结果加工阶段等不同阶段的划分，形成了基于任务特征和时间分段的内在动机的认知神经科学表征体系（例如：Meng & Ma，2015；Meng et al.，2016；Wang et al.，2017）。在本实验中，全程记录了被试的脑电活动，并根据我们的任务特征，重点选择反馈结果期待阶段的认知神经科学科学指标，对个体的内在动机进行表征，也为后续研究提供参考。

研究目的三：实验室研究对于实验的设计有着严格的限制，所以很难对真实生活场景进行还原和模拟（Meng et al.，2016）。现有对竞争的研究不少，但是真正能够在实验室环境下较为真实地模拟出竞争情境的并不多。本研究在国外学者开发的单人停表游戏的基础上（Murayama et al.，2010），首创和使用了双人联机竞争停表的任务，这一设计更加真实地模拟了竞争的环境，被试知道自己的竞争对象是谁，并且全程都在与对手进行持续不断的交锋、互动，并能够及时获得双方的结果反馈。这样的实验任务范式的设计，更容易触发被试内在的真实的感受，也更容易使被试产生融入感。同时，采用了羽毛球比赛的赛制，使得竞争场景更加逼真，竞争过程更加有趣。这种实验任务范式，可以应用于其他需要进行竞争环境模拟的研究中。

6.1.2 研究假设

6.1.2.1 行为层面的假设

在本实验中，获得每一试次成功的条件是：相较于对手，按键停表的时间更接近3秒。因此，我们可以通过记录被试在每个试次中的停表时间与3秒相减的绝对值，来表征个体的按键绩效水平。以往的研究认为，内在动机有助于增强被试在任务中的适应能力，从而更好地完成任务（例如：Aubé et al.，2014；Cerasoli & Ford，2014）。还有研究通过测试被试在玩电脑游戏过程中的时间感知发现，在适合被试能力的游戏模式下，被试的内在动机更强，绩效水平更高（Keller & Bless，2008）。我们预测，在险胜的竞争过程中，被试拥有更强的内在动机，对绩效结果更加在意，绩效水平会更高。因此，我们做出如下的假设：

H1：与完胜过程相比，个体在险胜过程中的按键绩效水平更高。

6.1.2.2 神经层面的假设

本实验在被试完成竞争实验任务的同时，全程记录了大脑的电生理活动。为了实现预定的实验目的，我们需要寻找合适的事件相关电位成分，对内在动机水平进行有效且可信赖的测量。在本实验中，个体在按键停表之后，需要等待一段时间，才会在屏幕上看到两个人的竞争结果。在等待结果的过程中，被试对于反馈结果的期待程度，可以有效地表征个体的内在动机水平。当个体的内在动机较强的时候，对于竞争的结果会更加在意，从而表现出更高程度的期待；相反，如果被试的内在动机较弱，则不会非常看重自己的表现，那么期待程度就会较低（Donkers et al.，2005；Foti & Hajcak，2012；Fuentemilla et al.，2013；Meng & Ma，2015；Pornpattananangkul & Nusslock，2015）。

刺激前负波（SPN）反映了期待注意的加工过程（Brunia & van Boxtel，2004；Meng & Ma，2015）。当被试期待特定任务相关刺激出现时，SPN 会呈现出一个持续的、负走向的波形。尤其是当有情感效价或是动机相关刺激将要出现时，对刺激的期待会触发 SPN（Brunia et al.，2012，Kotani et al.，2015）。在一项基于自我决定理论的事件相关电位研究中，研究者试图通过被试自我选择权的有无，来证实自主需要的满足对内在动机的影响。当被试拥有自主选择权的时候，在每个试次的结果期待阶段，会触发一个更加负走向的 SPN，表明了被试在有选择的情况下投入了更多的期待注意，具有更强的内在动机水平（Meng & Ma，2015）。

在本研究中，相较于完胜过程，被试处于险胜过程中的竞争挑战程度与个体的能力更加匹配，从而更加容易激发个体的内在动机（Bassi & Delle，2012；Csikszentmihalyi & Rathunde，1993；Deci & Ryan，2000）。沉浸理论也认为，内在动机的激发，需要让个体持续感受到高水平的挑战和高水平的自我能力。换句话说，挑战水平需要与参与者的能力相匹配（Abuhamdeh et al.，2015；Abuhamdeh & Csikszentmihalyi，2012）。在有挑战性的活动中获得胜利，才能真正激发人们的荣誉感。因此，为了这种荣誉感，人们会全力以赴（Ruedy et al.，2013）。此外也有研究发现，伴随着挑战的结果不确定性或悬念，也会对个体的内在动机产生正向影响（Abuhamdeh et al.，2015）。

这正是自我决定理论所指出的，适度的挑战水平能够最大限度上激发人们的内在动机（Fong et al.，2015；Ryan & Deci，2000）。表现在结果期待阶段，被试可能更加投入，并更加在意比赛的结果（Abuhamdeh & Csikszentmihalyi，2012；Deci & Ryan，2000）。我们预测，在胶着险胜的比赛条件下，被试将会投入更多的期待注意，拥有更强的内在动机，从而会产生一个更加明显的SPN 波幅。因此，我们做出如下的假设：

H2：在反馈结果期待阶段，与完胜过程相比，个体在险胜过程中会诱发更显著的 SPN 波幅。

6.1.2.3 对于研究三子实验一的假设总结

对行为层面、神经层面的假设进行列表呈现，如表 6.1 所示。

表 6.1　　对于研究三子实验一的假设总结

假设对象	假设内容
行为层面	H1：与完胜过程相比，个体在险胜过程中的按键绩效水平更高
神经层面	H2：在反馈结果期待阶段，与完胜过程相比，个体在险胜过程中会诱发更显著的 SPN 波幅

资料来源：本书作者整理。

6.1.3 研究方法

6.1.3.1 实验被试

根据对认知神经科学领域以往文献的回顾，除了针对特殊人群（婴幼儿、老年人、抑郁症患者等）的个别研究之外，常规的认知神经科学实验普遍选取在校大学生作为研究对象。除了成本控制、数据获取便利性的考量之外，被试的配合度较好，收入、教育程度等个体因素差异较小，也是选择大学生作为被试的原因（Picton et al.，2000）。具体到内在动机研究领域，以往运用行为学实验或是认知神经科学方法研究内在动机的研究。例如，1971 年发表的关于外在奖励对内在动机挤出效应的经典行为研究（Deci，1971），2010 年发表的第一篇运用 fMRI 研究内在动机的文章（Murayama et al.，

2010)，以及2014年发表的第一篇运用事件相关电位研究内在动机的文章（Ma et al.，2014），都以在校大学生作为被试。

对于被试的数量，《ERPs实验教程》中指出，在事件相关电位的研究中，如果是组内实验设计，最终用于分析的被试数量最好多于15人。如果是组间实验设计，被试数最好多一些。一般而言，被试数在15~20人是可以接受的（赵仑，2010）。

与以往认知神经科学实验的学术惯例一致，18位健康、右利手的男性被试参加了子实验一，年龄为19~24岁（平均值21.89，标准差1.45），所有的被试都是在校大学生，视力或矫正视力正常。所有被试都没有精神紊乱或是心理疾病史。伦理委员会审核批准了该实验。所有被试在参加实验前，被告知了脑电实验的流程和细节，并签署了实验知情书，表示自己自愿参加该实验。在正式实验中，一位男性的主试假扮成被试（简称“伪被试”），作为对手与被试开展竞争任务，需要说明的是，该名主试与所有的被试均不认识。实验的情况操控对所有的被试都是成功的，因此所有被试的结果都进入了最终的数据分析。

6.1.3.2 实验材料

本实验在单人停表任务的基础上，开发了模拟竞争环境的双人联机竞争停表任务。单人停表任务，是让被试在不借助外力的情况之下，估算时间并在规定的时间区间内按键停表。举例来说，如果将按键停表的成功区间设定为2.97~3.03秒之间，那么停表时间落入这个区间则为成功，反之则为失败（Ma et al.，2014；Murayama et al.，2010）。在本研究中，为了模拟竞争的情境，我们开发了双人联机竞争停表任务。要求参与竞争的两个人分别在两台互联的电脑上完成停表任务，任务进程通过联机保持同步，两个人的按键结果及竞赛结果在每个试次的结果反馈阶段实时呈现。不同于单人停表任务设置成功区间（区间内外定胜负法），本实验中的双人停表任务没有事先设定的成功区间，而是要求被试尽可能将秒表停在3秒左右，越接近3秒越好。在单个试次中，更加接近3秒的被试获得该试次的成功，获得1分。如果两个人打成平手，则该试次均不计分（人际比较定胜负法）。

在每一区组中，我们采用的是类似于羽毛球锦标赛的赛制，即两位竞赛选手中，有一人先累积到21分且比对手高出至少2分，则获得本局（区组）的胜利。如果领先的那个人达到了21分，但是只比对手高1分，那任务将继续，直到决出胜负。

6.1.3.3 实验范式

如图 6.1 所示，在每个试次一开始，首先在屏幕中央出现“+”字符并呈现 1000 毫秒，提示被试注意。随后，被试等待 600~800 毫秒（随机），秒表自动开始走动。被试可以通过小键盘上的任意按键将秒表停下来。较早按键的一方需要等待另外一方按键。当双方都按键之后，需要等待 1200 毫秒，然后本试次的竞赛结果和累计得分会出现在屏幕上。两个人中按键停表更接近 3 秒的那一位，累计得分会增加 1 分并在绿色的框体中呈现。另一位玩家在该试次不得分，累计得分在红色的框体中呈现。值得说明的是，如果双方打平，也就是按键停表的时间距离 3 秒的绝对值相同，那么双方均在该试次不得分，累计得分均在黑色的框体中呈现。

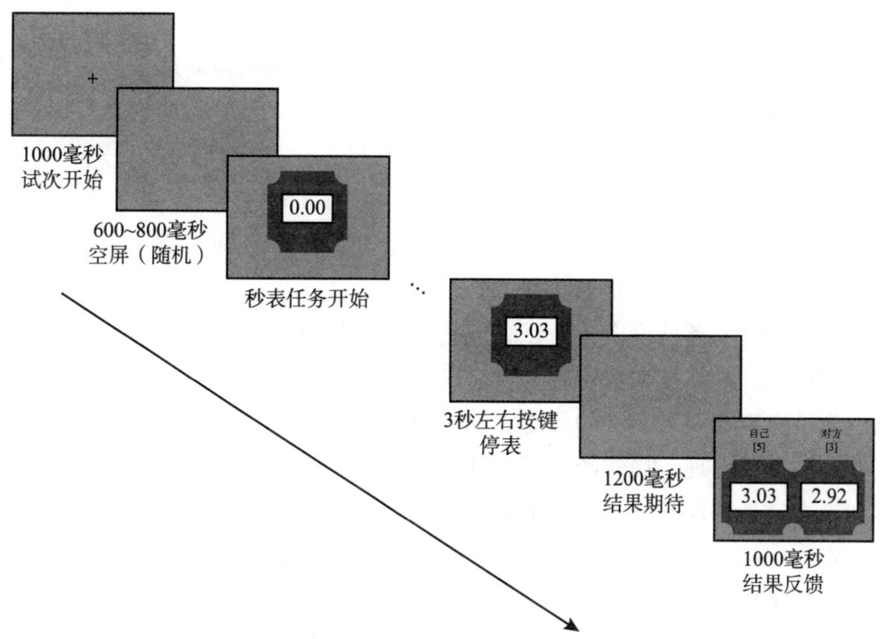

图 6.1 研究三子实验一每个试次的流程

资料来源：本书作者整理。

6.1.3.4 实验过程

整个实验共设置了两局停表任务（两个区组），根据比赛的具体情况，每个区组所包含的试次数介入 32～50 个试次之间。实验开始前，被试会与伪被试（由主试扮演）见面，从而使被试对竞争对手有一个形象的认识，以提供给被试一个真实的竞争环境，有助于提高本研究的生态效度。主试也会对实验设备进行介绍，使被试熟悉所处的环境。我们严格遵照这样的程序，也是为了确保被试相信双人联机在线任务比拼的真实性。随后，伪被试和被试会分别处于独立的房间之中落座，阅读实验指导语，签署实验知情同意书。

被试坐在一个灯光柔和、隔音、隔磁、隔电的专业实验室中，刺激程序会呈现在距离被试 1 米的电脑屏幕中央，视角为 7.50°×5.40°，被试通过小键盘按键的方式完成停表任务。在正式实验开始之前，每名被试都被要求进行 10 个试次的单机版停表任务，目的是使被试熟悉整个实验任务，从而在正式的实验中很快上手。

担任本实验伪被试的男同学，经过了大量的停表实验训练，具有极高水平的停止秒表能力，他与每一位被试进行停表比赛。实验的两种条件，在被试中做了均衡处理，一半的被试先经历险胜过程（一个区组），另一半的被试先进行完胜过程（一个区组）。

险胜过程的条件设定：两个人的比分会交替上升且两人的比分之差不会超过 2 分，且最终被试获得胜利。

完胜过程的条件设定：被试首先得分，随后比分逐渐扩大，被试大幅领先于伪被试，最终被试获得胜利，且比分超出对手 6～10 分。

为了实现这两种条件的设定，伪被试需要高度集中注意力，并做好操控工作，如果说出现了操作的失误，那么我们会通过被试对该局比赛的主观描述，来决定是否保留该被试的数据。即被试是否认为一局比赛为险胜，另一局比赛为完胜。如果他的描述与我们所需要的控制情境不符，该名被试的数据将会被删除。

在正式的实验开始之前，被试还被告知他们将会收到 40 元人民币的被试费，这笔费用仅仅用于支付他们所花费的时间，与他们在任务中的表现无关。因此，被试在任务中获得竞争胜利的动机只是关乎任务本身，而不是为了赚更多的钱。实验之后，被试会获得该笔被试费。刺激材料、数据打码、按键反应等都是通过刺激呈现软件 E-prime 2.0 实现，该软件由美国 PST 公司开发，是针对心理和行为实验的实验编程软件，其刺激以及反馈信号的时间精度可以实现毫秒级（魏景汉、罗跃嘉，2010）。

6.1.3.5 脑电数据记录

脑电实验的被试招募工作一般在实验前一周启动，通过校内论坛发布信息，并对事件相关电位技术、实验的基本要求、可选时间段、报酬等信息做详细的介绍，打消被试对脑电实验的恐惧心理。在同学报名之后，对基本信息、身体状况、精神状况等做了解，并约定好具体的参加实验时间。

实验当天，被试在阅读实验流程并签署知情同意书后，首先进行脑电采集的准备工作。被试在实验室内用专用的洗发水对头皮进行清理，随后吹干头发。紧接着，被试被引导进入灯光柔和、隔音、隔磁、隔电的专业实验室中，主试为被试戴上电极帽，粘贴外接电极点，涂抹导电膏，并引导被试熟悉实验室环境和实验流程，保持心态平和稳定。当阻抗水平下降到 5000 欧姆以下后，开始进入实验练习阶段，并模拟采集脑电，观察数据的质量。

参数细节：脑电（electroencephalogram，EEG）数据通过 64 导的 NeuroScan 电极帽进行采集（由美国神经软件实验室开发），根据被试头颅大小选用合适型号。电极采用 Ag/AgCl 合金电极，采用 NeuroScan Synamp 2 放大器，采样频率为 500 赫兹，采样带宽为 0.05 ~ 70 赫兹。采用国际脑电图学会设定的 10 ~ 20 电极导联定位标准。共有 6 个外接的电极，以左侧耳朵后面的骨性突起（乳突）作为参考电极，同时在右侧乳突处也安放了一个外接电极，用于脑电数据预处理阶段中的参考转换。由于眨眼等带来的眼电会对正常的脑电产生干扰，所以我们通过在左右眼外侧 1 厘米处设置两个用于水平眼电记录的电极，并通过在左眼上下 1 厘米处安放两个用于垂直眼电记录的电极，记录下眼球不同方向运动带来的电位变化情况，在数据处理的阶段通过特定的算法去除眼电对脑电的影响。在整个数据记录过程中，为了保持数据的质量，头皮阻抗保持在 5000 欧姆以下。同时，对市电干扰（50 赫兹的工频交流电干扰）进行了滤除（Luck，2005；魏景汉、罗跃嘉，2010；赵仑，2010）。

6.1.4 行为数据分析

本研究的行为数据通过 E-prime 2.0 进行记录，其刺激以及反馈信号的时间精度可以实现毫秒级（魏景汉、罗跃嘉，2010）。根据研究假设，我们关注于被试在完胜过程和险胜过程中的按键绩效水平。由于本研究并没有像单人停表任务那样设计成功区间，而是两个人中谁的停表时间更接近 3 秒则获得胜利，所以我们选取停表时间与 3 秒相减的绝对值，作为被试绩效表现的评估指标。两种情况下，我们分别计算了绝对值的均值，并通过配对 T 检验进行了比较。我们按照管理统计学的原理进行了数据处理（马庆国，2002）。

行为结果表明，在险胜过程中，平均的时差绝对值为 0.076 秒，标准差为 0.025。在完胜过程中，平均的时差绝对值为 0.068 秒，标准差为 0.020。表 6.2 中配对样本 T 检验结果表明，两种情况下停表绩效水平不存在显著差异［T(17) =1.973；p =0.065］。这与我们的假设 H1 是不一致的，可能存在的原因会在后续章节讨论。

表 6.2　“险胜过程”与“完胜过程”条件下的停表按键绩效

项目	T 值	自由度	p 值	标准差	95% 置信区间	
					下限	上限
按键绩效	1.973	17	0.065	0.018	-0.001	0.017

资料来源：本书作者整理。

6.1.5 脑电数据分析

6.1.5.1 脑电数据的预分析

在获得了 EEG 原始数据之后，需要进行离线数据处理。本研究所采用的是美国神经软件实验室开发的 Scan 4.5 软件。一般情况下，为了得到可靠的事件相关电位 s 的波形，需要进行如下的基本步骤：

（1）脑电浏览并剔除明显扰动的脑电数据段。按照时间顺序浏览整个脑电数据，要剔除明显扰动或是漂移的数据段，通过 Scan 的 Reject 功能剔除“坏区”。这一步主要依赖于主试的经验判断，尤其是在实验过程中存在被试身体晃动、仪器不稳等因素造成的伪迹，要去除掉。如果存在数据筛查的遗漏，后续 Scan 软件也会通过去伪迹的步骤进一步剔除。

（2）去除眼电（electrooculogram，EOG）干扰。被试眨眼和眼动在实验过程中是不可避免的，会对脑电信号的记录产生很大的波动，必须在离线分析阶段将其干扰消除掉。实验过程中，我们通过置于两眼角外侧的两个电极记录水平眼动电位，通过左眼上下两个电极记录垂直眼动电位和眨眼电位的重叠电位，Scan 软件可以通过记录眼电，并通过特定的算法科学消除眼电对脑电数据造成的干扰。

（3）滤波。滤波的作用是进一步过滤噪声和不关注的数据频段，本研究关注的脑电成分的频率均在 30 赫兹以下，参考以往发表论文的标准做法，采用低通 32 赫兹，24 分贝/倍频程的参数进行处理。

（4）分析段截取。对连续记录的脑电数据进行分段处理，是事件相关电位研究的一个关键环节。通常根据研究的目的，选择特定的时间点作为零点，分析前后一段时间内的脑电数据，以包含所需观察的 ERPs 成分。通过 Scan 软件的 Epoch 功能就能实现分析段的截取。对于反馈结果期待阶段，一般截取反馈前 1000 毫秒作为数据分析的时间段。对于反馈结果加工阶段，一般截取反馈结果前 200 毫秒到反馈呈现后 800 毫秒的数据分析段。

（5）基线校正。基线校正的作用是消除脑电数据相对于基线的偏离。一般情况下，会选取刺激前的某一段时间的脑电数据作为基础值，将拟分析的时间段内电位与该基线进行相减处理，获得新的电位值。常用的基线校正的时间长度为 200 毫秒，这样稳定性较好。对于反馈结果期待阶段而言，一般将反馈结果出现之前 1000 毫秒到反馈结果出现之前 800 毫秒的脑电数据作为基线。对于反馈结果加工阶段而言，一般将反馈出现之前的 200 毫秒作为基线。

（6）参考电极的转换。目前按照国际惯例和通用的做法，一般采用一只乳突作为参考进行数据采集，然后转换为双侧乳突的平均参考。该做法既保留了双耳参考的优点，又不会引发物理连接短路造成的电位分布失真。是目前最为普遍的做法。

（7）伪迹去除。为了去除肉眼看不到的噪声，根据通用的标准，通过

Scan 软件将波幅小于 -80 微伏和大于 80 微伏的 EEG 片段予以剔除（脑电数据都是微伏级别，在这个范围之外一般都是伪迹），从而进一步保证进入统计分析的数据质量。

(8) 叠加平均。对于每一位被试，根据研究的阶段（如反馈期待阶段、反馈结果加工阶段等）和不同的实验条件（如本研究的完胜实验条件和险胜实验条件）进行分类，并将类别内的所有试次数据进行叠加平均。

经过以上对脑电数据的预处理，就可以运用统计分析软件，进行进一步的统计分析。在进入统计分析时，要在前人研究和实验设计的基础上，选取合适的事件相关电位成分，并根据成分的特点选取时间窗和电极位。根据以往研究的范式和统计的基本原则，通常会对研究条件与电极位做重复方差分析。在交互显著的时候，依据研究目的，进一步做简单效应的分析（马庆国，2002）。

6.1.5.2 脑电数据的统计分析

根据研究的目的，我们主要关注于反馈结果期待阶段的脑电成分 SPN。我们的分析段截取的是反馈刺激出现之前 1000 毫秒到反馈刺激出现的时点（-1000～0 毫秒），并以 -1000～-800 毫秒作为基线。本研究设定的两个基本的实验条件分别是险胜过程和完胜过程，因此，脑电数据会被划分为这两类。由于这两类正好对应本实验的两个区组，所以每个区组中的所有试次进行平均处理。所有被试两个区组中的有效试次数均大于 30 个，所以能够对 SPN 实现稳定、可信赖的测量（Luck，2005）。

反馈结果期待阶段的脑电数据按照实验的条件划分为“险胜过程”和“完胜过程”两类。根据文献综述和实验范式的设计，我们在本阶段重点关注 SPN。现有关于 SPN 的研究中，不少都报告了这一成分存在右半球偏侧优势（例如：Brunia et al.，2012，Kotani et al.，2009，Paradiso et al.，2004）。根据 SPN 的脑地形图分布（如图 6.2 所示），本研究也存在 SPN 的右半球偏侧优势效应。因此，我们选取了 F4、F6、F8、FC4、FC6 和 FT8 这六个电极点进行分析，分布如图 6.3 所示。选取了结果反馈之前的 200 毫秒到结果反馈的时点（-200～0 毫秒）作为时间窗，以这一时间范围内的脑电平均波幅进入统计分析。

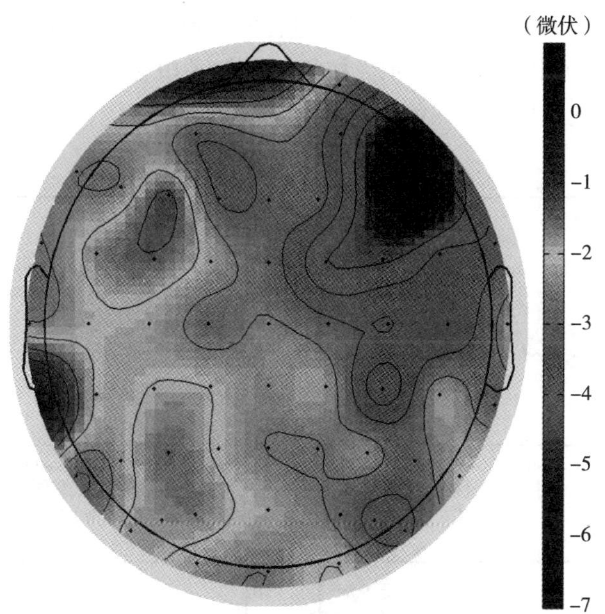

图 6.2　SPN 的脑地形图（“险胜过程”减去“完胜过程”）

资料来源：本书作者整理。

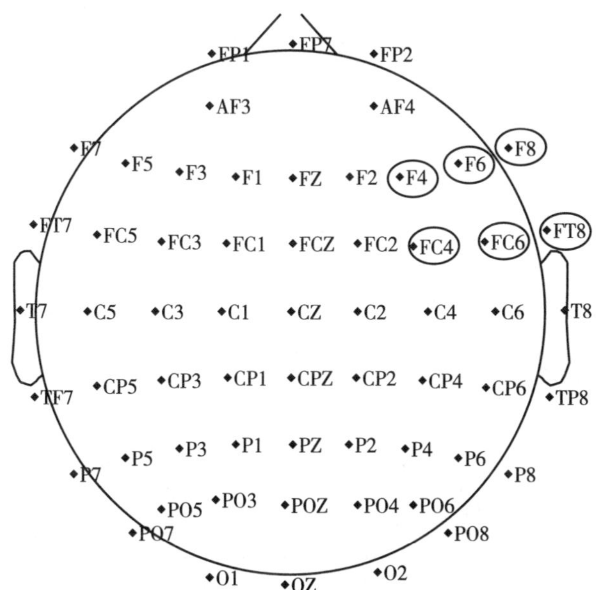

图 6.3　子实验一中 SPN 成分所选择的电极点脑分布

资料来源：本书作者整理。

为了展示 SPN 在险胜过程和完胜过程两种情况下的波形情况，所选择的 6 个电极点的波形图如 6.4 所示。按照事件相关电位研究的传统和惯例，波形图的纵轴的正坐标在下，负坐标在上（Luck，2005）。

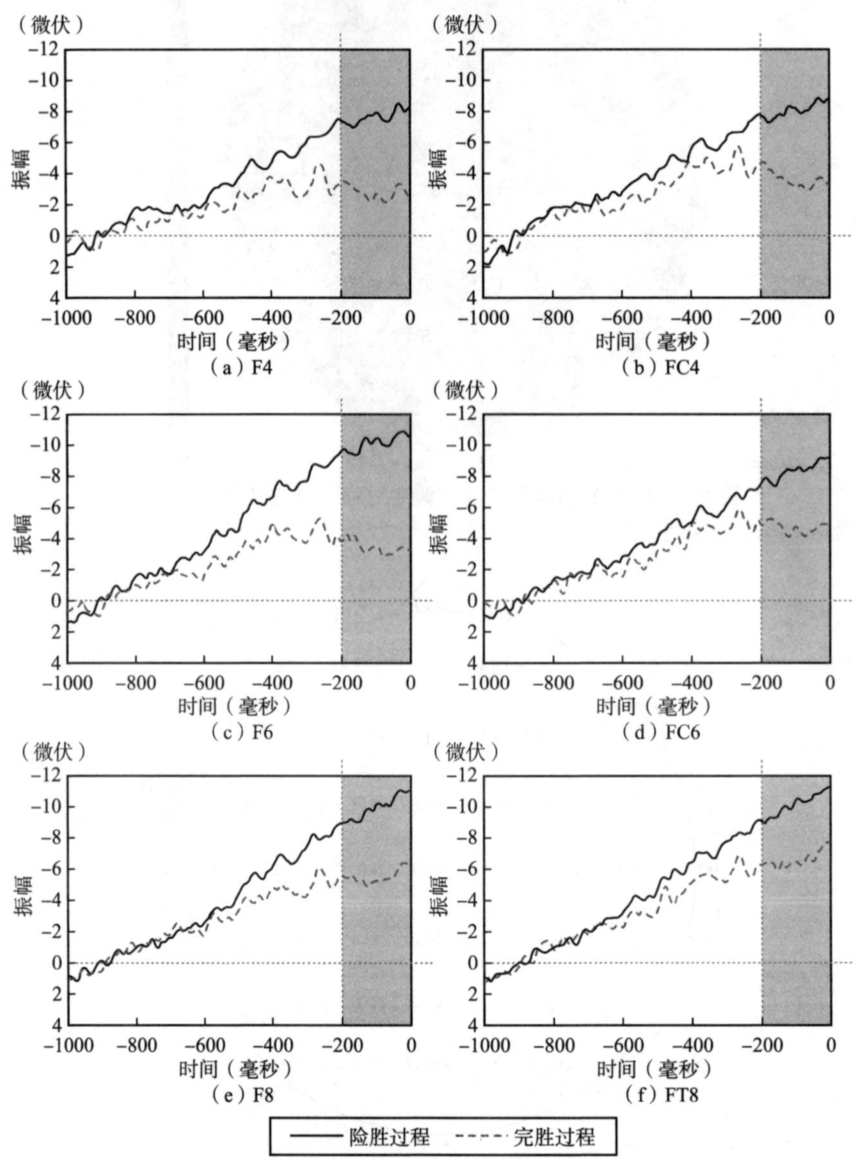

图 6.4　子实验一中结果期待阶段六个电极点的 SPN 成分波形

资料来源：本书作者整理。

为了比较“险胜过程”和“完胜过程”情况下，在反馈结果期待过程中，SPN 的波幅是否存在显著的差异，对 6 个点的电压值做了 2（竞争挑战程度：险胜过程、完胜过程）×6（电极点：F4、F6、F8、FC4、FC6、FT8）的重复测量方差分析。结果显示，竞争挑战程度的主效应显著（$F_{1,17}=9.785$，$p=0.006$）。险胜过程和完胜过程中 SPN 在各个电极点的振幅均值、标准误等数据，如表 6.3 所示。

表 6.3　两种实验情况下各电极点 SPN 波幅的均值和标准误

电极点	险胜过程				完胜过程			
	均值	标准误	95% 置信区间		均值	标准误	95% 置信区间	
			下限	上限			下限	上限
F4	−7.639	1.385	−10.561	−4.717	−2.767	2.130	−7.261	1.727
F6	−10.215	1.014	−12.355	−8.076	−3.488	2.576	−8.923	1.947
F8	−9.991	1.878	−13.954	−6.028	−5.563	2.064	−9.918	−1.207
FC4	−8.087	0.816	−9.808	−6.366	−3.641	1.712	−7.254	−0.028
FC6	−8.342	0.842	−10.118	−6.566	−4.684	2.166	−9.253	−0.115
FT8	−10.201	1.459	−13.280	−7.123	−6.619	2.608	−12.121	−1.116

资料来源：本书作者整理。

SPN 是负波，所以数值越小，振幅越大。从 6 个电极点的均值来分析，险胜过程中的 SPN 波幅（−9.079 微伏）显著大于完胜过程中的 SPN 波幅（−4.460 微伏）。这一结果表明，被试在完成按键任务并期待结果时，在险胜过程中，对结果的期待程度更高。另外，电极点的主效应不显著（$F_{5,85}=1.001$，$p=0.347$）。挑战程度与电极点的交互效应不显著（$F_{5,85}=0.938$，$p=0.418$）。

6.1.6　结论与讨论

在这项研究中，我们探讨了竞争挑战程度对个体动机可能产生的影响。实验采用被试内的实验设计和双人联机竞争停表任务的实验任务，任务中被试与同性别的对手（伪被试）配对，在一局比赛中，被试险胜对手，竞争挑战程度高；在另外一局的比赛中，被试完胜对手，竞争挑战程度低。在实验的过程中，我们全程记录脑电，对内在动机的动态变化过程进行监测，并采集了被试的行为数据。其中，行为数据主要是被试的绩效表现，脑电数据主要是结果期待阶段的大脑认知加工情况。对子实验一涉及的研究假设的验证情况列表，如表6.4所示。

表6.4　对于研究三子实验一的假设验证情况总结

假设对象	假设内容	验证情况
行为层面	H1：与完胜过程相比，个体在险胜过程中的按键绩效水平更高	不成立
神经层面	H2：在反馈结果期待阶段，与完胜过程相比，个体在险胜过程中会诱发更显著的SPN波幅	成立

资料来源：本书作者整理。

6.1.6.1　行为数据的结论与讨论

（1）行为数据的研究结论。

本研究通过配对样本T检验的方法，对险胜过程和完胜过程中，停表的绩效水平（停表时间与3秒相减的绝对值）进行了比较。统计分析的结果表明，两种情况下停表绩效水平不存在显著差异，因此假设H1不成立。

（2）对行为层面结论的讨论。

在险胜过程和完胜过程中，平均的时差绝对值不存在显著的差异。这一结果是违背直觉的，我们一般会认为被试在内在动机最投入的情况下，激发出的状态最好，绩效水平最佳。以往的研究也表明，内在动机对结果变量具有积极的影响，有助于增强被试完成任务的适应性，提高绩效水平（例如：Aubé et al.，2014；Cerasoli & Ford，2014；Keller & Bless，2008）。那么为什么在本研究中我们没有重复出以往的结果呢？

我们猜测这可能与任务的特点有关。在本研究中采用的双人联机竞争停表任务，的确是一种需要认知努力去完成的任务（effort task）（Patall et al.，2008），但不同于仅仅需要认知努力就可以实现绩效提升的任务（例如，找出文本中的语法错误的任务中认知努力与任务绩效直接呈正比），停表任务还需要具有较强的估算时间能力，或者说在特定时间完成认知评估并在短时间内按键的能力，这就面临着一种时间的压力。所以，当被试面临胶着的比赛时，任何的失误都可能导致比赛结果的反转。虽然被试内在动机很强，对比赛结果很在意，但也有可能因此造成了紧张或是焦虑的心理（Driskell & Salas，2013；Westman & Eden，1996），在按键停表的竞争过程中更容易失误或犯错。

6.1.6.2 脑电数据的结论与讨论

（1）脑电数据的研究结论。

在反馈结果期待的阶段，我们对险胜过程和完胜过程中的 SPN 波幅差异进行了分析。重复测量方差分析的结果表明，相较于完胜过程，险胜过程中诱发了更大波幅的 SPN，假设 H2 成立。

（2）对脑电层面结论的讨论。

以往研究发现，适宜的挑战水平对保持和促进个体的内在动机具有促进作用（Abuhamdeh & Csikszentmihalyi，2012；Bassi & Delle，2012；Fong et al.，2015）。麦克利兰（McClelland，1987）认为，个体在成就目标的驱动下，倾向于选择中等难度的任务。这些任务给他们带来了挑战自我的机会，从而他们可以通过自身努力和充分的练习提升技能和绩效。以往的这些研究结果具有很强的启发意义。需要指出的是，这些研究是通过不同难度的任务来操控挑战水平，但是少有研究将挑战水平的操控置于社会互动或是竞争情境之中。在本研究中，被试与同性别的对手进行一项有趣的联机停表任务，通过动态过程对竞争挑战程度进行了操控。当被试处于完胜过程，即过程中大幅度领先对手，则该局被定义为挑战微弱。如果被试处于险胜过程，即过程中比分胶着，则挑战水平是与其能力相匹配的，是适度的。同时，我们通过 SPN 这个电生理指标对任务过程中被试的内在动机水平进行表征。与我们的假设一致，在险胜过程中，SPN 的波幅更加显著，被试在该种情境下具有更强的内在动机。

自我决定理论认为，如果个体获得了胜任力的满足，内在动机的水平会显著增强（Deci & Ryan，2000）。在本研究中，当个体在有挑战性的任务中拼尽全力并保持微弱的领先，他们所能感受到的胜任力会达到最大值。因此，他们有内在动机驱动去赢并时刻关注自己在每一试次中的比赛结果。沉浸理论也指出，内在动机的最大值出现在个体所感受到的自我能力与所面临的挑战相匹配的情况下（Csikszentmihalyi，1990）。本研究所采用的双人联机竞争停表任务是一种零和游戏，一定会有赢家和输家，被试的获胜就意味着他对手的落败（Abuhamdeh & Csikszentmihalyi，2012）。在这种任务中，与不同的对手进行配对，就意味着不同的挑战程度。与一个不具竞争力的对手比赛，那么挑战性就低；与一个竞争力相似的对手比赛，就能够提供适度的挑战水平（Abuhamdeh & Csikszentmihalyi，2012）。相较于完胜过程，被试处于一种胶着的比赛中，比分的交替上升更容易为个体提供适度的挑战水平，中文中的“白热化”一词很好地描述了这一状态，与英文翻译过来的“沉浸”或“心流”有异曲同工之妙，其实都是描述个体内在动机和行为被极大地激发并处于高度集中注意力、紧张应对的过程中。

SPN 是一个慢负波，随着动机相关刺激的临近而逐渐增大（Foti & Hajcak，2012；Fuentemilla et al.，2013）。SPN 出现在反馈刺激之前，被认为可以表征对刺激的期待程度（Böcker et al.，1994，Donkers et al.，2005，Masaki et al.，2010）。以往的研究也表明，在刺激期待阶段，情感动机效价对 SPN 的波幅具有调节作用（Kotani et al.，2015）。从这个意义上讲，SPN 是表征动机水平的一个神经科学指标。如果一个人在竞争中有很强的内在动机去获胜，那么他会对每个试次中的结果更加在意，也会对结果的反馈更加期待，这种增加的主观期待程度会触发更加显著的 SPN 波幅。

在早先的一项电生理研究中，通过是否赋予被试在任务中选择的权利来操控自主支持的程度，自我决定理论认为，自主的基本需要满足对内在动机存在积极作用。该研究结果表明，自主选择会显著增加 SPN 的波幅，被试对有自主选择权的任务结果更加期待。研究指出，SPN 是对人类内在动机表征的理想指标（Meng & Ma，2015）。在本研究中，我们在险胜过程中观察到一个更加负走向的 SPN，表明被试更希望在胶着的比赛中获得胜利，并且对结果反馈给予了更大的期待和注意（Pornpattananangkul & Nusslock，2015）。

虽然 SPN 这个成分可以表征对反馈的期待，并且存在广泛的共识（Brunia & van Boxtel，2004；Brunia et al.，2012），但是期待程度对于 SPN 波幅的调节作用存在较大的分歧。举例而言，有研究发现对积极结果的主观期待可以使 SPN 波幅增大（Meng & Ma，2015）。然而，另外一项基于赌博游戏的研究中，被试可以通过线索的学习预测到积极的金钱奖励的固定概率，结果发现，小概率获得奖励的事件（10%的可能性获得奖励）相较于大概率获得奖励的事件（90%的可能性获得奖励）触发了更加负走向的SPN（Fuentemilla et al.，2013）。本研究的结果有助于厘清以往不一致的研究结论，我们认为SPN所反映的主观的期待，而不是客观的期望值（expected value）。在上面提到的基于赌博游戏的研究中，虽然90%的可能性获得奖励的事件的期望值大于10%的可能性获得奖励的事件的期望值，但是被试对10%的可能性获得奖励的事件抱有更大的主观期待，因为被试认为这一事件是稀缺的（Fuentemilla et al.，2013）。相比之下，当人们面对90%的可能性获得奖励的事件时，并没有抱有太大的期待，因为他们认为这一事件情况下的奖励基本是确定的（Brunia et al.，2012；Fuentemilla et al.，2013）。在本研究中，虽然在险胜过程中的期望值（赢的概率约为50%）低于完胜过程中的期望值（赢的概率远大于50%），但是被试在险胜过程中对结果的期待程度更高。

6.2 子实验二：完败过程与惜败过程对内在动机的影响研究*

6.2.1 研究目的

不少活动或是游戏，具有内在的吸引力。其中有些是带有危险性质的，却不乏爱好者。研究者们试图挖掘这种吸引力产生的原因。主流的研究理论普遍认为，上述无外力驱动的活动，其魅力主要来源于适度的挑战水平，从而在最大限度上激发人们的内在动机（Fong et al.，2015；Ryan & Deci，2000）。也有研究人员认为，在有挑战性的活动中获得胜利，才能真正激发人们的荣誉感。因此，为了这种荣誉感，人们会全力以赴（Ruedy et al.，2013）。

---

* 本部分发表在 Ma Q，Pei G，Meng L. Inverted u-shaped curvilinear relationship between challenge and one's intrinsic motivation：Evidence from event-related potentials [J]. Frontiers in Neuroscience，2017，11：131.

沉浸理论认为，挑战性与内在动机之间存在倒 U 形曲线的关系。即存在一种最佳的挑战状态，人们在这种状态下内在动机得到极大的激发。具体来说，如果以个体的能力或技能水平为横坐标，以活动的挑战性为纵坐标，那么内在动机的强度可以绘制成一条倒 U 形的曲线。这条曲线的顶点，就是最佳挑战状态水平，被称为“心流”或“沉浸”状态，即人处于高度内在激发，甚至失去主观意识控制的状态（Abuhamdeh et al.，2015；Abuhamdeh & Csikszentmihalyi，2012；Csikszentmihalyi，1990）。沉浸理论强调能力与挑战的匹配性，并将不同的匹配程度进行了划分。如果挑战太高，超过了能力的范畴，个体就会丧失控制感，因而会进入焦虑状态；如果挑战太低，能力远远超出了任务要求，那么个体就会进入一种无聊的状态。只有当挑战与能力达到了均衡的水平，才能最大限度激发个体的内在动机，个体全情投入，非常享受。总体而言，沉浸理论将内在动机被激发出来的心理体验描述了出来，并试图解释在何种条件下会激发出这种状态，为目标导向的活动中内在动机的激发提供了有益借鉴。

事实上，对最佳挑战水平的推测，与自我决定理论中胜任需要的满足是一致的（Deci & Ryan，1980）。在自我决定理论中，胜任需要是个体的一种最基本的心理需要，指个人能够恰如其分地完成某项工作，并体验到自己是有能力做好相应的任务的，这种需要的满足可以使人获得满足感和成就感（Deci & Ryan，1985a）。在竞争环境中，当竞争的特征能够使个体感受到胜任，而不是削弱胜任感，那么个体的内在动机就会加强。这种心理需要的满足是内在动机激发的源泉（Deci & Ryan，1980；Deci & Ryan，2000）。因此，在竞争环境中的最佳挑战水平，与挑战程度不足或是挑战水平过高的情况相比，可以最大限度地激发个体的胜任感，并有效提升个体的内在动机。

虽然主流的动机理论预测认为，最佳挑战水平对内在动机的激发最为有利，但直接的证据证明沉浸理论的假设或是倒 U 形曲线关系的却很少。在子实验一的双人联机任务中，我们通过伪被试与被试的比赛，使一局中被试大幅领先对手（挑战水平低），另一局中胶着险胜对手（挑战水平适度），模拟了被试在险胜过程和完胜过程中的挑战水平。通过电生理数据我们发现，险胜过程中诱发了更大的 SPN 波幅，说明被试在胶着状态下表现出对结果更强烈的期待以及更强的内在动机的水平。然而，值得指出的是，子实验一仅仅研究了硬币的一个方面，被试在两局中均为获胜，也就是说实验一仅研究了

U 形曲线的左半边。那么如果被试处于下风时，挑战程度对内在动机会产生怎样的作用呢？这将是我们在子实验二中重点探讨的问题。

6.2.2 研究假设

人们可能会有这样的经历：那就是在竞争中比分非常胶着，虽然一直落后，但是紧紧咬住对手不放，最终也许落败，但是并不后悔。在这种紧张而激烈的比赛中，往往挑战性略微超过选手的能力范围。相较于完全失控或大幅落后的比赛，人们更可能感受到胜任力。我们假设认为，最佳的挑战水平应该是与能力相匹配的，有的时候挑战水平即使略微高于能力，人们仍然可以体验到一种融入或是沉浸的感觉。在本实验中，我们试图在实验室环境中，在完败过程和惜败过程中，比较被试的内在动机强度。

6.2.2.1 行为层面的假设

（1）绩效表现的假设。

以往的研究认为，内在动机有助于增强被试在任务中的适应能力，从而更好地完成任务（例如：Aubé et al.，2014；Cerasoli & Ford，2014）。但在子实验一中我们发现，内在动机更强并不一定意味着按键绩效水平更高。我们分析认为，在子实验一的险胜过程中，虽然被试的内在动机水平更高，更在意比赛并拼尽全力，但也正是由于这种在意，可能造成不必要的一些失误，所以最终按键绩效并未与完胜过程产生显著的差异。在本实验中，由于在完败过程中，被试处于绝对的劣势，心理波动容易产生，很有可能因为比分差距过大而放弃努力。而被试在惜败过程中，更加投入比赛任务，绩效水平可能更高。因此，我们提出如下的假设：

H1：与完败过程相比，个体在惜败过程中的按键绩效水平更高。

（2）量表评分的假设。

子实验一的不足之处，是没有采集被试的主观报告数据。因此，在实验二中，被试分别报告了他们在两轮比赛中的享受程度、努力程度以及他们对绩效结果的期待程度，以进一步佐证我们的电生理学结论。在两轮停表任务之后，被试完成了 6 分的语义差异量表，分别测度被试在完败过程和惜败过程中，“享受程度”“努力程度”“绩效结果的期待程度”这三个方面的主观心理感受。因为量表只是本实验研究的一个辅助的手段，考虑到认知神经科学实验的限制因素等，对这三个方面的主观感受的测度，都采用的是单个题项。

以往的研究发现，个体的内在动机与享受程度密切相关，内在动机越强，对活动的融入感越高，感受到的乐趣和享受程度也越高（Ryan et al.，2006）。此外，与个体能力相匹配的挑战水平，可以使个体的注意力投入更加集中，拥有更加持久的耐力以及决断的勇气（Aubé et al.，2014）。在惜败过程中，由于挑战水平与个体的能力更加匹配，个体的融入度较高，付出努力后仍然有很大概率领先对手。所以我们认为，在惜败过程中，被试会更加享受比赛的过程，投入更多的努力，而且会对任务绩效结果更加关注。因此，我们提出如下的假设：

H2：与完败过程相比，个体在惜败过程中享受程度更高。

H3：与完败过程相比，个体在惜败过程中努力程度更高。

H4：与完败过程相比，个体在惜败过程中对于结果的期待程度更高。

6.2.2.2 神经层面的假设

与子实验一同样，我们也重点关注于结果期待阶段的神经元电生理活动。SPN 是一个持续的、负走向的波，主要是在迫近刺激的时候出现，可以表征对刺激出现的期待程度（Böcker et al.，1994；Brunia，1988；Donkers et al.，2005；Masaki et al.，2010）。SPN 具有右半球偏侧效应，往往在右半球前额达到最大（Brunia et al.，2012）。以往的研究表明，增大的 SPN 波幅意味着对结果的期待程度增加，对任务的内在动机程度加强（例如：Kotani et al.，2015；Meng & Ma，2015；Meng et al.，2016）。在本研究中，相较于完败的情况，在惜败的情况下，比赛过程更加激烈，获得局面反转的可能性更大，获得每一试次胜利的意义更加重大，被试对结果的期待更强，内在动机的水平更高，会诱发一个更大波幅的 SPN。因此，我们提出如下的假设：

H5：在反馈结果期待阶段，与完败过程相比，个体在惜败过程中会诱发更显著的 SPN 波幅。

6.2.2.3 对于研究三子实验二的假设总结

对神经层面、行为层面的假设进行列表呈现，如表 6.5 所示。

表 6.5　　对于研究三子实验二的假设总结

假设对象	假设内容
行为层面	H1：与完败过程相比，个体在惜败过程中的按键绩效水平更高
	H2：与完败过程相比，个体在惜败过程中享受程度更高
	H3：与完败过程相比，个体在惜败过程中努力程度更高
	H4：与完败过程相比，个体在惜败过程中对于结果的期待程度更高
神经层面	H5：在反馈结果期待阶段，与完败过程相比，个体在惜败过程中会诱发更显著的 SPN 波幅

资料来源：本书作者整理。

6.2.3　研究方法

6.2.3.1　实验被试

20 位健康、右利手的男性被试参加了实验二，年龄为 20 ~ 25 岁（平均值 21.75，标准差 1.37），所有的被试都是在校大学生，视力或矫正视力正常。所有被试都没有精神紊乱或是心理疾病史，所在的伦理委员会审核批准了该实验，所有被试在参加实验前，被告知了实验的情况并签署了知情同意书。在正式实验中，与实验一相同的一位男性主试假扮成被试，作为对手与被试进行竞争性的双人联机停表任务，并且该名主试与所有的被试均不认识。实验的情况操控相较实验一更加困难，因为伪被试需要在两局中都获胜，且有一局要大幅领先。由于有 2 位被试对任务的操控能力极高，对时间估算极为敏感，导致实验所需操控的情境没能成功，所以这 2 位被试的数据没有进入最终的数据分析。因此，最终的有效被试数为 18 人。

6.2.3.2　实验材料

我们仍然采用与子实验一相同的实验任务，即双人联机竞争停表任务。相关规则和赛制与实验一相同，如图 6.5 所示。

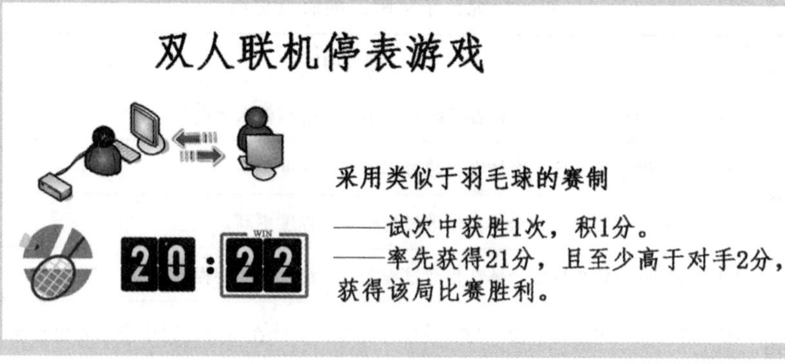

图 6.5　双人联机停表任务赛制示意图

资料来源：本书作者整理。

6.2.3.3　实验范式

同子实验一，不再赘述。

6.2.3.4　实验过程

与子实验一的不同之处或需要说明之处：

（1）被试进行两局的比赛，其中一局是惜败过程（比分交替上升，最终落败对手的情况），另一局是完败过程（大幅落后对手的情况），两局的顺序在所有被试中做了均衡。

惜败过程的条件设定：被试和伪被试两人的比分交替上升，伪被试最多不能超过被试 2 分，并且需要保证最终战胜被试。

完败过程的条件设定：伪被试率先得分，并且领先优势不断扩大，最终以大比分（6～10 分）优势获得胜利。

（2）仍然由实验一中的那位经过系统训练的男性主试担任伪被试，与男性被试进行比赛。如果伪被试在任何一局中操控失败，则所对应该名被试的数据将被删除。

（3）在正式实验结束之后，被试需要通过 6 分的语义差异量表，分别测度被试在惜败过程和完败过程两种竞争情境中，“享受程度”“努力程度”“绩效结果的期待程度”这三个方面的主观心理感受。

6.2.3.5 脑电数据记录

同子实验一，不再赘述。

6.2.4 行为数据分析

本实验的行为数据与自实验一类似，通过刺激呈现软件 E-prime 2.0 进行记录，其刺激以及反馈信号的时间精度可以实现毫秒级（魏景汉，罗跃嘉，2010）。根据研究假设，我们关注于两方面的数据：一是被试分别惜败过程和完败过程的区组的按键绩效水平。同实验一，我们选取停表时间与 3 秒相减的绝对值，作为被试绩效表现的评估指标。两种情况下，我们分别计算了绝对值的均值，并通过配对 T 检验进行了比较，如表 6.6 所示。二是关注于两种实验条件下被试对“享受程度”“努力程度”“对结果的期待程度”三个题项的主观评分，并做了配对 T 检验分析。我们按照管理统计学的原理进行了数据处理（马庆国，2002）。

表 6.6　“惜败过程”和“完败过程”中的停表按键绩效

项目	T 值	自由度	p 值	标准差	95% 置信区间	
					下限	上限
按键绩效	3.578	17	0.002	0.029	0.010	0.038

资料来源：本书作者整理。

6.2.4.1 按键绩效水平分析

结果表明，在惜败过程中，平均的时差绝对值为 0.079 秒，标准差为 0.026。在完败过程中，平均的时差绝对值为 0.103 秒，标准差为 0.044。配对 T 检验结果表明，两者之间存在显著差异［$T(17)=3.578$；$p=0.002$］。惜败过程的绩效水平显著好于完败过程的绩效水平。假设 H1 成立。

6.2.4.2 主观评分的统计分析

如表 6.7 所示，享受程度方面，相较于完败过程（Mean = 3.667，SD = 1.029）的情况，被试在惜败过程（Mean = 4.056，SD = 1.056）的情况下更加享受比赛的过程［T(17) = −3.289；p = 0.004］。努力程度方面，相较于完败过程（Mean = 3.889，SD = 0.758）的情况，被试在惜败过程（Mean = 4.667，SD = 0.485）的情况下，更加愿意付出努力［T(17) = −5.102；p < 0.001］。结果期待程度方面，相较于完败过程（Mean = 3.222，SD = 0.943）的情况，被试在惜败过程（Mean = 3.833，SD = 0.707）的情况下，更加期待胜利的结果［T(17) = −4.267；p = 0.001］。假设 H2、假设 H3、假设 H4 成立。

表 6.7　“惜败过程”与“完败过程”条件下的主观评分结果

项目	T 值	自由度	p 值	标准差	95% 置信区间	
					下限	上限
享受程度	−3.289	17	0.004	0.502	−0.638	−0.139
努力程度	−5.102	17	0.000	0.647	−1.099	−0.456
结果期待程度	−4.267	17	0.001	0.608	−0.913	−0.309

资料来源：本书作者整理。

6.2.5 脑电数据分析

6.2.5.1 脑电数据的预分析

同子实验一，不再赘述。

6.2.5.2 脑电数据的统计分析

根据研究的目的，我们主要关注于反馈结果期待阶段的脑电成分 SPN。我们的分析段截取的是反馈刺激出现之前 1000 毫秒到反馈刺激出现的时点

（-1000～0 毫秒），并以 -1000～-800 毫秒作为基线。本研究设定的两个基本的实验条件分别是惜败过程和完败过程，因此，脑电数据会被划分为这两类。由于这两类正好对应本实验的两个区组，所以每个区组中的所有试次进行平均处理。所有被试两个区组中的有效试次数均大于 30 个，所以能够对 SPN 实现稳定、可信赖的测量（Luck，2005）。

现有关于 SPN 的研究中，不少都报告了其存在右半球偏侧优势（Brunia et al.，2012，Kotani et al.，2009，Paradiso et al.，2004）。根据 SPN 的脑地形图分布（如图 6.6 所示），本研究也存在 SPN 的右半球偏侧优势效应。因此，我们选取了 F4，F6，F8，FC4，FC6 和 FT8 进行分析（分布如图 6.7 所示）。选取了结果反馈之前的 200 毫秒到结果反馈的时点（-200～0 毫秒）作为时间窗，以这一时间范围内的脑电平均波幅进入统计分析。

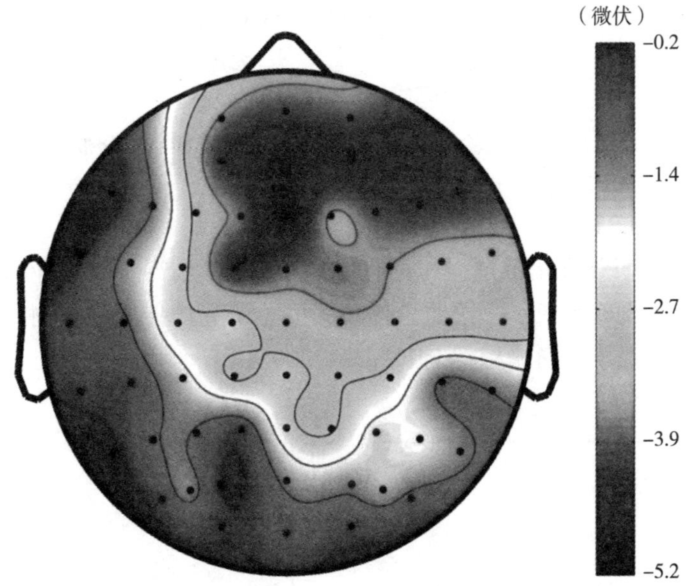

图 6.6　SPN 的脑地形图（“惜败过程”减去“完败过程”）

资料来源：本书作者整理。

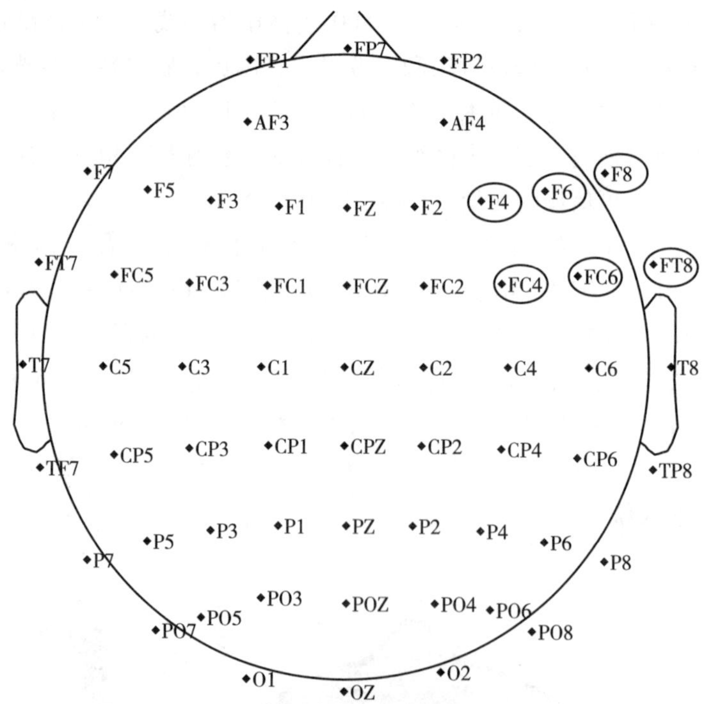

图 6.7　子实验二中 SPN 成分所选择的电极点脑分布

资料来源：本书作者整理。

为了展示 SPN 在惜败过程和完败过程中的波形情况，所选择的 6 个电极点的波形图如图 6.8 所示。按照事件相关电位研究的传统和惯例，波形图的纵轴的正坐标在下，负坐标在上（Luck，2005）。

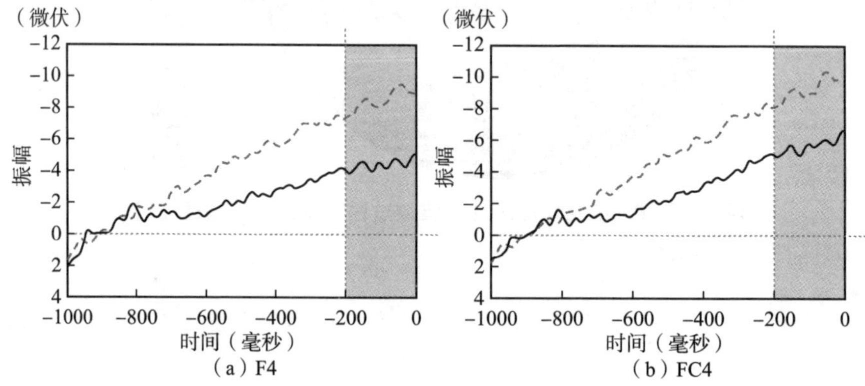

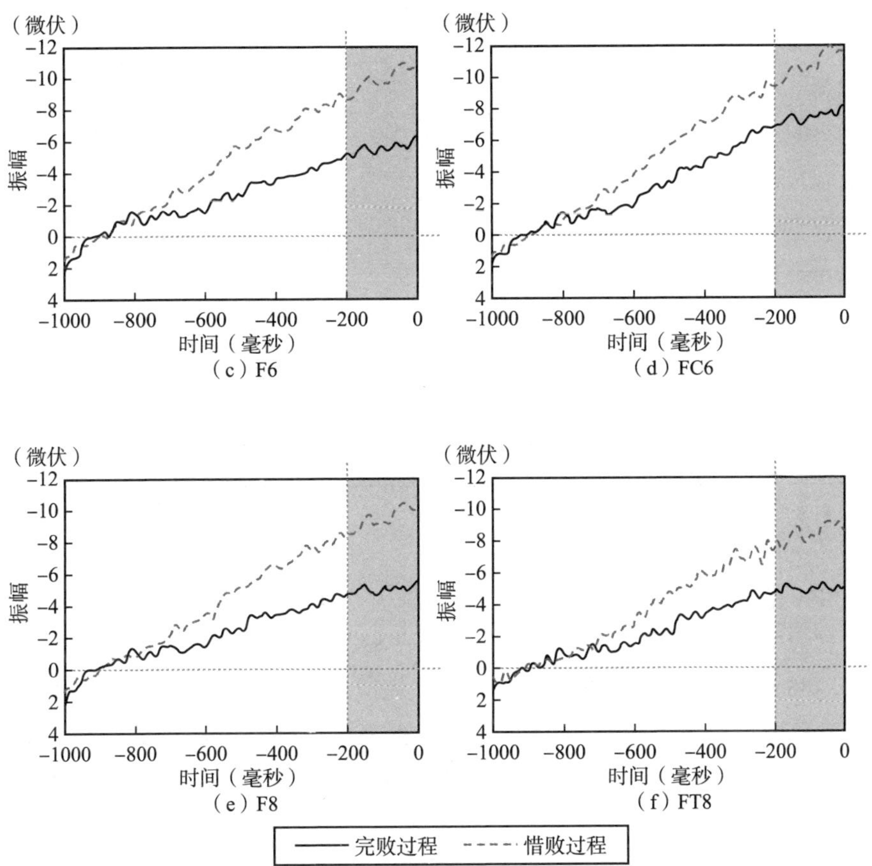

图 6.8　子实验二中结果期待阶段六个电极点的 SPN 成分波形图

资料来源：本书作者整理。

为了比较“惜败过程”和“完败过程”情况下，在反馈结果期待过程中，SPN 的波幅是否存在显著的差异，对 6 个点的电压值做了 2（2 种挑战程度：惜败过程、完败过程）× 6（6 个电极位：F4、F6、F8、FC4、FC6、FT8）的重复测量方差分析。结果显示，竞争挑战程度的主效应显著（$F_{1,17}$ = 20.315，$p<0.001$）。惜败过程和完败过程中 SPN 在各个电极点的振幅均值、标准误差等数据如表 6.8 所示。

表 6.8　　两种实验情况下各电极点 SPN 波幅的均值和标准误

电极点	胶着落败				大幅落后			
	均值	标准误	95% 置信区间		均值	标准误	95% 置信区间	
			下限	上限			下限	上限
F4	-7.949	1.107	-10.285	-5.614	-4.881	1.051	-7.099	-2.663
F6	-9.342	1.209	-11.893	-6.791	-6.229	1.112	-8.575	-3.883
F8	-8.948	1.300	-11.692	-6.204	-4.510	1.209	-7.060	-1.960
FC4	-8.904	1.037	-11.092	-6.717	-6.566	0.715	-8.074	-5.058
FC6	-10.401	1.164	-12.856	-7.946	-6.578	1.309	-9.310	-3.786
FT8	-8.200	0.894	-10.086	-6.313	-4.194	0.893	-6.078	-2.310

资料来源：本书作者整理。

SPN 是负波，所以数值越小，振幅越大。从 6 个电极位的均值来分析，惜败过程中的 SPN 波幅（-8.957 微伏）显著大于完败过程中的 SPN 波幅（-5.488 微伏）。这一结果表明，被试在完成按键任务并期待结果的过程中，在胶着落败情况下，对结果的期待程度更高。另外，电极点的主效应显著（$F_{5,85}=2.601$，$p=0.031$）。挑战程度与电极点的交互效应不显著（$F_{5,85}=0.730$，$p=0.603$）。

6.2.6　结论与讨论

在子实验一的基础上，实验二重点探讨了竞争环境中，被试在惜败过程和完败过程中个体的内在动机水平。实验采用被试内的实验设计和双人联机竞争停表任务，并全程记录脑电，同时采集了被试的行为数据，包括被试的绩效表现和竞争过程中的主观感受（包括被试在惜败过程和完败过程中的享受程度、努力程度和反馈结果的期待程度）。对子实验二涉及的研究假设的验证情况列表如表 6.9 所示。

表 6.9　　对于研究三子实验二的假设验证情况总结

假设对象	假设内容	验证情况
行为层面	H1：与完败过程相比，个体在惜败过程中的按键绩效水平更高	成立
	H2：与完败过程相比，个体在惜败过程中享受程度更高	成立
	H3：与完败过程相比，个体在惜败过程中努力程度更高	成立
	H4：与完败过程相比，个体在惜败过程中对于结果的期待程度更高	成立
神经层面	H5：在反馈结果期待阶段，与完败过程相比，个体在惜败过程中会诱发更显著的 SPN 波幅	成立

资料来源：本书作者整理。

6.2.6.1　行为数据的结论与讨论

（1）行为数据的研究结论。

本研究通过配对样本 T 检验的方法，对惜败过程和完败过程中，停表的绩效水平（停表时间与 3 秒相减的绝对值）进行了比较。统计分析的结果表明，两种情况下停表绩效水平存在显著差异。与大幅落后对手的竞争情境相比，个体在胶着落败对手的情境下的按键绩效水平更高。因此假设 H1 成立。

此外，本实验还采集了被试的主观评分的数据。通过配对样本 T 检验，比较了被试在惜败过程和完败过程中的享受程度、努力程度和反馈结果的期待程度三个方面的主观评分。结果表明，相较于完败过程，个体在惜败过程中享受程度更高，因此假设 H2 成立；相较于完败过程，个体在惜败过程中努力程度更高，因此假设 H3 成立；相较于完败过程，个体在惜败过程中对于结果的期待程度更高，因此假设 H4 成立。

（2）对行为层面结论的讨论。

被试在惜败过程中，也就是在竞争挑战与能力较为匹配的情况下，更加享受竞赛的过程。享受程度是内在动机水平很好地反映，个体对活动或任务的享受程度越高，往往内在动机的水平也越高（Amabile，1985；Amabile et al.，1994）。努力程度反映了被试的一种融入感，表明他对任务的更加专注，付出更多，主观内驱力越大。此外，在惜败过程中，反馈结果的期待程度高，这个主观报告的结果为脑电的结果提供了佐证。

以往的很多研究也认为，内在动机强弱对于是否能产生积极的绩效结果影响很大，最佳挑战水平可以使个体的注意力更加投入，更具有持久耐力，同时具有更强大的决断力，有助于任务绩效的提升（例如：Aubé et al.，2014；Cerasoli et al.，2014；Keller & Bless，2008）。本研究的结论与以往的研究结果一致。在本实验中，由于在完败过程中，被试处于绝对的劣势，心理波动容易产生，而且很有可能因为比分差距过大而放弃努力。而在惜败过程中，被试还有可能领先对手，所以更加专注和投入比赛，因此绩效水平更高。

6.2.6.2 脑电数据的结论与讨论

（1）脑电数据的研究结论。

在反馈结果期待的阶段，我们对完败过程和惜败过程中的 SPN 波幅差异进行了分析。重复测量方差分析的结果表明，相较于完败过程，惜败过程中诱发了更大波幅的 SPN，假设 H5 成立。

（2）对脑电层面结论的讨论。

基于自我决定理论和沉浸理论（Csikszentmihalyi，1975；Deci & Ryan，1980），本实验要探讨了完败过程和惜败过程中，被试的能力与竞争挑战性之间匹配程度对内在动机的影响，并重点关注于结果期待阶段的 SPN 波幅。

以往的研究认为，SPN 所反映的是对反馈刺激出现前的期待过程（Böcker et al.，1994；Donkers et al.，2005；Masaki et al.，2010；Meng and Ma，2015；Meng et al.，2016；Wang et al.，2017）。如果一个人有强烈的内在动机，那么他们通常会更加关注于每个试次中的结果，并集中注意力关注于反馈的结果，拥有更加强烈的主观期待，因此就会触发更加显著的 SPN 波幅。SPN 被认为是一个对动机水平非常敏感的电生理指标（Brunia et al.，2012；Kotani et al.，2015；Meng et al.，2016）。在本研究中，惜败过程中产生了更加显著的 SPN 波幅。由于被试的酬劳与被试的任务表现无关，所以这一结果表明，在胶着落败的情况下，被试的内在动机程度更强。

沉浸理论认为，被试只有在挑战程度与个人能力匹配的情况下，才会感受到沉浸。超越个体能力的挑战，将会使得个体感到焦虑，对任务失去融入感，注意力无法集中（Csikszentmihalyi，1975）。与沉浸理论一致，自我决定理论也认为，只有个体的胜任需要得到满足，人们才会产生内在动机驱动的行为（Deci，1985a）。

自我决定理论还指出，结果本身的内容和追求结果的过程是需要区别看待的。在本实验中，虽然被试在两局中都落败了，但是完败过程和惜败过程是两种完全不一样的心理过程。在大幅落后的情况下，被试的比分被拉开，分差不断拉大，被试远远落后。这种动态的过程会使得被试丧失胜任感，使内在动机程度不断降低（Deci & Ryan，2000）。也会使得自我效能感降低，产生负性的情绪（Song et al.，2013）。因此，被试在这种情况下更容易精神涣散，并最终选择放弃。相较而言，在胶着落败的情况下，被试的能力与竞争的挑战更可能达到一个相对的平衡。虽然被试整体上是处于下风，但是当处于一个胶着的比赛过程中，比赛分数的交替上升使得他们不得不更好地融入和发挥，生怕进一步落后，所以他们的内在动机水平会更高，并且在整局比赛过程中高度集中注意力，并更加期待每个试次的结果反馈。

6.3 综合讨论

6.3.1 本研究使用事件相关电位对内在动机进行测度的原因

测量方法应该服务于研究的主题和目的。由于本研究探讨的是竞争对内在动机的当期影响，也就需要在竞争的动态过程（完败过程、惜败过程、险胜过程和完胜过程）中对内在动机进行实时监测。事件相关电位具有高时间分辨率的特点，使其在揭示认知的时间过程方面极具优势，能以精确到毫秒级的时间分辨率对特定认知事件引发的脑电位进行实时性测量（魏景汉、罗跃嘉，2010；赵仑，2010），因此选用事件相关电位对内在动机进行测度能够更好地达到本研究目标。与此同时，还可以探索竞争对内在动机即时影响的认知神经机制。

6.3.2 研究三与研究一对竞争挑战程度不同操纵的意义

研究三对竞争挑战程度的操控，从两个方面对研究一进行了延伸。首先，研究三在研究一的基础上，建立了竞争挑战程度与个体胜任力之间的关联，个体的能力与竞争带来的挑战之间是否匹配，即个体是否胜任，成为竞争挑战影响个体内在动机的关键。其次，研究一中通过设置任务最终达成的条件来实现对竞争挑战程度的操控，但这种操控往往缺乏有效的互动和及时的反馈，模拟环境的真实性较差，被试的融入感不高。本研究通过开发双人联机停表任务，通过对“完败”“惜败”“险胜”“完胜”这四种竞争过程的模拟，操纵了不同的竞争挑战水平，使被试嵌入竞争任务挑战之中，将竞争挑战程度模拟“过程化”，感受更加真实。

双人联机停表任务，有点类似于游戏，是一种充满挑战与互动的活动。大多数的游戏，如电脑游戏、运动类游戏，其内在具有一定的竞争性质，也存在着不同的挑战等级（DiMenichi & Tricomi，2015），使之成为竞争环境下操纵不同挑战水平的一个非常重要的载体。本研究以双人联机停表任务为载体，并采用了羽毛球比赛的赛制，有助于更真实地模拟竞争情境下的挑战程度，并激发个体的内在动机。新的研究范式的设计是本书的贡献之一，由于本研究已经发表，所以研究的范式可以被其他相关研究借鉴，并运用于其他的变量的研究，例如，及时反馈、比赛规则等对内在动机的影响。

6.3.3 设置两项子实验的原因以及两者之间的关系

在本研究中，我们设置了两项子实验，两者均关注于竞争环境中的挑战程度对内在动机的影响。区别在于，子实验一设置了完胜过程（大幅领先对手）和险胜过程（胶着险胜对手）两种竞争情境，而子实验二设置了惜败过程（胶着落败对手）和完败过程（大幅落后对手）两种情境。

完胜过程所模拟的情境，是让被试感受到能力远远超过竞争的挑战性，因此挑战程度是最低的。险胜过程所模拟的情境，是让被试感受到与能力相匹配的挑战程度，且能力略高于竞争所带来的挑战。惜败过程所模拟的情境，是让被试感受到与能力较为匹配的挑战程度，但能力略低于竞争所带来的挑战。完败过程所模拟的情境，是让被试感受到自身能力严重不足，无法应对所面临的竞争挑战。所以，实验一和实验二的研究主题是一致的，但是所模拟的竞争挑战程度是有区别的。之所以采用两个子实验的方法，而没有让一个被试同时面临四种挑战情境，原因主要有以下的五个方面：

第一，分开两个实验，有利于对竞争结果进行控制，也就是在子实验一中，竞争结果均为被试获胜，在子实验二中，竞争结果均为被试落败，这样可以排除竞争结果的干扰，着重关注于竞争挑战的过程和即时影响。

第二，由于双人联机竞争停表任务需要主试（伪被试）对实验的条件进行模拟，即一位有娴熟停表任务经验和高超水平的主试，与被试进行比赛，从而较为真实地模拟竞争的情境。但是由于被试的能力差异是很大的，当主试面对一位陌生的被试时，成功模拟四种情境的概率要远远低于成功模拟两种情境的概率，而且还要考虑四种情境下复杂的顺序问题。所以，分为两个子实验有助于较好地实现情境条件的操控。

第三，由于竞争停表任务需要较为集中的注意力，如果让同一批被试参与四个区组的实验，任务量较大，尤其是在后面进行的区组中，被试较容易产生疲劳，从而可能引入新的因素，不利于实验结果的有效性。

第四，四种条件放在一起模拟，实验意图过于明显，操控痕迹过重，不利于竞争环境模拟的生态效度。

第五，本实验的双人联机停表任务是自主开发设计的，其能否得到认可，需要学界的评估。所以，一开始并不希望设置过多的实验条件，并且也是在子实验一顺利发表后，才开展的子实验二。

6.3.4 实验设计与内在动机表征指标的选取

自 2014 年第一篇运用事件相关电位方法研究内在动机问题的研究发表以来（Ma et al.，2014），通过电生理指标表征内在动机水平的方法在学界逐渐引起关注。其中在孟亮（2016）提出的动机过程的认知加工模型中就指出，借助于事件相关电位的高时间分辨率的特性，可以将认知加工过程中复杂的动机问题分为不同的时间阶段，并借助于错误反馈负波（ERN）、反馈相关负波（FRN）、刺激前负波（SPN）等多个不同的成分，在适当的阶段对内在动机进行表征（孟亮，2016）。但事实上，并不是每一项研究都能够通过多指标实现表征。原因在于实验任务的特性会带来不少限制，要求实验者必须选用适合实验设计的脑电指标，以实现最终的目标。

例如，在本研究中，就无法使用 FRN 这一指标在结果反馈阶段对内在动机进行监测。FRN 作为具有代表性的事件相关电位成分，被用于反映反馈阶段的认知过程，以及对结果的评估（Meng & Ma，2015）。动机意义理论（motivational significance theory）作为对 FRN 成分解释的主流理论，认为 FRN

在输赢情况下的差异波（d-FRN）反映了对结果重要性的快速评估（Gehring & Willoughby，2002）。因此，可以将反馈阶段的 d-FRN 作为表征内在动机的重要指标（San Martín，2012；Meng & Ma，2015）。但是，使用 d-FRN 的前提是获得稳定 FRN 成分。一项专门针对 FRN 稳定性与所需要试次数的研究表明，获得可靠的 FRN 成分需要 20 个试次的叠加（Marco Pallares et al.，2011）。但是在本研究的实验设计背景下，由于在完败情况下按键成功的叠加试次和完胜情况下按键失败的叠加试次不足 20 次，所以无法得到稳定的 FRN 波幅，也就没法进一步分析 FRN 的差异波。

同样，在本研究中运用 ERN 来表征绩效监控过程中的内在动机也是不合适的。单人版的停表任务一般会设置成功区间，如［2.93，3.07］，被试在按键的瞬间就能够知道自己在该试次的输赢。而在双人联机竞争停表任务中，没有预先设定的成功区间，而是需要与对手的按键成绩进行比较，最终决出胜负。因此在结果没有反馈之前的按键阶段，被试并不清楚自己的输赢结果，也就无法通过 ERN 的错误检测理论或是冲突检测理论等经典理论进行解释（Falkenstein et al.，2000；Botvinick et al.，2001）。所以，ERN 也是不适用的。因此，在运用事件相关电位研究内在动机的实验设计时，就应该慎重考虑并关注各个成分的适用范围，选用合适的脑电成分对内在动机进行表征。

6.3.5　本研究对现有内在动机理论研究的意义

虽然主流的动机理论给出了较为一致的预测，最优挑战水平对内在动机的正向作用也在采用体验抽样法（experience sampling method）的研究中得到了验证（Larson & Csikszentmihalyi，1983）。但是支撑主流理论假设的直接实验研究证据还比较缺乏，尤其是在严格控制其他干扰变量的实验室环境下，来检验挑战水平对个体内在动机的影响。另外，本研究中的挑战是由竞争引发的，是一种人际挑战，不同于以往的任务挑战。所以本研究是首次在竞争情境下，研究竞争挑战与个体内在动机之间的关系。此外，也未有研究从认知神经科学视角对这一问题开展研究。

自我决定理论和沉浸理论认为，在任务挑战程度与内在动机之间存在倒 U 形曲线关系（Csikszentmihalyi，1975；Deci & Ryan，1980）。结果表明，挑战程度的增加一开始会使得个体的内在动机不断加强，当过了曲线的顶点之后，挑战程度的进一步增加会使内在动机逐渐减弱。在子实验一中，我们在竞争情境下，对曲线的左半边开展了研究，表明了最佳竞争挑战的重要性，并从电生理的角度对曲线的左边给出了证据支撑。具体而言，电生理数据表明，相较于完胜过程，被试在险胜过程中，在结果期待阶段有更加强烈的期待注意，表现出更强的内在动机水平。在子实验二中，我们进一步对曲线的右半边进行了研究，证实了右段曲线的科学性（完败过程与惜败过程）。值得指出的是，子实验一中的险胜情况与实验二中的惜败情况是高度相似的，在这两种情况中，被试与伪被试的比分都是交替上升，唯一的不同之处是最终获胜者的归属。由于我们选用的电生理方法主要表征的是实验过程中内在动机变化，即在每局结果出现之前的数据，所以，最终结局并不影响个体在这两种情况实验过程中的内在动机水平。因此，我们可以认为，在这两种情况下被试都处于最佳挑战的情况，内在动机都得到了较大的激发。

通过本研究的两个子实验，我们从电生理的视角对挑战水平与内在动机之间的倒 U 形曲线关系进行了论证。由于第 5. 3. 3 节所提到的原因，我们分了两个子实验，即一位被试只可能参加实验一（险胜过程与完胜过程）或实验二（惜败过程与完败过程）。将四种情况的结果放到一起画图存在不严谨的地方，因为四种情况并不是由同一批被试完成。所以，我们仅将曲线图在讨论中做一个展示，而不放置在数据结果的部分，目的仅仅是使读者对电生理数据基础上绘制的倒 U 形曲线有一个感性的认识。

如图 6. 9 所展示的，挑战水平作为自变量，这个名义变量包括四种类型：1 = 完胜过程，2 = 险胜过程，3 = 惜败过程，4 = 完败过程。内在动机水平为因变量，我们用 SPN 的波幅对其进行表征（数据来源于六个电极点：F4、F6、F8、FC4、FC6、FT8）。通过曲线的拟合，我们得到了一条倒 U 形曲线（$y = 2.0221x^2 - 10.4064x + 3.8544$）。

为了更加直观地表示内在动机水平与竞争挑战水平之间的关系，我们通过图 6. 10 来更加形象地说明。当被试处于完胜过程中，他们容易感到枯燥和乏味。当被试处于完败过程中，他们容易感到沮丧和丧失胜任感。只有他们的技能水平与所面对的挑战之间达到了良好的匹配，他们的内在动机水平才会更高，如果用沉浸理论来解读，他们才更会感受到“心流”（Csikszentmihalyi et al. , 1993）。

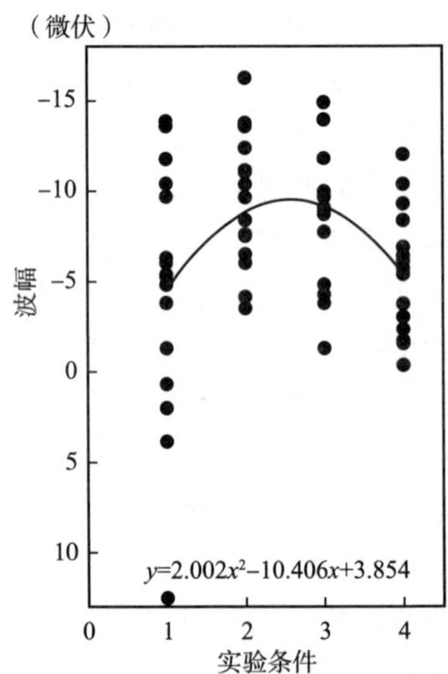

图 6.9　基于两个实验的电生理数据所绘制的倒 U 形曲线

资料来源：本书作者整理。

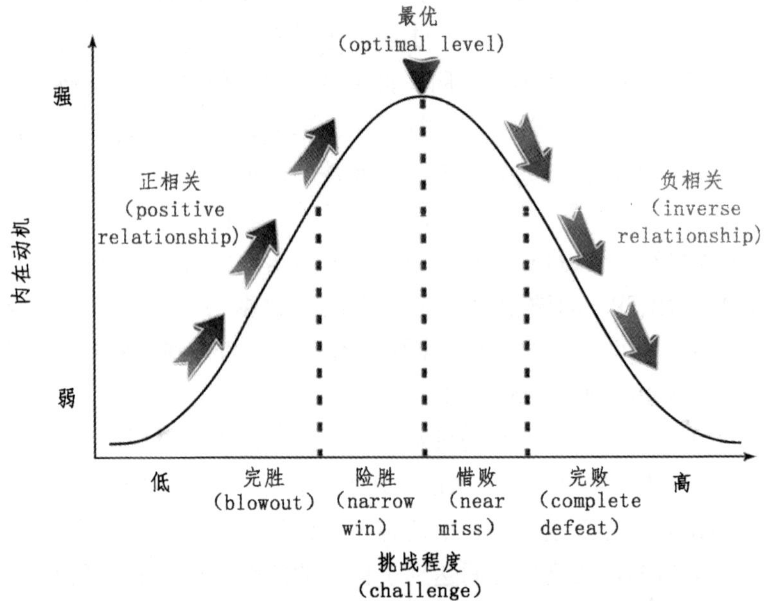

图 6.10　竞争挑战与内在动机之间倒 U 形曲线关系的形象展示

资料来源：本书作者整理。

因此，本研究基于竞争情境，为挑战程度对内在动机的影响的主流理论提供了认知神经科学证据。此外，人们参与社会互动是不可避免的（Lieberman，2007），然而，实验室环境对实验的设计有着严格的限制。在实验室研究中，较难模拟真实生活中的社会互动。这也解释了为什么大多数关于挑战与内在动机的研究，都采用单人的实验设计，同时通过任务的难度间接对任务的挑战程度进行控制（Bassi & Delle，2012；Brehm & Self，1989；Danner & Lonky，1981；Locke et al.，1981；McClelland，1987；Fong et al.，2015）。任务难度是由任务属性引起的，是基于个体能力的对任务本身的操控和驾驭。所以现有研究所得出的结论，本质上是任务挑战与个体内在动机之间关系的结论，即与个体能力相匹配的任务挑战最有利于个体内在动机的激发。

但是产生挑战的源泉不仅仅是任务属性本身，还有来自人际的挑战。而竞争所带来挑战的本质，是一种人际挑战。竞争挑战是表征人际间的竞争激烈程度，并在这种比较输赢、争夺胜负、抢占资源的对抗性较量中，对个体能力产生威胁，并对个体心理和生理产生压力。因此，竞争挑战是一种人际交互和社会比较过程中，由竞争的排他性和对抗性所带来的对个体能力的威胁。

所以竞争挑战本质是一种人际挑战，本研究所得出的结论，是对以往任务挑战与内在动机关系的有机补充，也就是人际挑战也会产生与任务挑战一致的影响机制。与个体能力相匹配的竞争挑战程度，最有利于激发个体的内在动机。

6.3.6 本研究对管理实践的借鉴意义

不少企业发展到一定规模，就会出现人浮于事的情况，员工工作积极性不高、主动性不强，老员工倚老卖老，消极怠工。因此，企业人事部门就会考虑引入竞争机制，打破原有的利益格局，营造全新的、积极向上的工作氛围，保持团队的活力，从而进一步提升工作业绩。事实上，竞争机制的引入是有科学依据的。研究表明，人们对竞争本身是充满渴望的，竞争不仅有助于激发获得外界赞赏等的外部动机，也有助于激发兴趣、胜任感、嵌入感等内部动机（Amabile et al.，1994）。弗兰肯和布朗（Franken & Brown，1995）研究认为，人们对竞争的渴望，主要出于五个方面的原因：一是提升自身的胜任力；二是期望获胜；三是使自己更加奋进；四是对竞争中的状态感到满足；五是挑战本身充满了乐趣。

在竞争机制引入的过程中，竞争环境的控制尤为关键，其中，一个不容忽视的考虑指标，就是竞争所带来的挑战程度。挑战程度如果过低，那么竞争机制是难以发挥作用的，员工容易感觉到枯燥和乏味，不屑于去竞争，让制度本身流于形式，反而增加了不必要的管理成本。而如果挑战程度过高，那么员工的容易感到沮丧和挫败感，丧失自信和胜任感，对超出自身能力范围的任务感到无所适从，也不利于绩效的提升。在这种情况下，由于竞争挑战性超出了个体的能力范围，很可能会导致部分员工采取不正当竞争的手段来攫取利益，那么对于公司或是组织的伤害会更大。自我决定理论的研究认为，人们渴望追求自己的兴趣，渴求获得最佳的挑战（Deci & Moller，2005）。因此，在竞争机制的引入过程中，使大部分的员工能力与所面对的竞争挑战之间达到了良好的平衡，是增加个体内在动机水平的重要手段。

事实上，竞争机制也是为企业节约成本的重要手段。以往不少企业过分强调外部物质奖励的作用，而缺乏对竞争挑战性的内在价值的认识。对于很多"80 后""90 后"的年轻人，以及高新技术企业、跨国公司白领们而言，物质的盛宴固然重要，但是缺乏挑战性的工作可能使得外在奖励的作用大打折扣。导致最终的结果是"不摧不交，不推不动"，耗费了大量的人力财力。高薪只是结果，过程激励同样重要，让员工心甘情愿卖命，就是要将竞争机制中最佳挑战利用好，使员工更加努力并找到内在的价值，获得成就感与满足感。

6.3.7 本研究发表后的被引及评价

2018 年初发表的有关内在动机问题研究的综述性论文从两个方面对本研究进行了引用和评价：第一，从实验设计方面进行了介绍。该综述论文认为，本研究选用停表任务作为实验任务来对个体的内在动机水平进行研究，要求被试尽己所能把秒表停在一个特定的时间。实验刺激通过电脑屏幕呈现，被试被要求通过小键盘来完成停表任务。第二，从内在动机的表征方法上进行介绍。该综述论文认为，非常有趣的是，本研究通过 EEG 的数据对最优挑战水平与内在动机之间的关系进行了表征。被试在任务中感受到最优挑战情况下，内在动机得到了激发。SPN 是一个表征个体内在动机水平的电生理指标，结果表明，在反馈期待阶段，惜败过程相对于完败过程触发了更加显著的 SPN 波幅，表明被试在胶着的竞争中内在动机水平更高。同时在该综述论文整理的对内在动机表征方法的表格中，采用 SPN 对内在动机表征的典型论文，即为本研究的子实验二（Ng，2018）。

对于本研究通过认知神经科学指标表征个体的内在动机，不少研究也表现出了浓厚的兴趣。2017 年发表的一篇行为学研究中，通过自我报告法对内在动机水平进行表征。在该文的未来展望部分引用本研究指出，通过认知神经科学指标来对内在动机进行表征，是非常有趣的一个动向（Fang et al.，2017）。另一篇论文引用和借鉴本研究，使用 SPN 成分这个认知神经科学指标对个体的内在动机水平进行表征（Wang et al.，2017）。

对于本研究的实验任务，有文章引用并指出，采用停表任务作为实验任务，停表任务需要被试将秒表尽可能地停止在特定的时间区间之内。值得注意的是，被试获得的是与绩效无关的固定报酬，因此这使得研究能够聚焦于被试自主性的任务参与。停表任务作为实验任务，可以研究结果反馈出现之前的认知机制（Meng & Yang，2018）。

6.3.8 本研究的局限与后续研究展望

本研究的不足之处在于：第一，由于本研究的伪被试是一名男同学，所以为了排除性别因素的干扰，我们所招募的被试均为男生。以后的研究可以对女性被试开展测试，或是考虑性别可能产生的影响。第二，本研究的子实验一未采集被试主观报告的数据，例如，对努力程度的评分以及对期待程度的评分。虽然 SPN 可以有效地反映内在动机的强弱，并被认为是可靠的认知神经科学指标（Brunia et al.，2012；Meng & Ma，2015）。但是被试的主观报告数据仍然具有很多优点，有助于支撑和强化结论。

6.4 本章小结

本研究从自我决定理论出发，研究了竞争对个体内在动机的当期影响。

产生当期影响的是竞争挑战程度（因为结果未出），于是将研究具体化为竞争过程中的竞争挑战程度对个体内在动机的即时影响。在子实验一中，设置了完胜过程（挑战程度远低于个体能力）和险胜过程（挑战程度略低于个体能力，两者较为匹配）两种竞争情境，在子实验二中，设置了惜败过程（挑战程度略高于个体能力，两者较为匹配）和完败过程（挑战程度远高于个体能力）两种实验情境，模拟了竞争过程中的不同挑战程度，并通过事件相关电位设备实时监测和记录了被试在完成双人联机竞争停表任务过程中的电生理活动数据，通过认知神经科学层面的指标对个体的内在动机进行测度。

本研究发现，最优的竞争挑战程度有助于更好地激发个体的内在动机。竞争挑战程度如果过低，被试可能会感觉到枯燥和乏味。竞争挑战程度过高，被试可能会丧失信心，失去胜任感，最终选择放弃。所以，实现竞争环境中挑战程度与个人能力的匹配尤为关键。这与自我决定理论和沉浸理论所持的观点是一致的，经典理论认为，内在动机与任务挑战水平之间存在倒 U 形曲线的关系，在到达这条 U 形曲线顶点之前，也就是在 U 形曲线左半边，人们中所面临的任务挑战水平的增加，会增加个体的内在动机。在到达顶点之后，继续的提升挑战水平，增加任务难度，将使得内在动机减小。本研究发现，来自人际互动的竞争挑战与内在动机之间也存在类似关系。

此外，本研究开发了双人联机停表任务。实验室研究对于实验的设计有着严格的限制，很难对真实生活场景进行还原和模拟。本研究首次使用了双人联机竞争停表的任务，并采用了羽毛球比赛的赛制，这一设计不仅能够控制竞争挑战的水平，与个体胜任力建立关联，也更容易触发被试内在而真实的感受，可以推广和应用于其他有关竞争要素的研究中。

| 7 |

研究四：续期视角下竞争结果对内在动机的影响及其神经机制*

7.1 研究目的

内在动机一般被认为与个体的内在兴趣、好奇心、感知到的挑战、享受程度等紧密联系（Deci & Ryan，1985a）。为了解释不同社会环境和情境因素对内在动机的影响，自我决定理论从认知的视角出发，形成较为系统的理论体系，成为最具影响力的内在动机理论之一。其中，立足基本心理需要的满足来预测内在动机，被证明广泛适用于不同国家、文化背景以及社会场景，包括教育、运动、工作、心理健康等不同领域（Milyavskaya & Koestner，2011）。最近的一项元分析的研究也表明，对于基本心理需要的满足，可以非常理想地预测内在动机水平（van den Broeck

* 本部分发表在 Meng L，Pei G，Zhang Y，Jin J. Desire for success awakens：Proof of competence restoration in a non-competitive environment. Frontiers in Neuroscience，2021，15：704.

et al. , 2016)。前面几项研究的结果也表明，满足个体胜任需要的竞争过程可以更大限度地激发个体的内在动机。因此，在管理实践中，设置与个体能力相匹配的竞争挑战程度以及胶着的竞争过程，最有利于激发个体的内在动机。

除了对于需要满足的研究，最近的一系列研究都开始聚焦到需要挫败的负面影响（Costa et al. , 2015；Bartholomew et al. , 2014；Gunnell et al. , 2013)。需要挫败（need frustration）是一种较为严重的需要缺乏和不足的状态（Vansteenkiste & Ryan，2013)。近期的不少研究的结果都表明，需要挫败会导致很多负面的结果，包括工作倦怠、反生产行为、高离职意向等（Jang et al. , 2016；Gillet et al. , 2015；Bartholomew et al. , 2014；van den Broeck et al. , 2014)。虽然这些结论都很有意义，但是大多数现有的研究主要局限于某个活动或是某个阶段的需要挫败与负面结果之间的关系，而忽视了需要挫败的长期影响或是跨期影响，尤其是对于后续任务或是活动的影响。最近一篇文章，关注了自主需要的挫败对于后续活动开展的影响，发现前面活动的自主挫败，会使得后续活动中个体的内在动机水平显著增强（Radel et al. , 2014)。

而同样作为基本心理需要的一种，胜任挫败（competence frustration）正得到越来越多的关注。胜任挫败是指个体感受到强烈不胜任感或是失败感(Bartholomew et al. , 2011)。胜任挫败会发生在挑战程度过高、负性反馈频繁、社会比较中的落败等情境中（Ryan & Deci，2017)。一方面，研究发现在同一场景或同一阶段下，胜任挫败会导致主观能动性缺乏、活动参与度不高的问题（Earl et al. , 2017)。另一方面，研究发现胜任挫败也有积极的一面，被试可能由于胜任挫败，导致在其他后续活动中有更强烈的诉求和准备去追求胜任感的满足（Sheldon & Gunz，2009)。因此，虽然胜任满足有助于维持和促进个体的内在动机（Barić et al. , 2014)，但是胜任挫败也有可能激发个体在后续其他活动中奋起行动以改变现状。以往研究发现，个体往往不会完全被动地接纳挫败，而是会激发出一种自我恢复的过程。而获得胜任满足最好的策略之一，就是参加到一个挑战程度较低的活动中去（Fang et al. , 2017)。换句话说，如果一个被试处于胜任剥夺的状态中，而随后的另外一项活动可以给予胜任感的满足，那么其在随后活动中的内在动机水平会显著提升。

在本研究中，我们继续从时间进程视角切入，主要探讨了竞争对个体内在动机的续期影响。在竞争结束之后，与个体胜任需要满足息息相关的竞争要素是竞争的结果。竞争的结果分为获胜和落败，因此，本研究通过设置获胜组、落败组和控制组对竞争结果进行了操控。并运用事件相关电位技术监测不同任务阶段的实时脑电情况。具体而言，本研究主要有两个方面的目的：

研究目的一：以往的研究很少关注于竞争的续期影响，该研究有助于厘清竞争对后续活动中个体内在动机水平的长远作用机制。自我决定理论的最新研究成果表明，社会比较中的落败会带来胜任挫败（competence frustration）（Ryan & Deci，2017），个体往往不会完全被动地接纳挫败，而是会激发出一种自我恢复的过程（Fang et al.，2017）。本研究中，由于不同被试组（获胜组、落败组和控制组）竞争结果的差异，可能导致个体的感知胜任水平的变化。尤其是在被试竞争落败的情况下，可能会产生胜任挫败，并可能影响被试在下一阶段活动过程中的内在动机水平，本研究试图验证这样的观点并探索影响机制。

研究目的二：基于以往的认知神经科学研究成果，进一步探索运用电生理指标，表征个体在多阶段实验中的内在动机水平。脑电被认为可以科学反映个体的认知加工过程（Luck，2005），运用脑电指标来表征个体的内在动机水平并形成成果发表最早是在 2014 年（Ma et al.，2014），这是一个较新的研究领域，也为内在动机研究提供了全新的视角，尤其是事件相关电位实时测量的特点，很好地克服了多阶段实验设计中内在动机测量的难题。在本实验中，我们全程记录了被试的脑电活动，并重点选择反馈结果加工阶段的认知神经科学科学指标，对个体的内在动机进行表征。

7.2 研究假设

由于本研究涉及的变量较多，为了方便理解假设内容，在这里对实验涉及的变量首先做一个简要的介绍。本研究采用的是 3（被试组：获胜组、落败组和控制组）×2（实验阶段：阶段一和阶段三）×2（停表反馈：停表成功和停表失败）的混合实验设计。

被试组：获胜组是指被试在第二阶段的双人联机竞争停表任务中获得胜利，落败组是指被试在第二阶段的双人联机竞争停表任务中惨遭失败，控制组是指被试在第二阶段开展无竞争的单人单机停表任务。设置不同被试组的意图是对竞争结果实现操控。

实验阶段：每个组中都包含三个阶段的任务，阶段一的作用是建立基线，测度不同被试在实验操纵之前的内在动机水平作为基线，控制不同被试组内在动机水平可能存在的天然差异，采用的是单人单机停表任务。阶段二的作用是施加变量（竞争结果），是组间设计的差别所在。阶段三是竞争后的阶段，采用的是和阶段一相同的单人单机停表任务。所以我们关注的是不同被试组的阶段三（竞争后）和阶段一（基线）内在动机变化情况的差异。

停表反馈：指第一阶段和第三阶段的单人单机停表任务中的具体试次里，如果停表时间落入了［2.93，3.07］，则为停表成功；如果停表时间未落入［2.93，3.07］，则为停表失败。

下面，根据研究目的和以往的研究结果，本研究从行为层面和神经层面提出假设。

7.2.1 行为层面的假设

由于本研究的目的是考察竞争对个体内在动机的续期影响，因此要选用一种能够使得被试具有较强内在动机的任务，尤其是对任务难度的控制非常关键。根据研究一的结论，3 秒按键停表任务是一种具有较强内在动机的活动，将停表区间设定为［2.93，3.07］也使得任务的难度适中。所以在每个被试组的阶段一和阶段三中，我们选用了与研究一类似的单人单机停表任务。

在研究一的单人单机停表任务中，可以供我们参考的是，落入区间的成功率接近 50%，成功率的个体差异较小。另外，为了尽量避免熟练程度造成的影响，我们请每个被试组的被试都进行了较为充分的练习。以往采用类似任务的研究指出，时间估算类的任务不仅仅需要较高的认知努力，而且需要估算时间的策略和技巧，因此内在动机的变化较难预测最终的停表成功率（孟亮，2016）。所以即使竞争结果可能对内在动机产生影响，但很可能无法直接在按键成功率这个指标上反映出来。因此，提出如下假设：

H1：对于按键成功率，被试组和实验阶段的交互效应不显著。

7.2.2 神经层面的假设

在本研究中，由于想对被试不同阶段开展任务过程中的内在动机水平进行监测，所以我们主要从认知神经科学的视角来开展研究，并主要关注反馈结果加工阶段的合适的脑电指标。

7.2.2.1 有关 FRN 成分的假设

反馈相关负波（feedback-related negativity，FRN）是大脑加工反馈信息最重要的一个脑电成分，其波峰出现在反馈刺激出现后的 250 毫秒左右，主要分布在额 - 中央区（李鹏、李红，2008；魏景汉、罗跃嘉，2010）。以往的研究表明，FRN 对于负性反馈信息的出现非常敏感，如任务失败、经济损失等。根据 FRN 的强化学习理论，研究者普遍认为，FRN 反映了反馈刺激与个人主观意愿的偏离程度，真实的结果与被试的预期出现的偏差越大，FRN 的波幅也越大（Ma et al.，2014；Oliveira et al.，2007；San Martín，2012）。因此在本研究中，当被试按键停表失败的反馈结果出现时，往往比停表成功的反馈结果触发更大程度的预期偏差，因为人们更期望获得正性的反馈。因此，得到如下的假设：

H2：对于 FRN，按键停表成败的主效应显著，按键停表失败比按键停表成功会触发更大波幅的 FRN。

为了便于结果的呈现，很多研究往往采用 d-FRN 的方式，一方面，因为 d-FRN 的数据分析可以减少一个统计因素，对结果的解释便于表述，读者更好理解。另一方面，d-FRN 是表征个体内在动机水平的重要指标（Ma et al.，2014；San Martín，2012）。d-FRN 是 FRN 的差异波，一般是失败的结果诱发的 FRN 波幅减去成功的结果诱发的 FRN 波幅，用以表示被试对结果的重视和在意程度，换言之是一种主观价值或重要程度的评估过程，可以很好地反映个体的内在动机水平（Fuentemilla et al.，2013；Gehring & Willoughby，2002；Ma et al.，2014；San Martín，2012）。本研究中的 d-FRN，是按键停表失败反馈诱发的 FRN 波幅减去按键停表成功反馈诱发的 FRN。对于落败组，第二阶段的双人联机停表任务中的胜任挫败，很有可能迫使被试有更强烈的内在动机参与到第三阶段的单人单机停表任务中，因为单人停表任务本身就比联机停表任务的挑战性低，可以给被试带来足够的胜任感。因此对于落败组，我们预期第三阶段相较于第一阶段，会有更加强烈的内在动机，表现在脑电成分上，就是阶段三比阶段一诱发了更显著的 d-FRN 波幅。而对于获胜组和控制组的被试而言，其胜任感并没有经历大幅波动的过程，而是保持在一个相对平稳的状态，因此第一阶段和第三阶段的内在动机不会发生显著的变化，不会触发 d-FRN 波幅的显著变化。因此，得到如下的假设：

H3：在落败组中，阶段三停表成败诱发的 FRN 振幅差，显著大于阶段一停表成败诱发的 FRN 振幅差。表现在 d-FRN 上，就是在落败组中，阶段三比阶段一诱发了更显著的 d-FRN 波幅。

H4：在获胜组和控制组中，阶段三停表成败诱发的 FRN 振幅差，与阶段一停表成败的 FRN 振幅差异，两者之间不存在显著差异。表现在 d-FRN 上，就是在获胜组和控制组中，阶段三与阶段一诱发的 d-FRN 波幅无显著差异。

7.2.2.2 有关 P300 成分的假设

在结果反馈阶段，常常伴随 FRN 出现的一个成分是 P300。P300 是一个晚期的正电位，潜伏期在 300～600 毫秒之间，被广泛应用于表征个体的认知加工过程。以往的研究表明，P300 成分与被试的注意力分配情况相关（Donchin et al.，1986），大量的双任务实验范式证实 P300 的波幅会受到注意力资源分配多少的影响，当任务可以分配较多的注意力时，会诱发更高的 P300 波幅（Kok，2001）。在另一项研究中发现，被试在观察朋友和陌生人的赌博任务时，与朋友收益相关的反馈结果诱发的 P300 明显大于与陌生人收益相关的反馈结果诱发的 P300。这是由于于朋友之间的强烈共情，使得被试投入朋友收益情况的注意力更多（Leng & Zhou，2010）。在研究外在物质激励对内在动机剥夺的实验中，采用的是与本实验类似的停表任务，研究表明停表成功的反馈结果会比停表失败的反馈结果诱发更大的 P300 波幅（Ma et al.，2014）。在本研究中，由于被试更加乐于看到成功的停表结果，并愿意停留和投入更多的注意力，因此停表成功的反馈结果会比停表失败的反馈结果诱发更大的 P300 波幅。此外，以往研究发现，第三阶段任务中反映注意力的指标 P300 普遍小于第一阶段（Ma et al.，2014）。在本研究中，由于被试需要完成三个阶段的实验。随着实验的不断进行，长时间的任务会导致被试感受到疲劳，注意力容易分散，到第三阶段时，被试的注意力容易下降，从而P300波幅会减弱。因此提出如下假设：

H5：对于P300，停表成败的主效应显著，停表成功比停表失败诱发更大的P300波幅。

H6：对于P300，实验阶段的主效应显著，阶段三比阶段一诱发更小的P300波幅。

7.2.3 对于研究四假设的总结

对行为层面、神经层面的假设进行列表呈现，如表7.1所示。

表7.1　对于研究四的假设总结

假设对象	假设内容
行为层面	H1：对于按键成功率，被试组和实验阶段的交互效应不显著
神经层面	H2：对于FRN，按键停表成败的主效应显著，按键停表失败比按键停表成功会触发更大波幅的FRN
	H3：在落败组中，阶段三停表成败诱发的FRN振幅差，显著大于阶段一停表成败诱发的FRN振幅差。表现在d-FRN上，就是在落败组中，阶段三比阶段一诱发了更显著的d-FRN波幅
	H4：在获胜组和控制组中，阶段三停表成败诱发的FRN振幅差，与阶段一停表成败的FRN振幅差异，两者之间不存在显著差异。表现在d-FRN上，就是在获胜组和控制组中，阶段三与阶段一诱发的d-FRN波幅无显著差异
	H5：对于P300，停表成败的主效应显著，停表成功比停表失败诱发更大的P300波幅
	H6：对于P300，实验阶段的主效应显著，阶段三比阶段一诱发更小的P300波幅

资料来源：本书作者整理。

7.3 研究方法

7.3.1 实验被试

78位健康的右利手被试参加了本实验，被试的年龄在17～26岁之间，年龄平均值为21.29岁，标准差为2.23。39名男性被试和39名女性被试分别被随机分配到获胜组、落败组和控制组。在控制组中，被试的年龄平均值为21.27岁，标准差为1.76；在获胜组中，被试的年龄平均值为21.38岁，标准差为2.59；在落败组中，被试的年龄平均值为21.23岁，标准差为2.35。所有的被试都是在校大学生，通过校内论坛招募，参加过研究一至研究三的被试不允许参与到本研究中。被试的视力或矫正视力正常，且均无精神紊乱或是心理疾病史。伦理委员会审核批准了该实验。所有被试在参加实验前，被告知了脑电实验的流程和细节，并签署了实验知情书，表示自己自愿参加该实验。在正式实验的竞争组中，一位男性或一位女性主试假扮成被试（简称“伪被试”），作为对手和与之同性的被试开展竞争任务，需要说明的是，这两名主试与所有的被试均不认识。实验的情况操控对所有的被试都是成功的，因此所有被试的结果都进入了最终的数据分析。

7.3.2 实验设计

这项研究采用3（三个被试组：获胜组、落败组和控制组）×2（两个实验阶段：阶段一和阶段三）×2（两种停表反馈：停表成功和停表失败）×N（电极点）的混合实验设计。

获胜组、落败组和控制组中的被试，都需要开展三个阶段的实验任务。获胜组是指被试在第二阶段的双人联机竞争停表任务中获得胜利，落败组是指被试在第二阶段的双人联机竞争停表任务中惨遭失败，控制组是指被试在第二阶段开展无竞争的单人单机停表任务。设置不同被试组的意图是对竞争结果实现操控，如图7.1所示。

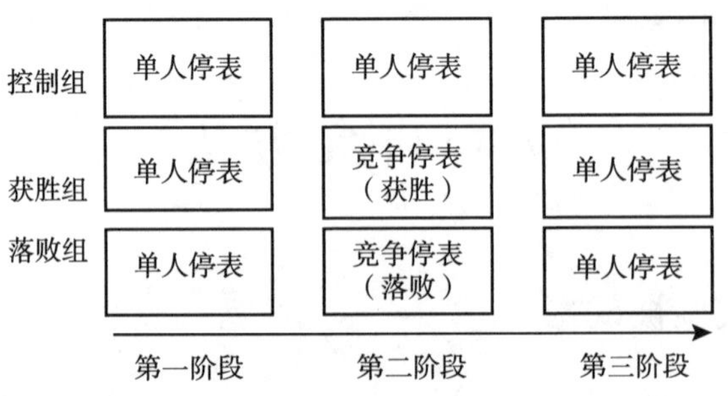

图7.1 不同被试组的不同阶段的任务设置

资料来源：本书作者整理。

每个组中都包含三个阶段的任务。阶段一的作用是建立基线，测度不同被试在实验操纵之前的内在动机水平作为基线，控制不同被试组内在动机水平可能存在的天然差异，阶段一采用的是单人单机停表任务。阶段二的作用是施加变量，是组间设计的差别所在。阶段三是竞争后的阶段，采用的是和阶段一相同的单人单机停表任务。所以我们关注的是不同被试组的阶段三（竞争后）和阶段一（基线）内在动机变化情况的差异。

单人单机停表任务：被试需要尽可能准确地通过按键，将秒表停在 3 秒左右，越接近越好。如果秒表停在［2.93，3.07］区间之内即为成功，该试次获得 1 分；如果不在［2.93，3.07］区间之内即为失败，该试次获得 0 分。每个试次都会有结果反馈，并且分数不断累加。一个阶段的单人单机停表任务总共包含 50 个试次。

双人联机停表任务：被试需要与一名假扮被试的同性主试进行联机 3 秒停表任务比赛，被试被告知，他要与另外一名同性被试比赛停表任务。两人都需要尽可能准确地通过按键，将秒表停在 3 秒左右，越接近越好。在每一个试次中，当两人都按键结束后，双方的停表时间和累计分数将呈现在屏幕上。对于某一试次而言，获得成功的条件是：秒表停在［2.93，3.07］且比对方更接近 3 秒。具体而言，当两人秒表均停在［2.93，3.07］之间的前提下，两人中停表更接近 3 秒的，则为成功，该试次获得 1 分；失败的被试本轮不能得分；如果打平，则两人均不得分。秒表停在［2.93，3.07］之外的被试即为失败，该试次不能得分。需要说明的是，若两人按键均在［2.93，3.07］之外，则均为失败，该试次均不得分。该阶段实验共 50 个试次，累计分数多的一方获得该阶段（区组）的胜利。

7.3.3 实验范式

7.3.3.1 单人单机停表任务的实验范式

如图 7.2 所示，在每个试次一开始，首先在屏幕的中央出现“+”字符并呈现 1000 毫秒，提示被试注意。随后是 1500 毫秒的空屏。紧接着秒表开始走动，前 2 秒钟被试可以看见秒表的走动过程，2 秒之后秒表走字消失，被试需要估计时间。在秒表总走时 3 秒左右时按键停表。被试按键后，屏幕上会出现“已按键”的提示，等待1500毫秒之后，该试次的结果呈现在秒表框内，如果秒表停在［2.93，3.07］区间之内即为成功，该试次获得1分，时间外框为绿色；如果不在［2.93，3.07］区间之内即为失败，该试次获得0分，时间外框为红色。累计的得分会呈现在秒表的上方。试次之间有600~1000毫秒的随机空屏。每个试次的总时长大约是9.3秒左右，一个阶段（区组）包含50个试次，故该阶段的实验时长约为7.75分钟。

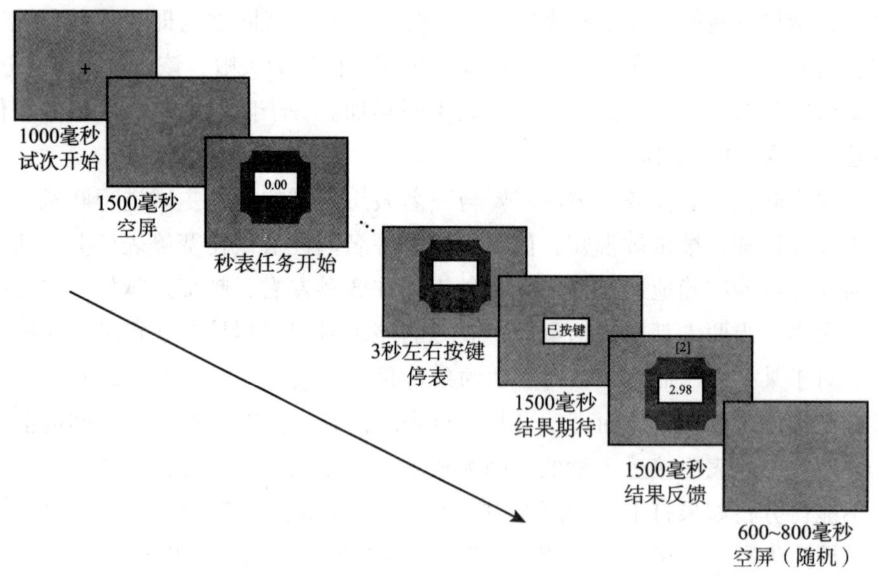

图7.2　单人单机停表任务的单个试次流程

资料来源：本书作者整理。

7.3.3.2　双人联机停表任务的实验范式

如图7.3所示，在每个试次一开始，首先在屏幕的中央出现“+”字符并呈现1000毫秒，提醒被试注意。随后是1500毫秒的空屏。紧接着秒表开始走动，前2秒钟被试可以看见秒表的走动过程，2秒之后秒表走字消失，被试需要估计时间。在秒表总走时3秒左右时按键停表。被试按键后，屏幕上会出现“已按键”的提示，等待1500毫秒之后，自己的结果和对方的结果都会呈现出来，自己和对方的累计得分也会呈现在各自秒表的上方。在一个试次中，获得成功的条件是：秒表停在［2.93，3.07］且比对方更接近3秒。具体而言，当两人秒表均停在［2.93，3.07］之间的前提下，两人中停止秒表更接近3秒的，则为成功，本轮获得1分，获胜者按键对应的时间外框为绿色；落败者本轮不能得分，按键对应时间外框为红色；如果打平，则两人按键对应时间外框为黑色，均不得分。秒表停在［2.93，3.07］之外的个体即为失败，本轮获得0分，按键对应的时间外框为红色。需要说明的是，若两人按键均在［2.93，3.07］之外，则均为失败，本轮均获得0分，按键对应的时间外框均为红色。试次之间有600~1000毫秒的随机空屏。每个试次的总时长大约是9.3秒左右，每个阶段（区组）包含50个试次，故每个区组的实验时长约为7.75分钟。

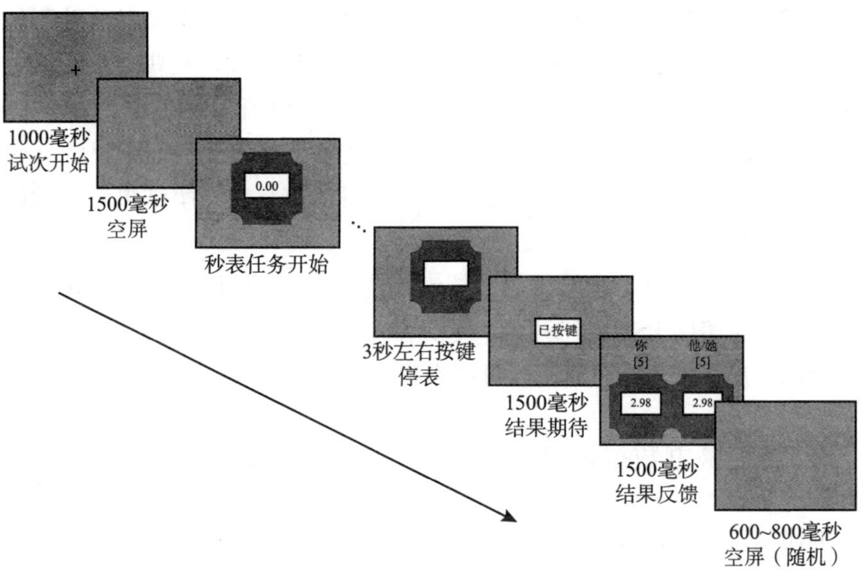

图7.3　双人联机停表任务的单个试次流程

资料来源：本书作者整理。

7.3.4　实验过程

被试坐在一个灯光柔和、隔音、隔磁、隔电的专业实验室中，刺激程序会呈现在距离被试1米的电脑屏幕中央，视角为7.50°×5.40°，被试通过小键盘按键的方式完成停表任务。首先，主试会对实验设备进行介绍，使被试熟悉所处的环境。随后，被试签署实验知情同意书。在正式实验开始之前，每名被试都被要求进行10个试次的单人单机停表任务，目的是使被试熟悉实验操作，从而在正式的实验中很快上手。被试在正式实验开始之前只知道实验分为三个阶段，各个阶段具体的实验内容，在每个阶段开始之前的实验指导语中分别介绍。

对于获胜组和落败组的被试，在实验的第二阶段，被试会与伪被试（由主试扮演）见面，从而使被试对竞争对手有一个真实的感知，以提供给被试一个逼真的竞争环境，有助于提高本研究的生态效度。随后，伪被试和被试会分别处于独立的房间之中落座。担任本实验伪被试的男同学和女同学，经过了大量的停表实验训练，具有较高水平的停止秒表能力。

报酬方面，除了每位被试都有的10元出场费，在每一阶段的实验开始之前，主试会告知被试当前即将进行阶段的实验报酬方式。在获胜组和落败组的第二阶段，被试获得的报酬与竞争结果挂钩，赢的得到20元，输的0元；而在第一阶段和第三阶段，被试获得的是与竞争结果无关的固定报酬（一个阶段10元）。在控制组中，三个阶段被试获得的都是与竞争结果无关的固定报酬（一个阶段10元）。

另外，刺激材料、数据打码、按键反应等都是通过E-prime 2.0软件实现，该软件由美国PST公司开发，是针对心理和行为实验的实验编程软件，其刺激以及反馈信号的时间精度可以实现毫秒级（魏景汉、罗跃嘉，2010）。

7.3.5 脑电数据记录

同研究三，不再赘述。

7.4 数据分析

7.4.1 行为数据分析

实验通过E-prime 2.0软件对行为数据进行了采集，并将按照管理统计的原则对行为数据进行分析（马庆国，2002）。在本研究的实验设计中，第二阶段是对变量（竞争结果）的操控，第一阶段和第三阶段的行为数据是关注的重点。

在所有被试组的第一和第三阶段中，采用的均为单人停表任务，被试需要尽可能准确地通过按键，将秒表停在3秒左右，越接近越好。如果秒表停在［2.93，3.07］区间之内即为获胜，该试次获得1分；如果不在［2.93，3.07］区间之内即为失败，该试次获得0分。我们对每个被试组在各个阶段的按键成功落入区间的次数进行了比较。采用3（被试组：获胜组、落败组和控制组）×2（实验阶段：阶段一和阶段三）混合设计的方差分析结果表明，实验阶段的主效应显著（$F_{1,75}=5.414$，$p=0.023$），阶段三的按键落入区间的次数（22.884次）显著高于阶段一的按键落入区间的次数（21.154次）。但是被试组间的主效应不显著（$F_{2,75}=2.314$，$p=0.106$），实验阶段与被试组的交互效应也不显著（$F_{2,75}=0.493$，$p=0.613$）。

7.4.2 脑电数据分析

7.4.2.1 脑电数据的预分析

同研究三，不再赘述。

7.4.2.2 脑电数据的统计分析

在本研究中，由于对第二阶段的操控，区分出三个被试组，分别是获胜组、落败组和控制组。为了研究第二阶段不同竞争结果的影响，我们着重分析被试组第一阶段和第三阶段脑电成分的变化，以及被试组间这种变化的差异。具体到第一阶段和第三阶段的每个试次中，被试按键停表分为落入成功区间和未落成功入区间两种情况，我们将其界定为停表成功和停表失败。因此，每个被试组包含了四种情况：第一阶段-停表成功、第一阶段-停表失败、第三阶段-停表成功、第三阶段-停表失败。我们将按照这样的分类进行统计分析，并聚焦于反馈结果加工阶段的FRN成分和P300成分。

（1）对FRN成分的统计分析。

根据第2.5.2.2节对FRN成分相关的文献资料回顾，FRN一般在前额中央区振幅最明显，因此，我们选取了 F1、FZ、F2、FC1、FCZ、FC2 六个电极点进行分析，其在全脑的分布情况如图 7.4 所示。对于 FRN 分析时间窗的选取，我们在原有文献的基础上，结合了本研究脑电分析结果的波形图。如图 7.5 至图 7.7 分别展示了控制组、获胜组、落败组中所选 6 个电极点的波形图，可见框内划定的是较为明显的 FRN 成分。因此，本研究对于 FRN 的分析中，选择 260～330 毫秒内的脑电平均电压值作为成分振幅大小的指标进入统计分析。

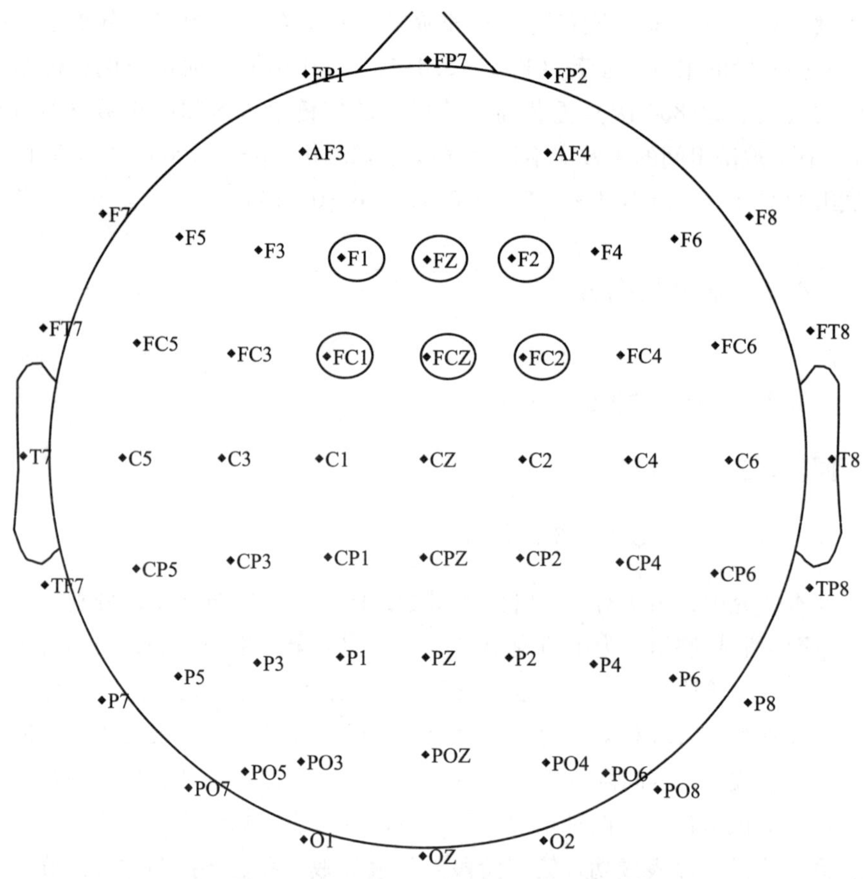

图 7.4　FRN 成分所选择的电极点脑分布

资料来源：本书作者整理。

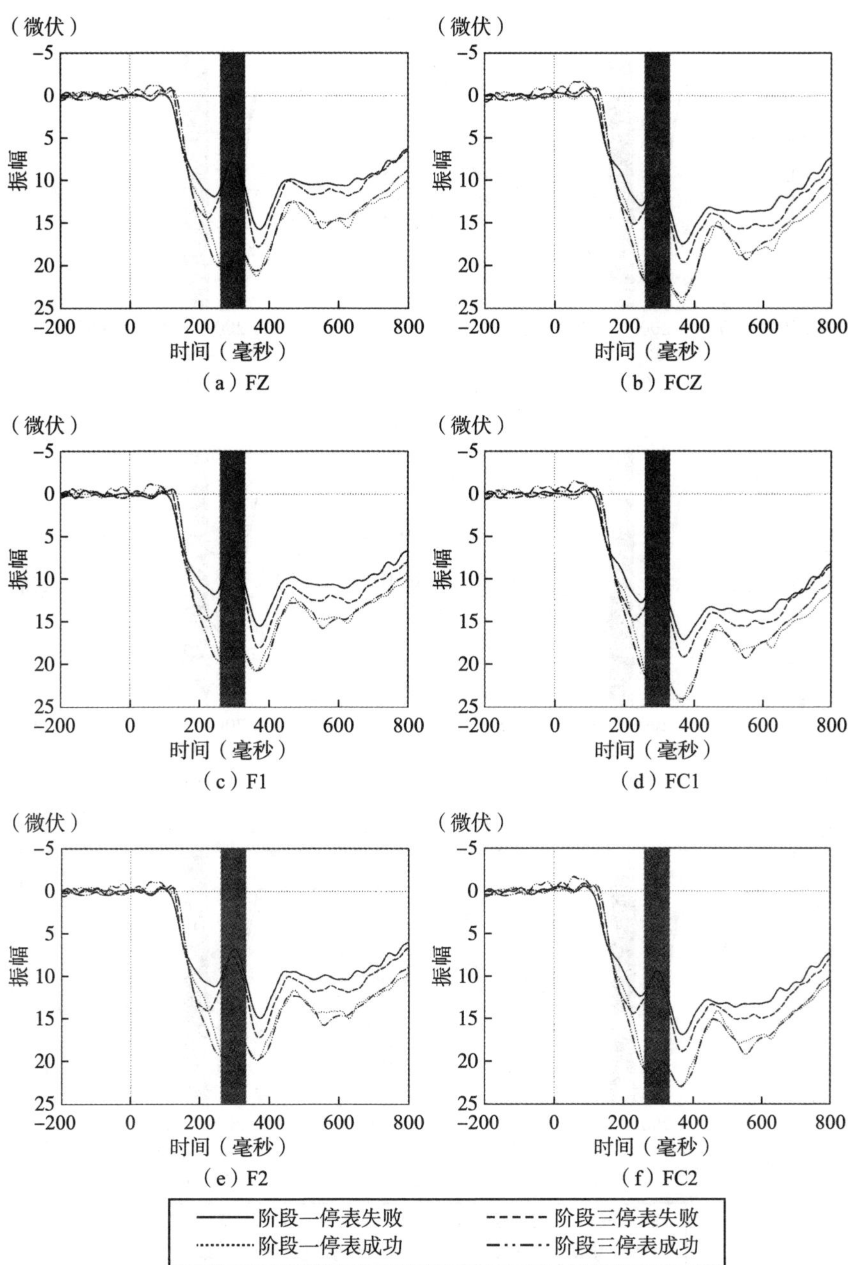

图 7.5 控制组六个电极点的 FRN 成分波形图

资料来源：本书作者整理。

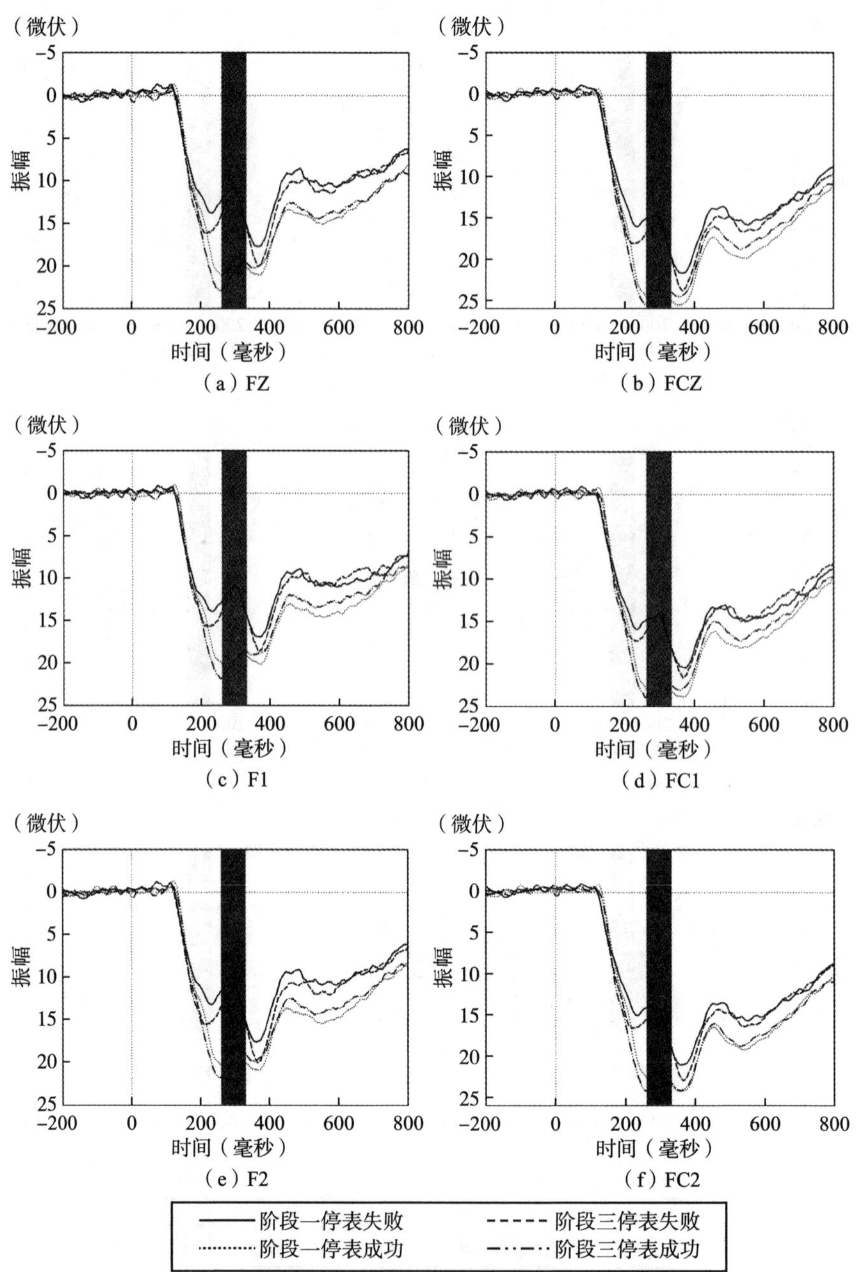

图 7.6 获胜组六个电极点的 FRN 成分波形图

资料来源：本书作者整理。

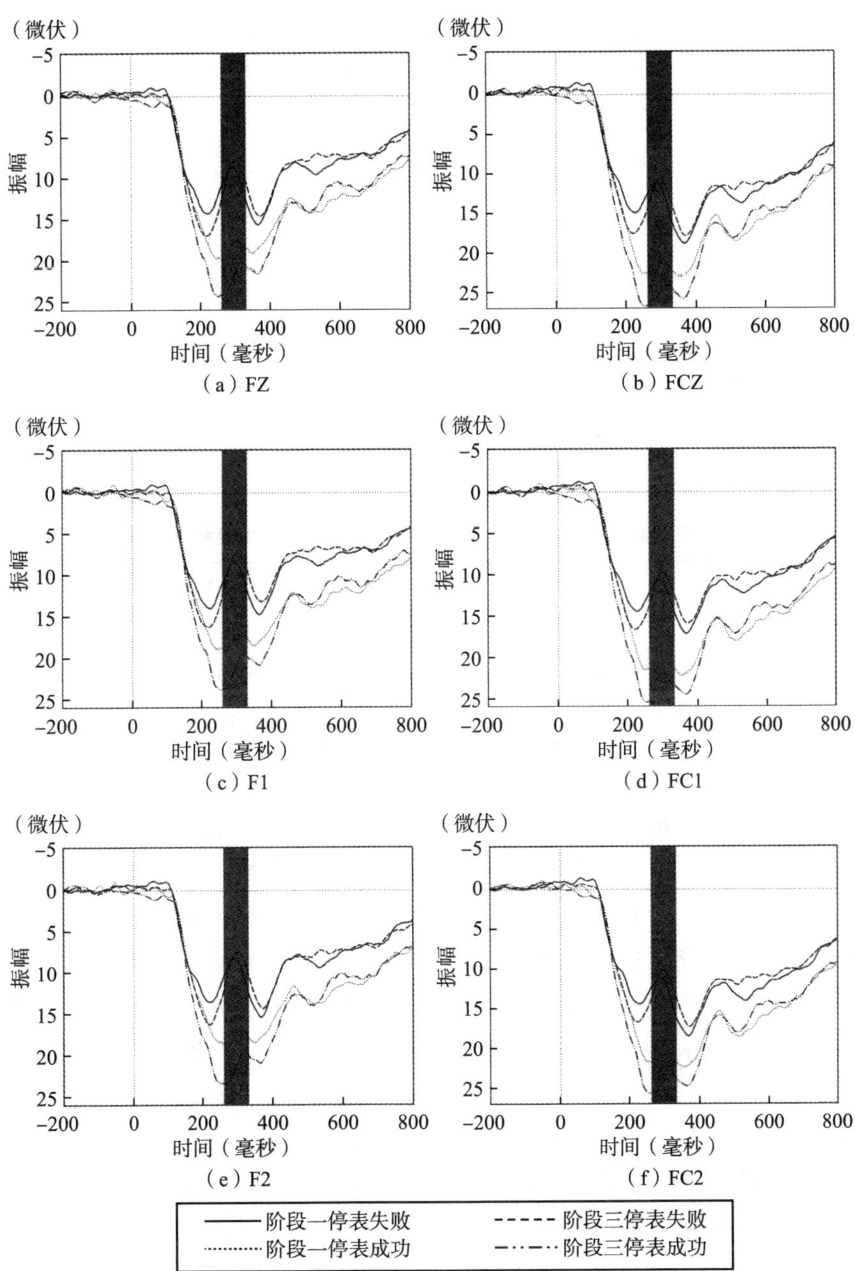

图 7.7 落败组六个电极点的 FRN 成分波形图

资料来源：本书作者整理。

根据实验条件，对 FRN 在所选时间窗内的波幅均值做了 3（被试组：获胜组、落败组和控制组）×2（实验阶段：阶段一和阶段三）×2（反馈结果：停表成功和停表失败）×6（电极点：FZ、F1、F2、FCZ、FC1、FC2）的混合设计的方差分析（mixed design ANOVA）。统计结果表明，FRN 的波幅对于按键停表成功和失败的反馈有显著的主效应（$F_{1,75}=303.762$，$p<0.001$），表 7.2 展示的是不同停表反馈结果下 FRN 的电压均值，停表失败的反馈结果电压值比停表成功的反馈结果电压值小，但是因为 FRN 是负走向的波，电压值越小代表波幅越大，这就是说失败的反馈结果诱发了比成功的反馈结果更大的 FRN 的振幅。此外，电极点的主效应显著（$F_{5,375}=90.493$，$p<0.001$）。实验阶段的主效应不显著（$F_{1,75}=1.703$，$p=0.196$），不同被试组的主效应也不显著（$F_{2,75}=1.556$，$p=0.218$）。

表 7.2　停表成功和失败的反馈结果下 FRN 振幅的电压均值和标准误

反馈结果	均值	标准误	95%的置信区间	
			下限	上限
停表成功	21.207	0.753	19.707	22.707
停表失败	11.594	0.734	10.133	13.055

资料来源：本书作者整理。

交互效应中，被试组、实验阶段、停表反馈结果三者之间的交互效应显著（$F_{2,75}=4.512$，$p=0.014$）。由于三个因素之间存在交互效应，开展了简单简单效应检验。检验结果表明，控制组中，在停表成功的情况下，第一阶段和第三阶段不存在显著差异（$F_{1,75}=0.060$，$p=0.812$）；在停表失败的情况下，第一阶段和第三阶段也不存在显著差异（$F_{1,75}=1.130$，$p=0.291$）。获胜组中，在停表成功的情况下，第一阶段和第三阶段不存在显著差异（$F_{1,75}<0.010$，$p=0.995$）；在停表失败的情况下，第一阶段和第三阶段也不存在显著差异（$F_{1,75}=0.270$，$p=0.602$）。落败组中，在停表失败的情况下，第一阶段和第三阶段不存在显著差异（$F_{1,75}=0.710$，$p=0.401$）；在停表成功的情况下，第一阶段和第三阶段存在显著差异（$F_{1,75}=6.050$，$p=0.016$），第三阶段 FRN 的电压值（23.146 微伏）比第一阶段 FRN 的电压值（19.801 微伏）更大，但是由于 FRN 是负走向的波，电压值越大代表波幅越小，这就意味着在落败组停表成功情况下，第三阶段比第一阶段诱发了更小的 FRN 的振幅。

三个被试组不同阶段停表反馈结果下 FRN 振幅的电压均值，如表 7.3 所示。

表 7.3　　三个被试组不同阶段停表反馈结果下 FRN 振幅的电压均值和标准误

被试组	实验阶段	停表结果反馈	均值	标准误	95%置信区间	
					下限	上限
控制组	阶段一	失败	9.669	1.302	7.075	12.264
		成功	19.884	1.522	16.852	22.916
	阶段三	失败	10.585	1.331	7.933	13.236
		成功	20.209	1.430	17.361	23.058
获胜组	阶段一	失败	13.678	1.302	11.084	16.272
		成功	22.105	1.522	19.073	25.137
	阶段三	失败	14.128	1.331	11.477	16.779
		成功	22.096	1.430	19.247	24.944
落败组	阶段一	失败	11.114	1.302	8.519	13.708
		成功	19.801	1.522	16.769	22.833
	阶段三	失败	10.388	1.331	7.736	13.039
		成功	23.146	1.430	20.298	25.995

资料来源：本书作者整理。

（2）对 d-FRN 成分的统计分析。

为了更加清晰地呈现本研究的结果，本书对 FRN 的差异波进行了统计分析。d-FRN 是反馈结果加工阶段客观表征个体内在动机水平的重要脑电指标（Ma et al.，2014）。为了展示 d-FRN 在三个被试组的第一阶段和第三阶段的波形和波幅情况，我们做出了 d-FRN 的波形图，如图 7.8 所示。

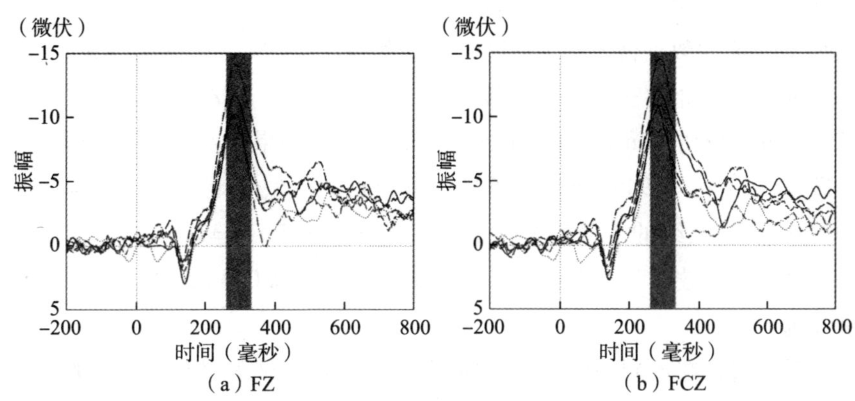

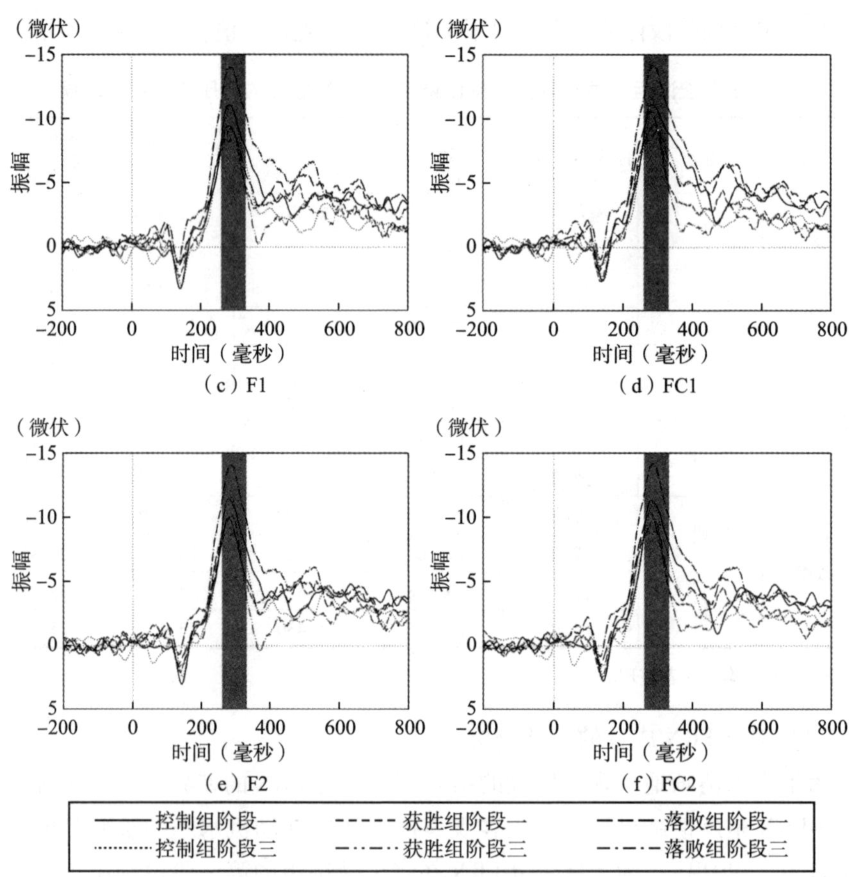

图 7.8　各被试组在六个电极点的 d-FRN 成分波形图

资料来源：本书作者整理。

对 d-FRN 的数据做了 3（被试组：获胜组、落败组和控制组）×2（实验阶段：阶段一和阶段三）×6（电极点：FZ、F1、F2、FCZ、FC1、FC2）的混合设计的方差分析（mixed design ANOVA）。统计结果表明，实验阶段的主效应不显著（$F_{1,75}=1.949$，$p=0.167$），电极点的主效应显著（$F_{5,375}=5.119$，$p<0.001$），被试组的主效应不显著（$F_{5,375}=1.825$，$p=0.168$）。被试组和实验阶段的交互效应是显著的（$F_{2,75}=4.512$，$p=0.014$），因此进一步做了简单效应的分析。

结果发现，在控制组中，实验阶段的主效应不显著（$F_{1,51}=0.096$，$p=0.757$）。在获胜组中，实验阶段的主效应不显著（$F_{1,51}=0.098$，$p=0.755$）。

在落败组中，实验阶段的主效应显著（$F_{1,51}=8.019$，$p=0.007$），阶段三（-12.759 微伏）比阶段一（-8.688 微伏）诱发了更显著的 d-FRN 波幅（对于负波，电压值越小，波幅越大）。获胜组、落败组和控制组在阶段一和阶段三的 d-FRN 均值，如表 7.4 所示。为了更加直观地反映三组被试 d-FRN 的均值随阶段的变化，我们通过图 7.9 进行了呈现。为了更清楚地显示各个电极点上振幅的情况，我们通过表 7.5 进行了展示。

表 7.4　　d-FRN 在三个被试组不同阶段的均值和标准误

被试组	实验阶段	均值	标准误	95% 置信区间	
				下限	上限
控制组	阶段一	-10.215	1.346	-12.988	-7.442
	阶段三	-9.625	1.342	-12.388	-6.861
获胜组	阶段一	-8.427	1.126	-10.744	-6.109
	阶段三	-7.968	0.934	-9.891	-6.045
落败组	阶段一	-8.688	0.968	-10.681	-6.695
	阶段三	-12.759	1.063	-14.949	-10.569

资料来源：本书作者整理。

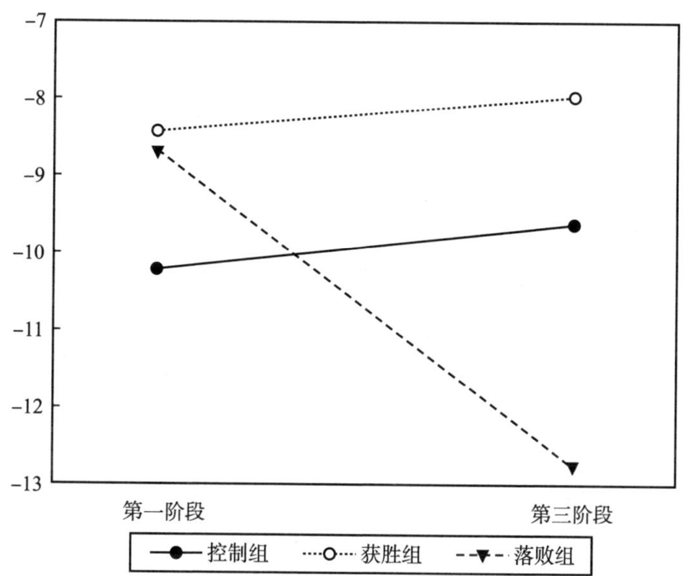

图 7.9　三个被试组阶段一和阶段三的 d-FRN 电压均值

资料来源：本书作者整理。

表 7.5　　d-FRN 在不同电极点的均值和标准误

被试组	实验阶段	电极点	均值	标准误	95%置信区间	
					下限	上限
控制组	阶段一	F1	-9.755	1.093	-11.931	-7.578
		FZ	-10.406	1.157	-12.712	-8.101
		F2	-10.016	1.148	-12.303	-7.730
		FC1	-10.196	1.238	-12.662	-7.731
		FCZ	-10.786	1.240	-13.256	-8.316
		FC2	-10.129	1.235	-12.589	-7.670
	阶段三	F1	-9.271	1.129	-11.520	-7.023
		FZ	-9.984	1.142	-12.258	-7.710
		F2	-9.547	1.188	-11.915	-7.180
		FC1	-9.591	1.164	-11.910	-7.273
		FCZ	-9.920	1.149	-12.208	-7.632
		FC2	-9.433	1.118	-11.659	-7.207
获胜组	阶段一	F1	-7.800	1.093	-9.977	-5.623
		FZ	-8.725	1.157	-11.031	-6.419
		F2	-8.564	1.148	-10.850	-6.277
		FC1	-8.115	1.238	-10.581	-5.649
		FCZ	-9.175	1.240	-11.645	-6.705
		FC2	-8.182	1.235	-10.641	-5.722
	阶段三	F1	-7.715	1.129	-9.964	-5.467
		FZ	-8.393	1.142	-10.667	-6.118
		F2	-7.686	1.188	-10.053	-5.319
		FC1	-7.920	1.164	-10.238	-5.602
		FCZ	-8.066	1.149	-10.354	-5.778
		FC2	-8.026	1.118	-10.253	-5.800
落败组	阶段一	F1	-8.302	1.093	-10.479	-6.125
		FZ	-8.599	1.157	-10.905	-6.293
		F2	-8.227	1.148	-10.514	-5.941
		FC1	-9.273	1.238	-11.739	-6.807
		FCZ	-9.161	1.240	-11.631	-6.691
		FC2	-8.564	1.235	-11.023	-6.104
	阶段三	F1	-12.695	1.129	-14.944	-10.447
		FZ	-12.719	1.142	-14.994	-10.445
		F2	-12.512	1.188	-14.880	-10.145
		FC1	-12.917	1.164	-15.236	-10.599
		FCZ	-13.038	1.149	-15.326	-10.750
		FC2	-12.671	1.118	-14.897	-10.444

资料来源：本书作者整理。

(3) 对 P300 成分的统计分析

在第 2.5.2.3 节中对 P300 成分进行了介绍，基于以往文献和本研究波形图，选取 CP1、CPZ、CP2、P1、PZ、P2 共六个电极点，其在脑区的分布如图 7.10 所示。

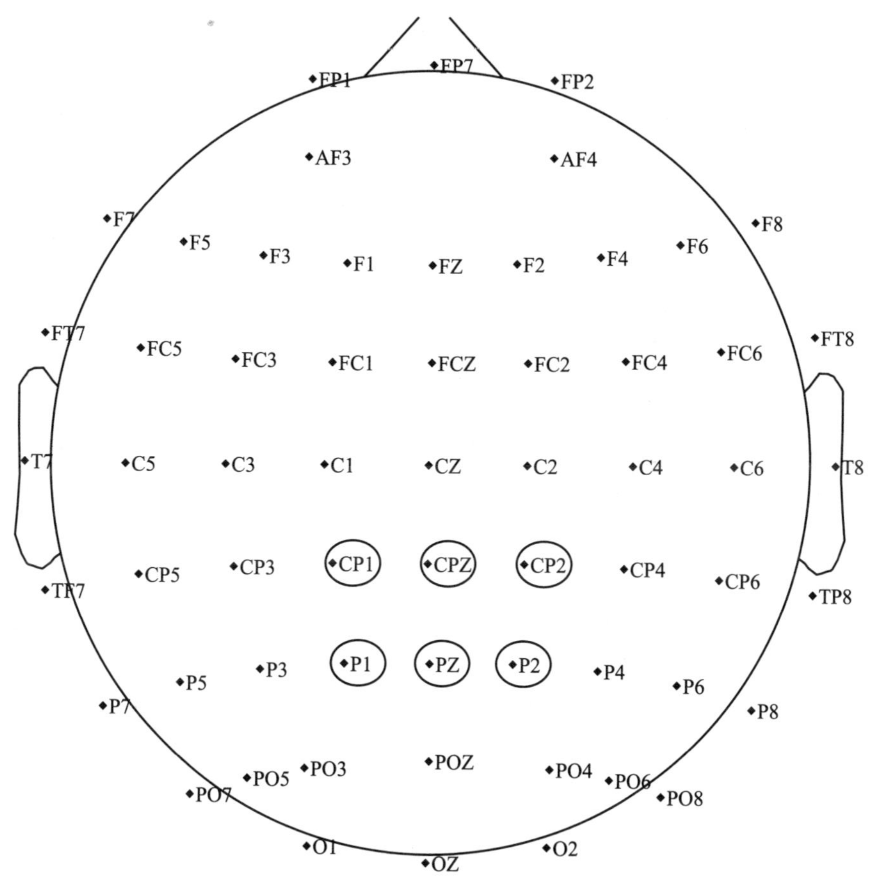

图 7.10　P300 成分所选择的电极点脑分布

资料来源：本书作者整理。

图 7.11 至图 7.13 分别展示了控制组、获胜组和落败组的 P300 波形图。根据波形图并结合以往的研究成果，我们选取了 340 ~ 410 毫秒作为 P300 成分的分析时间窗。根据实验条件，对 P300 在所选时间窗内的波幅的均值做了

3（三个被试组：控制组、胜利组和落败组）×2（两个实验阶段：阶段一和阶段三）×2（两种反馈结果：停表成功和停表失败）×6（六个电极点：CP1、CPZ、CP2、P1、PZ、P2）的混合设计的方差分析（mixed design ANOVA）。分析结果表明，实验阶段的主效应显著（$F_{1,75}=8.192$，$p=0.005$），因为P300是正走向的波，所以阶段三（19.871 微伏）比阶段一（18.604 微伏）诱发了更大的P300波幅，如表7.6所示。反馈结果的主效应显著（$F_{1,75}=88.162$，$p<0.001$），停表成功（21.465 微伏）比停表失败（17.010 微伏）诱发了更大的P300波幅，如表7.7所示。电极点的主效应显著（$F_{5,375}=40.033$，$p<0.001$）。被试组的主效应不显著（$F_{2,75}=1.592$，$p=0.210$）。实验阶段、反馈结果、被试组之间的交互效应均不显著。

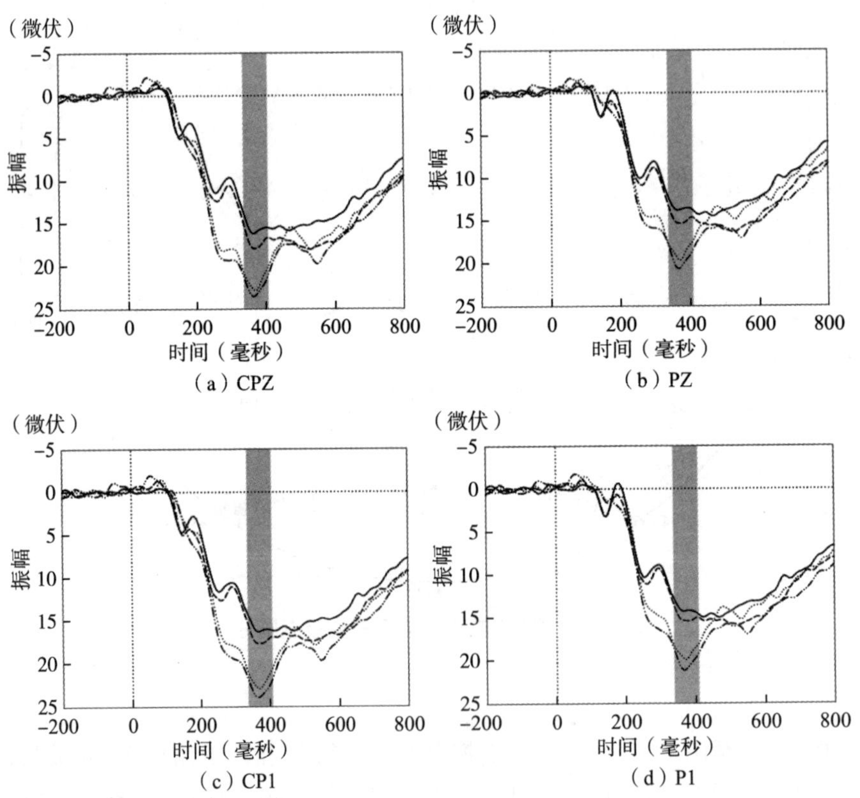

（a）CPZ

（b）PZ

（c）CP1

（d）P1

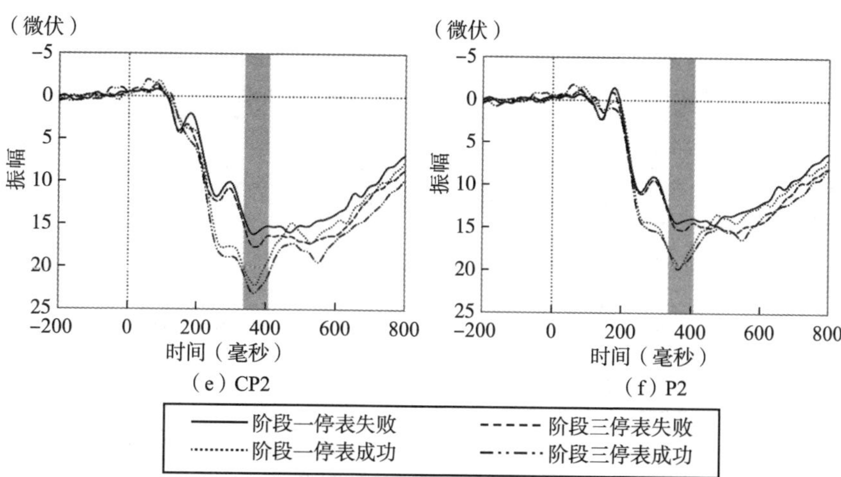

图 7.11　控制组六个电极点的 P300 成分波形图

资料来源：本书作者整理。

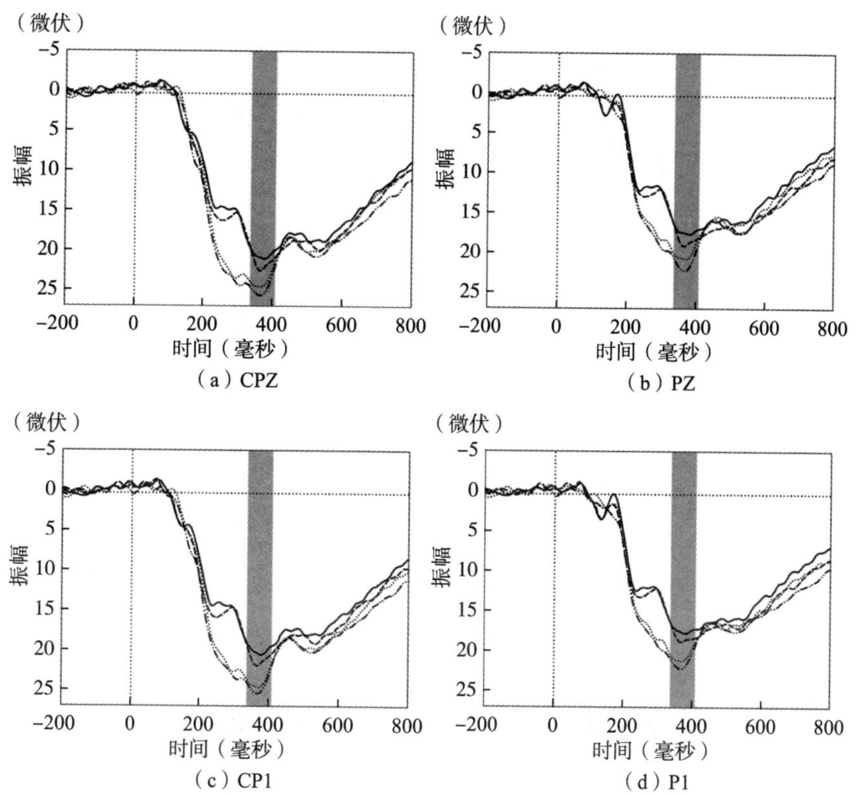

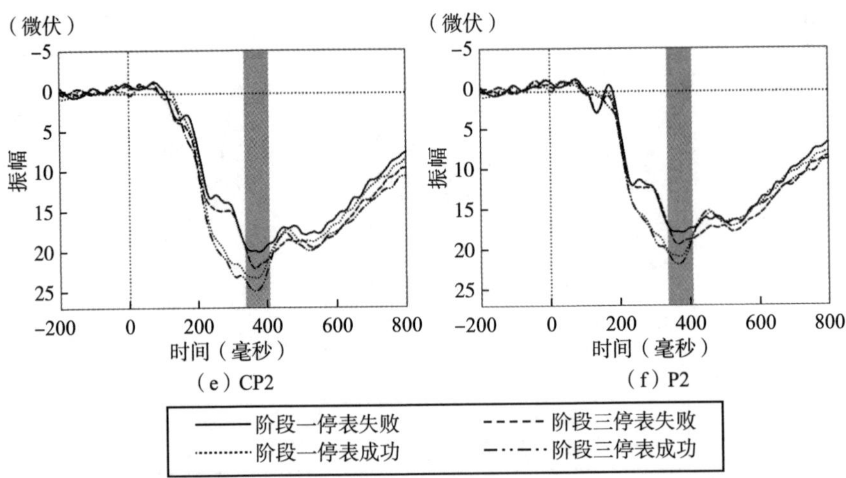

图 7.12　获胜组六个电极点的 P300 成分波形图

资料来源：本书作者整理。

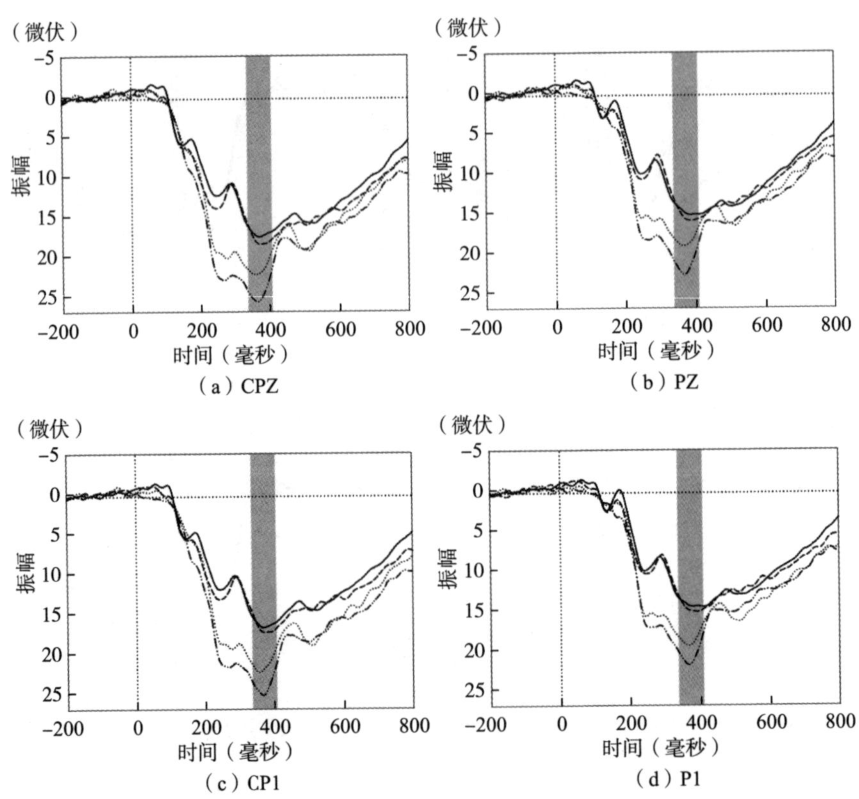

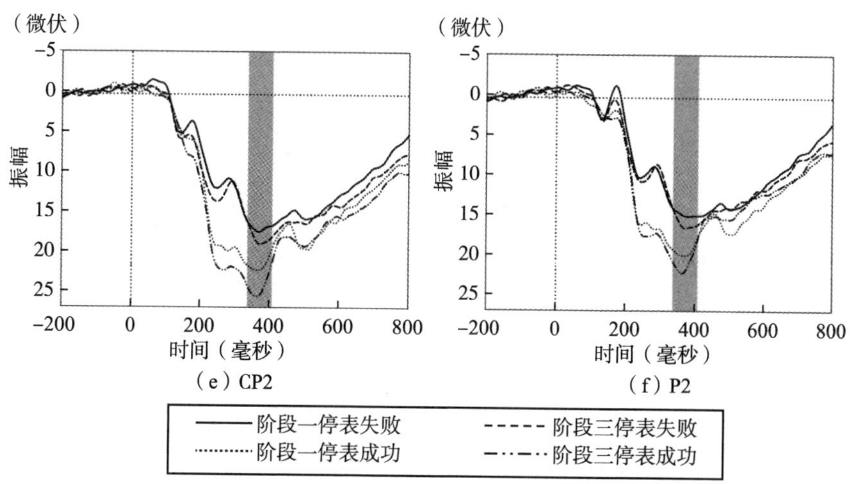

图 7.13　落败组六个电极点的 P300 成分波形图

资料来源：本书作者整理。

表 7.6　不同实验阶段 P300 振幅的电压均值和标准误

实验阶段	均值	标准误	95% 置信区间	
			下限	上限
阶段一	18.604	0.668	17.273	19.936
阶段三	19.871	0.728	18.422	21.320

资料来源：本书作者整理。

表 7.7　停表成功和失败的反馈结果下 P300 振幅的电压均值和标准误

反馈结果	均值	标准误	95% 的置信区间	
			下限	上限
停表成功	21.465	0.702	20.068	22.863
停表失败	17.010	0.706	15.604	18.417

资料来源：本书作者整理。

7.5 结论与讨论

本研究从时间进程视角出发，探讨了竞争对个体内在动机的续期影响。实验采用混合设计，包含了竞争结果这个被试间变量，以及实验阶段、按键反馈结果、电极点这三个被试内变量，综合采用单人单机停表任务和双人联机停表任务，并通过事件相关电位技术，在实验的全过程中记录了78位被试的行为和脑电数据。因为本实验涉及的阶段较多，量表测量的可行性很低，如果每段实验后都开展测量，很容易暴露实验目的，对被试的心理产生影响；而如果全部阶段完成之后请被试回忆，被试的感受又掺杂一起，很难具体到某一阶段。所以我们的假设分析和验证主要采用的是能在任务进行过程中实时测量的脑电数据。对研究二提出的全部研究假设的验证情况总结如表7.8所示。

表7.8　　对于研究四假设验证情况的总结

假设对象	假设内容	验证情况
行为层面	H1：对于按键成功率，被试组和实验阶段的交互效应不显著	成立
神经层面	H2：对于FRN，按键停表成败的主效应显著，按键停表失败比按键停表成功会触发更大波幅的FRN	成立
	H3：在落败组中，阶段三停表成败诱发的FRN振幅差，显著大于阶段一停表成败诱发的FRN振幅差。表现在d-FRN上，就是在落败组中，阶段三比阶段一诱发了更显著的d-FRN波幅	成立
	H4：在获胜组和控制组中，阶段三停表成败诱发的FRN振幅差，与阶段一停表成败的FRN振幅差异，两者之间不存在显著差异。表现在d-FRN上，就是在获胜组和控制组中，阶段三与阶段一诱发的d-FRN波幅无显著差异	成立
	H5：对于P300，停表成败的主效应显著，停表成功比停表失败诱发更大的P300波幅	成立
	H6：对于P300，实验阶段的主效应显著，阶段三比阶段一诱发更小的P300波幅	不成立

资料来源：本书作者整理。

7.5.1 行为数据的结论与讨论

7.5.1.1 行为数据的研究结论

通过对三个被试组阶段一和阶段三的按键成功率的方差分析发现，被试组的主效应不显著，三个被试组在按键成功率上没有显著差异。但是实验阶段的主效应显著，阶段三的按键成功率显著高于阶段一。此外，统计结果还表明，实验阶段与被试组的交互效应不显著，因此，假设 H1 成立。

7.5.1.2 对行为层面结论的讨论

研究发现，实验阶段的主效应显著，本书认为这主要是由于学习效应导致的，虽然我们在正式实验开始之前，已经让被试进行了较为充分的练习，但是在实验过程中，随着阶段的不断推进，某种意义上也是在增加被试按键停表的熟练程度，因此到阶段三时被试的熟练程度进一步加深，导致阶段三的按键正确率较高。那么这种对任务熟练程度的提高，会不会影响到实验的严谨性和有效性？事实上，在实验设计的过程中，我们就考虑到任务熟练程度可能对实验产生的影响，因此，我们采用了被试间的设计，设置了控制组，这也是心理学实验中常用的消除外界因素对实验有效性干扰的方法。

同时，被试组的主效应不显著，实验阶段和被试组的交互效应也不显著，说明不同竞争结果对于按键成功率并没有显著的影响。但是本书研究发现，竞争结果对内在动机的作用是显著的。以往的研究认为，内在动机的强度与按键正确率的相关性高低，取决于任务的特点。一般意义上而言，可以将大多数的任务划分为努力型任务和非努力型任务两种，努力型任务是指，个体在任务中投入的认知努力或是体力付出越多，就越容易产生高的绩效回报，比如打字任务、语法纠错任务等。非努力型任务是指，个体的投入并不能直接转化为好的任务表现，很典型的就是赌博任务（Patall et al.，2008）。本研究所采用的按键停表任务，偏向于一种努力型的任务，但是并非内在动机越强、认知投入越多，个体的按键正确率就会越高，这其中包含着时间估算方法和策略的因素（孟亮，2016），如果不能找到合适的时间估算的感觉或是技巧，即使投入程度很高，也可能按键成功率一般。与此同时，也应该考虑到另外一个因素，那就是由于在意程度上升所带来的紧张和焦虑情绪对个体绩效的影响（Driskell & Salas，2013；Westman & Eden，1996），在特定情况下内在动机更高，更希望得到好的结果，反而因为紧张等造成失误，导致发挥一般，最终结果没能实现预期。

7.5.2 脑电数据的结论与讨论

7.5.2.1 脑电数据的研究结论

在本研究中，由于对第二阶段的操控，区分出三个被试组，分别是控制组、获胜组、落败组。为了研究竞争的续期影响，我们着重分析第三阶段和第一阶段脑电成分波幅的变化，以及被试组间这种变化的差异。具体到第一阶段和第三阶段的每个试次中，被试按键停表分为落入成功区间和未落成功入区间两种情况，我们将其界定为停表成功和停表失败。因此，每个被试组包含了四种情况：第一阶段-停表成功、第一阶段-停表失败、第三阶段-停表成功、第三阶段-停表失败。我们按照这样的分类，结合前人的研究基础和脑电成分的确认原则，对结果反馈阶段的 FRN 和 P300 进行了方差分析。得到如下的结论：

（1）对于 FRN 成分，按键停表成败的主效应显著，按键停表失败比按键停表成功会触发更大波幅的 FRN。因此，假设 H2 成立。

（2）在落败组中，阶段三停表成败诱发的 FRN 振幅差，显著大于阶段一停表成败诱发的 FRN 振幅差。这个结果表现在 d-FRN 上，就是在落败组中，阶段三比阶段一诱发了更显著的 d-FRN 波幅。因此，假设 H3 成立。

（3）在获胜组和控制组中，阶段三停表成败诱发的 FRN 振幅差，与阶段一停表成败的 FRN 振幅差异，两者之间不存在显著差异。这个结果表现在 d-FRN 上，就是在获胜组和控制组中，阶段三与阶段一诱发了的 d-FRN 波幅无显著差异。因此，假设 H4 成立。

（4）对于 P300 成分，按键停表成败的主效应显著，停表成功比停表失败诱发更大的 P300 波幅。因此，假设 H5 成立。

（5）对于 P300 成分，实验阶段的主效应显著，阶段三比阶段一诱发更大的 P300 波幅。因此，假设 H6 不成立。

7.5.2.2 对脑电层面结论的讨论

(1) 对 FRN 结果的讨论。

FRN 是大脑加工反馈信息最重要的一个脑电成分，在本研究的结果反馈阶段，按键停表成败的主效应显著，不论是哪个被试组，按键停表失败比按键停表成功都会触发更大波幅的 FRN。以往的研究表明，FRN 的波幅对于反馈结果的效价是非常敏感的，负性的反馈结果，如任务失败、经济损失等，诱发的 FRN 波幅会显著大于正性的反馈结果（Ma et al.，2014；San Martín，2012）。本研究也表现出了明显的 FRN 效价效应，根据 FRN 的强化学习理论，FRN 反映了反馈刺激与个人主观意愿的偏离程度，真实的结果与被试的预期出现的偏差越大，FRN 的波幅也越大（Ma et al.，2014；Oliveira et al.，2007；San Martín，2012）。当被试按键停表失败的反馈结果出现时，会比停表成功的反馈结果触发更大程度的预期偏差。与此同时，在落败组中，阶段三停表成功比阶段一停表成功诱发了更小的 FRN 波幅，而在获胜组和控制组中未发现类似的结果。说明在落败组中的被试在阶段三中更加希望看到正性的反馈结果。

此外，本研究还发现，在落败组中，阶段三比阶段一诱发了更显著的 d-FRN 波幅。在获胜组和控制组中，阶段三与阶段一诱发了的 d-FRN 波幅无显著差异。FRN 的情感动机理论认为，d-FRN 作为 FRN 的差异波，一般是失败的结果诱发的 FRN 波幅减去胜利的结果诱发的 FRN 波幅，用以表示被试对结果的重视和在意程度，换言之是一种主观价值或重要程度的评估过程，可以很好地反映个体的内在动机水平（Fuentemilla et al.，2013；Luo et al.，2011；Gehring & Willoughby，2002；Ma et al.，2014；San Martín，2012）。在落败组中，阶段三比阶段一诱发了更显著的 d-FRN 波幅，说明被试在胜任挫败之后，更加在意自己的任务表现，对第三阶段的结果拥有更高程度的主观价值评估，表现出了更加强烈的内在动机。而对于没有经历胜任挫败的获胜组和控制组的被试而言，并未在第三阶段表现出比第一阶段更加强烈的内在动机。

在本研究所有被试组的第一阶段和第三阶段，被试获得的都是固定的报酬，他们无论表现好坏都不会影响他们的报酬水平。此时他们开展实验的态度主要取决于个体的内在动机。内在动机水平越高，就会越关注和在意按键的反馈结果。在落败组中，被试在第三阶段比第一阶段内在动机更加强烈；而在获胜组和控制组中，没有类似的效应。说明落败组的第二阶段起到了关键性的作用，在落败组的第二阶段中，被试在联机停表任务中不敌对手，是一种典型的在社会比较中失败的情境，会使被试感受到较为强烈的胜任挫败（Ryan & Deci，2017）。研究表明，个体在前面活动中的胜任挫败，可能导致在后续的其他活动中有更强烈的诉求和准备去追求胜任感的满足（Sheldon & Gunz，2009）。个体往往不会完全被动地接纳挫败，而是会激发出一种自我恢复的过程。而获得胜任满足最好的策略之一，就是参加到一个挑战程度较低的活动中去（Fang et al.，2017）。在本研究，单人停表任务的挑战程度比联机停表任务要低，可以有效满足个体的胜任感。根据自我决定理论，胜任作为一种基本的心理需要，胜任感的满足可以显著提升个体的内在动机水平（Deci & Ryan，2000）。因此，在落败组的第三阶段，出现了比第一阶段更大的 d-FRN，个体表现出了更强的内在动机水平。而对于其他两组的被试而言，其胜任感并没有经历大幅波动的过程，而是保持在一个相对平稳的状态中，因此第一阶段和第三阶段的内在动机不会发生显著的变化，d-FRN 波幅也无显著变化。

（2）对 P300 结果的讨论。

在结果反馈阶段，常常伴随 FRN 出现的一个成分是 P300。本书的研究结果表明，不论是哪个被试组，停表成功会比停表失败诱发更大的 P300 波幅。在研究外在物质激励对内在动机剥夺的实验中，采用的是与本实验类似的停表任务，得出的结论是与本书一致的，停表成功的反馈结果会比停表失败的反馈结果诱发更大的 P300 波幅，并认为 P300 振幅能够较为稳定的反应被试对反馈结果效价的评估（Ma et al.，2014）。P300 成分与被试的注意力分配情况相关（Donchin et al.，1986；Kok，2001；Leng & Zhou，2010），停表成功比停表失败诱发更大的 P300 波幅，也说明了被试更加乐于看到成功的停表结果，并愿意停留和投入更多的注意力。

此外，数据结果与我们假设不一致的是，阶段三比阶段一诱发了更大的 P300 波幅。我们假设是认为，由于被试需要完成三个阶段的实验，随着实验的不断进行，长时间的任务会导致被试感受到疲劳，注意力容易分散，到第三阶段时，被试的注意力容易下降，从而 P300 波幅会减弱。但是结果与预期是相反的，第三阶段的 P300 反而更大，表明在第三阶段被试的唤醒水平更高，所投入的注意力资源更多。而且由于被试组间没有差异，不论是哪个被试组，第三阶段的 P300 都更大，因此原因可能更多地要归结到停表任务本身。虽然仅通过本研究的数据结论，不能断言停表任务会使人上瘾，越参与越愿意去分配更多认知资源和注意努力，但是至少表明停表任务本身是一个比较有趣的任务，适合在其他内在动机的研究中使用。

7.5.3 综合讨论

7.5.3.1 本研究使用事件相关电位对内在动机进行测度的原因

在本研究中，对于每个被试而言，都要经历三个阶段的实验，每个阶段实验都历时 7.75 分钟。对于这种多阶段的实验而言，使用量表测量的可行性比较低，如果每段实验后都开展量表测量。一方面，会使得被试重复回答一些问题，进一步拉长实验时间的同时，造成被试的无聊和困倦；另一方面，多次的重复测量，很容易暴露实验的目的，对被试的心理产生干扰。而如果全部阶段完成之后请被试回忆，一方面，被试三个阶段的感受掺杂在一起，很难具体到某一阶段；另一方面，前面的感受会受到后面感受的影响，这种干扰非常复杂。而使用事件相关电位方法开展测度，由于是在过程中的直接实时监测，有效避免了以上这些问题，同时还分析了竞争对内在动机续期影响的神经机制。因此，内在动机测度方法的选择，关键是更好地服务于研究的目的，并兼顾实验的可行性。

7.5.3.2 本研究的续期视角与对自我决定理论的有益延伸

随着自我决定理论的不断发展和完善，现阶段对于环境因素与内在动机关系的研究，多数局限于活动本身，或是活动所处的静态环境本身（Abuhamdeh et al.，2015；Baranes et al.，2014；Hofferber et al.，2016），很少关注长期或续期影响，很少关注跨活动影响，很少关注环境的阶段性变化。本研究从时间进程出发，研究竞争对个体内在动机的续期影响，也就是个体在前一项活动中或是阶段中的经历（不同竞争结果），可以成为预测下一阶段个体内在动机水平的重要指标。

在本研究中，我们根据自我决定理论的最新发展，关注了胜任挫败

(competence frustration) 这个因素。事实上，这个因素的作用结果会受到研究视角非常大的影响，因为如果局限在某一项活动中，当个体在该项活动中感受到强烈不胜任感或是失败感，如果马上去测量被试的内在动机，其内在动机一定显著下降（Bartholomew et al.，2014；Earl et al.，2017），与我们研究三的当期视角下的结论一致。但是如果跳出这个活动本身，将研究的视野扩大，去探索胜任挫败的长期影响或是对接下来参与其他活动过程中个体内在动机的影响，那么就会如本研究的结论那样，发现胜任挫败对个体内在动机和心理状态的作用可能不是负面的，而是正面的。也就是说，竞争失败后的胜任挫败具有潜在的激发作用，验证了个体心理和行为上的自我恢复与调节机制的存在。在管理实践中，个体竞争失败后，给予其能够满足胜任感的任务，可以使个体获得自我调整的机会。

7.5.3.3 停表任务在竞争实验中的推广

实验室研究对于实验的设计有着严格的限制，所以很难对真实生活场景进行还原和模拟（Meng et al.，2016）。现有对竞争的研究不少，但是真正能够在实验室环境下较为真实地模拟出竞争情境的并不多。本研究在应用国外学者开发的单人停表任务的基础上（获胜组和落败组的第一、第三阶段，以及控制组全部三个阶段）（Murayama et al.，2010），创新地使用了双人联机竞争停表任务（获胜组和落败组的第二阶段），这一设计更加真实地模拟了竞争的环境，被试知道自己的竞争对象是谁，并且全程都在与对手进行持续不断的交锋、互动，并能够及时获得双方的结果反馈。这样的实验任务范式的设计，更容易触发被试内在的真实的感受，也更容易使被试产生融入感。值得指出的是，研究四所使用的双人联机停表任务还在研究三的任务基础上做了改良，我们使得秒表在 2 秒后走字消失，这是为了增加结果的不确定性，从而更好地研究反馈相关负波。如果按键时可以看到走字，对于反馈结果的认知加工会削弱。

但是需要说明的，对于竞争情境的模拟，还要兼顾实验的成本和可行性。在研究一的行为实验中，我们采用的就是较低成本的竞争情境模拟方式，通过多人一组营造人际竞争氛围，并通过最终胜出的比例变化来对竞争的挑战性实现有效的操控，适合于大批量的被试和多因素的实验。而本研究中联机停表任务，一方面对伪被试有较高的要求，另一方面对设备联机情况要做好监控，耗费的物力、人力、时间成本较高。综合而言，一个好的竞争实验设计，关键是要结合研究的目的，兼顾考虑生态效度、成本、变量数、可行性等多方面的因素，来选择合适的实验方案和任务组合。

7.5.3.4 本研究设置三个阶段实验的原因

在本研究中，主要关注的是竞争对内在动机的续期影响，因此一个阶段应该用于操控竞争结果这个变量，随后的另一阶段应该是变量对内在动机产生影响的阶段，看起来实验设计已经完成了。但是，由于是被试间的实验设计，被试组本身的内在动机可能存在差异。因此，在操控变量的阶段之前，应该单独设置一个阶段，测度三组被试在实验操纵之前的内在动机水平，以此作为基线，控制不同被试组内在动机水平可能存在的天然差异。所以本研究的实验设计最终包含了三个阶段，使研究更加严谨。

7.5.3.5 本研究对管理实践的借鉴意义

在管理实践中，竞争的设置应该关注个体心理状态可能产生的微妙变化。很多企业都会对销售人员的业绩进行排名，在销售管理中引入竞争的机制，有竞争一定就有输赢，落败的个体往往会感受到胜任挫败。也有不少企业为了应对激烈的市场竞争，在工作任务安排上施加很大的压力，而忽视对个体心理需求平衡的关注。

在这些情况下，很容易造成员工心理需要的挫败，此时他们会主动寻求调整个体的需求水平的办法。值得指出的是，基本需求被剥夺的个体只会在接下来能够感受到需求满足的活动中获得心理平衡，如果接下来的活动仍旧很难胜任，那么个体会表现出明显的排斥（Radel et al.，2013）。在教学环境中，研究发现自主需求被剥夺的学生，在接下来的能够满足自主需求的活动中，表现出了更加强烈的内在动机（Radel et al.，2014）。本研究也证实，在竞争环境中个体胜任挫败后，在接下来的能够满足个体胜任需要的活动中表现出更强的内在动机。这本质是一个内在动机的自我调整过程，对个体的心理健康至关重要。因此，在日常企业管理过程中，应避免长时间高强度、高竞争挑战的任务安排，应该使得难易任务尽量交叉，竞争领域尽量多元，使得个体的内在动机能够保持在较高的水平。

如果日常工作的安排不够合理，导致员工的心理需要调整得不到满足，很有可能使得员工在其他方面或是领域寻求调整的机会。换句话说，他们会倾向于寻求可以满足其胜任需要的活动。以往基于自我决定理论的研究就发现，电子游戏或是网络游戏可以很好地满足个体的基本需求（胜任需要、自主需要和归属需要）（Mills et al.，2018；Peng et al.，2012；Tamborini et al.，2010）。此外，电子游戏还具有低经济成本和易获取的特点，再加上游戏设计的不断丰富化和社群化，极易造成人们在社会竞争失败后，选择逃避现实，在虚拟空间中沉迷来获得心理需要的满足。尤其是对于很多年轻人，自我管理能力和控制能力不强，社会竞争失败的胜任挫败与游戏网络带来的胜任满足形成了鲜明对比，不断地强化和恶性循环，很可能造成游戏成瘾或是网络成瘾。因此，对于管理者而言，一味地给予员工压力，或是“胡萝卜加大棒”，并不能够起到积极的作用，反而造成员工长时间心理需要得不到满足，最终离职或是出现心理问题。正确的方法应该是挖掘员工的潜能和优点，设置合理的岗位职责和工作安排，帮助员工与企业共同成长，帮助他们在工作中得到成就感和胜任感，进而获得内在驱动力。

7.5.3.6 本研究的局限与后续研究展望

在本研究中，竞争性质的双人联机停表任务比单人单机停表任务的难度要高，因为不仅仅有落入成功区间的挑战，而且还有来自对手的挑战。因此在落败组中，个体在第二阶段胜任挫败后，可以在第三阶段的单人停表任务中得到胜任的满足，表现出更强的内在动机水平。但是本研究没有探讨，如果第三阶段的任务比第二阶段的任务要困难，那么被试的内在动机水平会如何，是否会表现出断崖式的下降呢？以往的研究表明，自主需求被剥夺的个体只会在接下来能够感受到胜任的活动中获得心理需要的平衡，如果接下来的活动仍旧很困难，那么个体会表现出明显的排斥（Radel et al.，2013）。因此，未来的研究可以进一步探讨，如果胜任挫败后，再施加更加困难的任务，那么个体内在动机水平会如何变化。

7.6 本章小结

本研究基于自我决定理论，探讨了竞争对个体内在动机的续期影响，在竞争结束之后，与个体胜任需要满足息息相关的竞争要素是竞争的结果，因此，本研究通过设置获胜组、落败组和控制组对竞争结果进行了操控，并主要探讨了竞争结果对内在动机的作用机制。为了实现对不同阶段个体内在动机水平的实时监测和客观表征，我们使用了事件相关电位技术，在实验的全过程中采集了被试脑电数据，并选择了反馈结果加工阶段的 FRN、d-FRN 和 P300 对个体的认知过程进行表征。

本研究发现，按键停表失败比按键停表成功会触发更大波幅的 FRN，与以往的研究结果一致，说明停表失败的结果与个体主观意愿的偏离程度更大。d-FRN 作为 FRN 的差异波，可以很好地反映个体内在动机的水平。本研究发现，在落败组中，阶段三比阶段一诱发了更显著的 d-FRN 波幅，说明被试在胜任挫败之后，更加在意自己的任务表现，对第三阶段的结果拥有更高程度的主观价值评估，表现出了更加强烈的内在动机。而对于没有经历胜任挫败的获胜组和控制组而言，并未在第三阶段表现出比第一阶段更加强烈的内在动机。与此同时我们还发现，停表成功比停表失败诱发更大的 P300 波幅，阶段一比阶段三诱发更大的 P300 波幅，表明了被试的注意力投入和认知资源分配情况的差异。

本研究的最重要的贡献主要有三个：第一，从时间进程视角出发，研究了竞争对内在动机的续期影响，借助胜任挫败作用机制随时间变化的特点，对自我决定理论进行了延伸。同时也从侧面反映了胜任挫败潜在的正性作用，表明个体自我调节机制的存在。第二，进一步改良了双人联机停表任务，其具有互动性强、反馈及时、模拟真实性高的特点，易于被试融于竞争情境，可以广泛用于竞争相关主题的研究。第三，运用认知神经科学方法，解决了多阶段实验中难以测量内在动机的难题，并通过反馈结果加工阶段的脑电成分对个体的内在动机进行了表征。

8 研究结论与研究展望

8.1 研究结论

本书基于自我决定理论，从个体普遍存在的胜任心理需要出发，以时间进程的视角切入，聚焦于竞争对个体内在动机的当期影响（竞争时）和续期影响（竞争后）。在当期视角下，着重研究了与胜任需要满足密切相关的竞争不确定性与不一致性、竞争挑战程度对个体内在动机的即时影响。在续期视角下，着重研究了与胜任需要满足密切相关的竞争结果对个体内在动机的长远影响。在实验的研究方法选取上，为了服务研究目标的达成，综合采用了认知神经科学方法和行为学实验方法。同时开发了双人联机停表任务等适用于竞争情境模拟的任务范式。

具体而言，在研究一中，通过四人一组的行为实验，模拟了高竞争挑战、低竞争挑战、无竞争挑战的情境，采用自我报告法和自由选择法对内在动机进行测度，初探了竞争对个体内在动机可能产生的影响并重点分析了竞争挑战水平这一竞争要素，同时关注了任务难易程度对竞争挑战与个体内在动机之间关系的调节作用。研究一为后续研究假设的提出提供了支撑，为后续研究中内在动机测量方法的选用提供了参考，为后续研究中实验任务难度的控制提供了标准。

在研究二和研究三中，主要探讨了竞争对个体内在动机的当期影响。研究二借助于双方答题的竞争环境，重点关注了不确定性和不一致性这两个竞争要素对个体内在动机的影响，并探索使用 SPN、RewP 差异波、P300 成分对多个重要认知加工阶段进行表征。研究三通过对“完败”和“惜败”、“险胜”和“完胜”这四种竞争过程的模拟，建立了竞争挑战程度与个体胜任力之间的联系。借助于双人联机竞争停表任务实时互动、及时反馈的特点，较为真实地触发了竞争过程中被试的心理状态。并运用事件相关电位技术监测不同竞争挑战水平下的实时脑电情况，通过 SPN 对个体内在动机进行表征，探索了竞争对内在动机的即时作用机制。

在研究四中，主要探讨了竞争对个体内在动机的续期影响。在竞争结束之后，与个体胜任需要满足息息相关的竞争要素是竞争的结果，因此，通过设置获胜组、落败组和控制组对竞争结果进行了操控。并运用事件相关电位技术监测不同任务阶段的实时脑电情况，通过 FRN 和其差异波 d-FRN 对个体内在动机水平进行测度，通过 P300 成分对个体注意加工过程进行了表征。以往的研究很少关注于竞争的续期影响，该研究有助于厘清竞争对后续活动中个体内在动机水平的长远作用机制。

本书通过理论假设和数据论证，获得了丰富的研究结论。我们对本书的主要研究结论总结如下。

（1）在竞争的过程中，与个体能力相匹配的适度竞争挑战水平最有利于激发个体的内在动机，竞争挑战程度过高或过低都会削弱个体内在动机，竞争的挑战程度与个体的内在动机之间存在倒 U 形曲线关系。该结论反映在竞争过程中不同竞争挑战情况下的 SPN 振幅差异上。

在本书的研究一中，相比于无竞争挑战和高竞争挑战的情况，低竞争挑战最有利于激发个体的内在动机。研究三中，通过设置完胜过程（挑战程度远低于个体能力）、险胜过程（挑战程度略低于个体能力，两者较为匹配）、惜败过程（挑战程度略高于个体能力，两者较为匹配）、完败过程（挑战程度远高于个体能力）四种情况，将个体的胜任力与竞争挑战建立了关联。同时，在整个过程中记录了被试的脑电，并通过结果期待阶段的 SPN 波幅对个体内在动机水平进行了表征。结果表明，在竞争过程中，与个体能力相匹配的竞争挑战水平最有利于个体内在动机的激发，过高的竞争挑战或是过低的竞争挑战都会显著降低个体的内在动机。

在自我决定理论中，胜任需要是个体的一种最基本的心理需要，指个人能够恰如其分地完成某项工作，并体验到自己是有能力做好相应的任务，这种需要的满足可以使人获得满足感和成就感（Deci & Ryan，1985a）。当环境特征能够使个体感受到胜任感，个体的内在动机就会加强（Deci et al.，1981；Ryan & Deci，2000）。因此，个体胜任力与竞争所带来的挑战的匹配度非常关键。如果竞争挑战程度过高，超过了能力的范畴，个体就会丧失胜任感，内在动机就会显著降低；而如果竞争挑战程度太低，能力远远超出了任务要求，那么个体就会进入一种无聊的状态，个体潜能无法被激发，内在动机也会显著降低。只有当挑战与能力达到了均衡的水平，才能最大限度激发个体的内在动机。

（2）在竞争的过程中，不确定性和不一致性都会增强人们对即将到来刺激的主观期待，同时不一致性还会增强人们对结果反馈的内在动机和注意力投入。该结论主要反映在预期阶段的 SPN 和结果反馈阶段的 RewP 差异波振幅差异上。

本书的研究二采用知识测验的任务，同性被试配对参与实验。研究结果表明，当被试预测对手对高不确定性题目（相对于低不确定性题目）的反应时，以及当他们发现对手给出的回答与自己的不一致并预期正确答案时，从脑电数据均可观察到一个更明显的 SPN。此外，不一致的反应诱发了在反馈阶段更明显的 RewP 差异波和更大振幅的 P300。从自我决定理论的视角出发，当不确定性很强时，个体可能会寻求一切可以增强胜任感的方式，特别是关注于对手的作答，来暂时消除不确定性和满足个体的胜任需要，从而表现出更强的内在动机。当双方的作答不一致时，可能进一步导致不确定性的增强，胜任需要被进一步激发，从而使得个体对最终正确答案的揭晓抱有更强烈的期待和内在动机。

（3）在竞争结束之后，竞争结果会影响个体在下一阶段活动中的内在动机水平。失败的结果所带来的胜任挫败，会使得个体在后续能够获得胜任需要满足的任务中表现出更加强烈的内在动机。胜利的结果不会产生类似的影响。这一结论主要反映在不同被试组的阶段间 d-FRN 的振幅差异上。

在竞争结束之后，与个体胜任需要满足息息相关的竞争要素是竞争的结果，因此，研究四通过设置获胜组、落败组和控制组对竞争结果进行了操控，观测不同被试组竞争过后，竞争结果对个体内在动机的长远影响。实验过程中运用事件相关电位技术对不同被试组各个阶段的脑电情况做了记录，并主要通过 d-FRN 成分对个体内在动机水平进行了表征。研究结果表明，失败的结果所带来的胜任挫败，会使得个体在后续能够获得胜任需要满足的任务中表现出更加强烈的内在动机。胜利的结果不会产生类似的影响。

在挑战程度过高、负性反馈频繁、社会比较中的落败等情境中，个体往往容易感受到胜任挫败，表现为一种不胜任感或是失败感（Bartholomew et al.，2011；Ryan & Deci，2017）。个体往往不会完全被动地接纳挫败，而是会激发出一种自我恢复的过程。而获得胜任满足最好的策略之一，就是参加到一个挑战程度较低的活动中去（Fang et al.，2017）。本书的研究结论表明，如果一个被试在竞争环境中处于胜任挫败的状态中，而随后的另外一项常规活动可以给予胜任感的满足，那么其在随后活动中的内在动机水平会显著提升。而如果被试在竞争环境中能够胜任各种挑战，那么在随后活动中的内在动机不会发生明显的变化。因此，个体在前一项活动中或是阶段中所经历的不同竞争结果，可以成为预测下一阶段个体内在动机水平的重要指标。

（4）竞争挑战程度对个体内在动机的影响，会受到任务难度的调节。如果任务难易适度，竞争挑战程度对个体内在动机会产生显著的影响。如果任务难度很高，竞争挑战程度对个体内在动机的影响不显著。

竞争挑战是人际间竞争所带来的对个体能力的威胁，任务难度是任务本身的属性所带来的对个体能力的威胁，两者都会对个体的感知胜任水平产生重要的影响。本书研究结果表明，当任务难度为常规模式时，竞争挑战程度对个体的内在动机有显著的影响，低竞争挑战的内在动机水平最高，无竞争挑战模式下次之，高竞争挑战下最低。而当任务难度为困难模式时，竞争挑战程度对个体的内在动机的影响不显著。本书研究结果表明，任务难度对个体感知胜任水平的影响非常明显，如果任务难度过高，远远超过了个体的能力承受范围，被试就会在不断的负反馈中感受到明显的不胜任，此时内在动机水平已经处于非常低的水平。在这样的高难度任务背景下施加竞争挑战，对个体内在动机的影响空间不大。此外，由于注意资源和认知资源的有限性，被试已经无法有效应对任务难度带来的高挑战，更无暇和无心关注于来自竞争的挑战。

（5）内在动机测量方法的选用要从研究问题的性质、研究目标、研究可行性等多方面考量，综合使用各种方法对个体的内在动机实现科学表征。

在本研究中，我们综合使用了自我报告法、自由选择法和事件相关电位法三种内在动机的测量方法，并得出了一些使用的心得，可以为未来内在动机的研究提供借鉴。下面我们对各种方法的使用原则、适用范围和一些注意事项进行讨论。

自我报告法是使用频率较高的内在动机测量方法，一方面其成本比较低，另一方面其可以作为实验研究的辅助，使得测量更加科学有效。测量量表中比较权威的是美国著名心理学家阿马比尔等（Amabile，1985；Amabile et al.，1994）开发的工作偏好量表（work preference inventory，WPI），其中包含对内在动机和外在动机的测量量表。另外一个主流的量表是由自我决定理论的提出者瑞安（Ryan，1982）开发的内在动机量表（intrinsic motivation inventory，IMI），应用范围不局限于工作领域。此外还有一个较为简化的量表，被称为情境动机量表（situational motivation scale，SIMS），包含四个题项，关注于活动的有趣性、带给人的快乐以及活动过程中的良好感受（Guay et al.，2000）。该方法的局限性在于，个体都是通过自我报告的方式对内在动机水平进行描述，主观程度高，容易受到各种因素的干扰，结果偏离真实值的可能性较高。而且测量往往发生在任务之后，难以在任务过程中监测内在动机的动态变化。

第二种方法是自由选择法（free-choice measure），被广泛应用于实验室研究中。自由选择法的测量方法是：当外在激励撤销时，计算个体仍然愿意从事某项活动的持续时间。更确切地说，主试一般会假装宣布实验结束，然后借故离开被试一段时间，让被试独处在某一空间，如果被试还是继续开展实验任务，说明其存在内在动机，而且持续的时间越强，说明其内在动机的强度越高（Deci，1971）。这种操作方法与内在动机的定义是一致的，也就是在当没有外在激励存在的时候，人们被内在驱动从事某件事情（Deci & Ryan，1985a）。但该方法也存在一定的局限性，那就是这种测量往往是在任务结束之后，而个体在任务过程中的内在动机变化难以衡量。

在本研究中，我们还发现，使用自由选择法的难度是非常高的。20 世纪

70~90 年代自由选择法出现的时候，拼图游戏（实验任务）和看杂志、看报纸等（可以自由选择的其他活动）唤起兴趣程度的差异相对较小，自由选择法还有适用的空间。当下，手机和其他电子产品极其普及，一部手机解决很多需求，丰富的软件提供了无穷的乐趣和打发时间的方式，个体的兴趣阈限已被拉高。停表任务（实验任务）和玩手机等（可以自由选择的其他活动）所能唤起的兴趣程度已经没有可比性，大部分被试会在自由选择时间玩手机。所以，在当前数字信息极其发达的年代，运用传统的自我选择法来科学表征内在动机是较为困难的，很难在事后将参与实验任务的内在动机水平真实反映出来。国内成功运用自我选择法的研究，不少事针对儿童群体，因为他们较少受到手机等电子产品的影响，对很多简单的实验任务还葆有一定的兴趣。但是随着电子产品的低龄化，自由选择法的适用面可能进一步变窄。与此同时，对于自由选择法测量的有效性，也有学者提出了质疑，认为简单地以自由选择阶段被试在目标任务上所花费的时间长短作为内在动机的衡量指标并不客观，人的坚持有可能原因是多方面的（Baumeister & Tice，1985）。

以上两种方法都具有各自的优点，也存在特定的局限性。同时，内在动机的实时测量和量化一直是一个难点（Camerer，2010），随着认知神经科学的发展和测量仪器的进步，通过认知神经指标来客观地衡量个体在开展任务或者活动过程中的内在动机水平成为可能，并且相关的指标也比较成熟，这为个体内在动机水平的量化测量提供了新的视角。事件相关电位法的优点是时间分辨率高、可以实时测量无行为反应的认知加工、无创伤和无侵入性、所需设备较为简单等（魏景汉、罗跃嘉，2010；赵仑，2010），本书的研究二、研究三和研究四充分利用了这些优点，运用脑电指标来表征内在动机的水平。此外，在前人的研究中，学者们定义了一系列事件相关电位成分用以反应不同的认知加工过程的内在动机水平，具体可以参考孟亮整理的动机认知加工模型（内在动机脑电指标选用的适用条件和注意事项）（孟亮，2016）。

第四种方法是功能性磁共振成像法，是一种新兴的神经影像学方式，其原理是利用磁振造影来测量神经元活动所引发之血液动力的改变，随着其技术的应用面不断拓宽，出现了不少应用该技术研究动机问题的文章。例如，最早一篇运用认知神经科学手段研究内在动机的论文于 2010 年发表在《美国科学院院报》（PNAS），文章聚焦于外在物质奖励对内在动机的挤出效应

(Murayama et al.，2010)。著名的行为经济学家、加州理工学院的科林·凯莫勒（Colin Camerer）发文对该研究高度赞誉，他认为，以往由于条件和方法的限制，导致动机强度无法量化，而村山（Murayama）的研究提供了一个全新的视角，同时内在动机是经济管理领域的重要选题，对实践指导意义重大，该研究为后续研究的技术手段选取提供了有益借鉴（Camerer，2010)。随后，一批学者应用核磁共振成像技术，开展了个体内在动机问题相关的研究（Albrecht et al.，2014；DePasque & Tricomi，2015；Marsden et al.，2015)，但是核磁共振技术的缺点是成本高、设备采购和维护极贵，因此在国内的使用还相对较少。

不同内在动机测量方法的比较如表 8.1 所示。

表 8.1　　不同内在动机测量方法的比较

方法	使用说明	优点	缺点
自我报告法(self-report measure)	通过成熟的内在动机量表对内在动机进行测度	成本低、实验设计包含的变量数多、简单易行	事后测量，主观成分较大，较容易受外界干扰
自由选择法(free-choice measure)	当外在激励撤销时，计算个体仍然愿意从事某项活动的持续时间。持续的时间越强，与自我报告的愉悦度的相关性越高，内在动机水平越高	主试的意图不易被察觉	①需要同时使用自我报告法，即持续时间与自我报告的愉悦度之间必须具有高相关性 ②自由选择过程中，容易受到电子产品等的干扰 ③适用于被试间、单阶段实验设计，限制较多，被试需要量较大
事件相关电位法（事件相关电位）	测量被试完成任务过程中的脑电，并通过脑电成分对内在动机进行表征	时间分辨率高，可以对任务过程中的内在动机进行实时测量	成本相对行为学研究较高
功能性磁共振成像法(fMRI)	测量被试完成任务过程中血红蛋白氧合的磁场变化，通过脑区激活来表征内在动机	可以探索脑区与内在动机变化的关系，空间分辨率高	设备极贵，实验成本高，高磁场环境，实验空间幽闭

资料来源：本书作者整理。

8.2 理论贡献

本研究通过认知神经科学方法和行为学方法相结合，探讨了竞争对个体内在动机的当期影响和续期影响，并提供了来自认知神经科学的证据。本书是在以往研究基础上开展的，主要做出了以下几点贡献：

（1）建立起竞争与个体内在动机激发之间的关系，丰富了管理学中激励问题的研究维度。

对于内在动机的激发，以往研究更多地关注于外在物质奖励对内在动机的作用机制，因为这是企业较为广泛采用的激励方式。研究者发现过度的物质奖励对内在动机存在“挤出效应”，试图寻找外在物质供给与个体内在动机保持的最佳状态水平（Deci，1971；Ma et al.，2014；Marsden et al.，2015；Murayama et al.，2010）。还有不少研究关注于口头表扬、心理矛盾化解、工作任务设计改良等管理方式，试图寻找到激发内在动机的“良药”（Albrecht et al.，2014；DePasque & Tricomi，2015；Frederick & Schuster，2003；暴占光、张向葵，2005；金佳，2014；孟亮，2016）。但以往的研究中，很少将竞争与个体激励联系起来，竞争激励理论更是方兴未艾，而企业广泛使用的竞争激励机制则缺乏扎实的理论基础。

竞争激励机制的设计前提，是厘清竞争对内在动机的作用机理。竞争的本质是一把“双刃剑”，对于竞争要素和尺度的把握尤为关键，一旦缺乏系统化的理论架构，就容易陷入迷途。如果盲目地将竞争引入组织，很可能是心猿意马、南辕北辙。本研究以自我决定理论作为基础，从个体的心理需要出发，以胜任心理需要的满足作为逻辑主线，立足不同的时间维度，研究了竞争对内在动机的当期和续期影响，丰富了管理学中激励问题的研究维度，从而为竞争过程激励机制和竞争结果激励机制设计提供了理论参考。

（2）从当期影响视角来看，本书论证了适度竞争挑战对于个体内在动机的激发作用。管理者通过设置与个体能力相匹配的竞争挑战程度以及胶着的竞争过程，最有利于激发个体的内在动机。

国外的研究较多使用“挑战”（challenge）一词来表示“对个体能力的威胁”，现有的文献中对于挑战程度的模拟，本质上是通过任务难度的操控来实现的（Bassi & Delle，2012；Brehm & Self，1989；Danner & Lonky，1981；Locke et al.，1981；McClelland，1987；Fong et al.，2015）。任务难度是由任务属性引起的，是基于个体能力的对任务本身的操控和驾驭。所以现有研究所得出的结论，本质上是任务挑战与个体内在动机之间关系的结论，即与个体能力相匹配的任务挑战最有利于个体内在动机的激发。

但是产生挑战的源泉不仅仅是任务属性本身，还有来自人际的挑战。而竞争所带来挑战的本质，是一种人际挑战。竞争挑战是表征人际间的竞争激烈程度，并在这种比较输赢、争夺胜负、抢占资源的对抗性较量中，对个体能力产生威胁，并对个体心理和生理产生压力。因此，竞争挑战是一种人际交互和社会比较过程中，由竞争的排他性和对抗性所带来的对个体能力的威胁。

所以竞争挑战本质是一种人际挑战，本研究所得出的结论，是对以往任务挑战与内在动机关系的有机补充，也就是人际挑战也会产生与任务挑战一致的影响机制。与个体能力相匹配的竞争挑战程度，最有利于激发个体的内在动机。

（3）从当期影响视角来看，本书论证了竞争的不确定性和不一致性对于个体内在动机的激发作用。管理者通过增加竞争环境中的不确定要素，可以调动员工的主观能动性。

虽然人们对不确定性通常是厌恶的（Luhmann et al.，2011），并伴随着压力和焦虑（Herwig et al.，2007a；Grupe & Nitschke，2013；Sarinopoulos et al.，2010；Williams et al.，2015）。但正是由于人们想要消除这种不确定感并增强自我胜任感，从而会主动去寻求更多的社会信息，也会尝试各种手段来解决问题，产生对未来的希望和想象，这恰恰是管理者希望产生的一种激励效果，这也是竞争赋能的过程。

但很显然，这种不确定和不一致应该更多体现在竞争任务本身带来的效果上，而不应该体现在竞争机制的不确定和不一致上，业绩结果与报酬的不确定、个体之间的人为制度差异和“业绩－回报”契约的不完备，可能会使得外在动机对内在动机产生明显的挤出效应，不利于员工内在动机的提升，也会使得员工的精力过于分散。

（4）从续期影响视角来看，本书对自我决定理论进行了有益的延伸。研究发现，竞争失败后的胜任挫败具有潜在的激发作用，验证了个体心理和行为上的自我恢复与调节机制。在个体竞争失败后，给予其能够满足胜任感的任务，可以使个体获得自我调整的机会。

随着自我决定理论的不断发展和完善，现阶段对于环境因素与内在动机关系的研究，多数局限于现阶段的活动本身，或是活动所处的静态环境本身（Abuhamdeh et al.，2015；Baranes et al.，2014；Hofferber et al.，2016），很少关注长期或续期影响，很少关注跨活动影响，很少关注环境的阶段性变化。本研究结论拓展了研究的视野，也就是个体在前一项活动中或是阶段中的竞争挑战程度，可以成为预测下一阶段活动中个体内在动机水平的重要指标，并且在竞争中落败也可能对个体的内在动机水平产生积极的影响。

自我决定理论指出“胜任感不足，会显著降低个体内在动机的水平”，这个结论虽然经典，但是应该有其前提。如果局限在某一项活动中，当个体在该项活动中感受到强烈不胜任感或是失败感，如果马上去测量被试的内在动机，其内在动机一定显著下降，与经典理论一致。但是如果跳出这个活动本身，将研究的视野扩大，去探索胜任挫败的长期影响或是对接下来参与其他活动过程中个体内在动机的影响，那么就会如本书的结论那样，发现胜任挫败对个体内在动机和心理状态的作用可能不是负面的，胜任挫败具有潜在的积极作用。

这种潜在积极影响的证实，并不是为了引导人们去有意营造胜任挫败（人们在胜任挫败发生的当前任务中的内在动机其实是降低的），而是引导管理者在个体胜任挫败发生之后采取科学的应对方法，即给予个体能够满足胜任感的任务，以使其获得自我调节的机会。

（5）借助认知神经科学方法测度个体的内在动机，是对行为学测量方法的有机补充。本书借助事件相关电位技术，解决了以往无法实时测量竞争过程中内在动机的难题，为两项动机经典理论（自我决定理论和沉浸理论）提供了电生理证据。

自我决定理论指出，结果本身的内容和追求结果的过程是需要区别看待的（Deci & Ryan，2000）。在本研究中，首次通过事件相关电位技术，对竞争过程中个体的内在动机变化进行了监测，并通过脑电成分 SPN 对不同竞争挑战过程中的个体的内在动机进行了表征。此外，主流的动机理论之一——沉浸理论预测认为，最佳挑战水平对内在动机的激发最为有利，在任务挑战性与内在动机之间存在倒 U 形曲线关系，挑战程度的增加一开始会使得个体的内在动机不断加强，当过了曲线的顶点之后，挑战程度的进一步增加会使内在动机逐渐减弱（Csikszentmihalyi，1975；Deci & Ryan，1980）。但直接的证据证明沉浸理论的假设或是倒 U 形曲线关系的却很少。在研究三子实验一中，我们对曲线的左半边开展了研究（完胜过程与险胜过程），表明了最佳竞争挑战的重要性，并从电生理的角度对曲线的左边给出了证据支撑。在研究三子实验二中，我们进一步对曲线的右半边进行了研究，证实了右段曲线的科学性（完败过程与惜败过程）。值得指出的是，实验一中的险胜过程与实验二中的惜败过程对竞争挑战程度的模拟是高度相似的，在这两种情况中，被试与伪被试的比分都是交替上升，唯一的不同之处是最终获胜者的归属。由于我们选用的电生理方法主要表征的是实验过程中内在动机变化，即在每局结果出现之前的数据，所以，最终结局并不影响个体在这两种情况实验过程中的内在动机水平。因此，我们可以认为，在这两种情况下被试都处于最佳挑战水平，内在动机都得到了较大的激发。因此，通过本研究的两个实验，首次通过电生理数据对挑战水平与内在动机之间的倒 U 形曲线关系进行了论证。

8.3 对管理实践的建议

人类社会正在从以生物冲动型驱动力为代表的 1.0 阶段和以奖惩等外在驱动力为代表的 2.0 时代，过渡到以内在动机驱动力为代表的 3.0 时代（Pink，2009）。“十三五”期间工商管理学科优先发展领域中也指出，中国社会现在存在大批娴熟而倦怠的工作者，技术高超而内心冷漠的工作者，生活殷实而内心贫穷的工作者，解决这个问题必须从外在动机驱动逐渐转变为内在动机驱动。而对于不少企业管理者而言，现阶段仍然更多地采用物质奖励这种单维方式来激励员工，但是随着中国经济的转型升级和全面创新时代的到来，外在的激励对员工的主观能动性以及工作满意度的影响式微，单纯的物质奖励还远远不够。心理学家森尼尔和布罗菲（Senior & Brophy，1973）的研究发现，外在奖励和竞争都可以对个体产生行为的驱动力。越来越多的企业主也意识到，要将物质激励、精神激励和竞争激励综合运用，不仅可以为企业节约成本，也可以更好地促进企业和员工的发展。

(1) 竞争过程激励机制的设置，应该以满足个体胜任需要为出发点，关注于个体能力与竞争挑战程度的匹配，从而更大程度调动个体的内在动机。

在竞争机制引入的过程中，竞争规则的设定和竞争环境的控制尤为关键，其中，一个不容忽视的考虑指标，就是竞争所带来的挑战程度。挑战程度如果过低，那么竞争机制是难以发挥作用的，员工容易感觉到枯燥和乏味，不屑于去竞争，让制度本身流于形式，反而增加了不必要的管理成本。而如果挑战程度过高，那么员工的容易感到沮丧和挫败感，丧失自信和胜任感，对超出自身能力范围的任务感到无所适从，也不利于绩效的提升。在这种情况下，由于竞争挑战性超出了个体的能力范围，很可能会导致部分员工采取不正当竞争的手段来攫取利益，那么对于公司或是组织的伤害会很大。

本研究发现，与个体能力相匹配的竞争挑战程度最有利于激发个体的内在动机。因此，在竞争机制的引入过程中，人岗匹配，人尽其才，才尽其用，使大部分的员工能力与所面对的竞争挑战之间达到了良好的平衡，是增加个体内在动机水平的重要手段。现在不少互联网公司的买手（为网站选品的人员）团队，已经开始有意识和有组织地引入竞争过程激励机制，例如，将原有的产品部分为产品一部和产品二部，在公司业绩的电子显示屏上，每天显示两个竞争团队选品的网络购买情况，包括货品的种类、销售数量、销售额、大额订单等，管理者最希望看到的是犬牙交错般的交替上升、你追我赶的状态，往往能够保持员工的最大热情和内在动机的提升。

(2) 竞争结果激励机制的设置中，应该将更多的管理精力投向竞争的落败者，给予其能够满足胜任感的任务，帮助个体获得自我调整的机会，实现员工与企业的共同成长。

很多企业都会对销售人员的业绩进行排名，在销售管理中引入竞争的机制，有竞争一定就有输赢，落败的个体往往会感受到胜任挫败。也有不少企业为了应对激烈的市场竞争，在工作任务安排上施加很大的压力，而忽视对个体心理需求平衡的关注。在这些情况下，很容易造成员工心理需要的挫败，此时他们会主动寻求调整个体的需求水平的办法。

值得指出的是，基本需求被剥夺的个体只会在接下来能够感受到需求满足的活动中获得心理平衡，如果接下来的活动仍旧很难胜任，那么个体会表现出明显的排斥（Radel et al.，2013）。在教学环境中，研究发现自主需求被剥夺的学生，在接下来的能够满足自主需求的活动中，表现出了更加强烈的内在动机（Radel et al.，2014）。本书也证实，在竞争环境中个体胜任挫败后，在接下来的能够满足个体胜任需要的活动中表现出更强的内在动机。这本质是一个内在动机的自我调整过程，对个体的心理健康至关重要。因此，在日常企业管理过程中，应避免长时间高强度、高竞争挑战的任务安排，应该使得难易任务尽量交叉，竞争领域尽量多元，使得个体的内在动机能够保持在较高的水平。

如果日常工作的安排不够合理，导致员工的心理需要调整得不到满足，很有可能使得员工在其他方面或是领域寻求调整的机会。换句话说，他们会倾向于寻求可以满足其胜任需要的活动。以往基于自我决定理论的研究就发现，电子游戏或是网络游戏可以很好地满足个体的基本需求（胜任需要、自主需要和归属需要）（Mills et al.，2018；Peng et al.，2012；Tamborini et al.，2010）。此外，电子游戏还具有低经济成本和易获取的特点，再加上游戏设计的不断丰富化和社群化，极易造成人们在社会竞争失败后，选择逃避现实，在虚拟空间中沉迷来获得心理需要的满足。尤其是对于很多年轻人，自我管理能力和控制能力不强，社会竞争失败的胜任挫败与游戏网络带来的胜任满足形成了鲜明对比，不断地强化和恶性循环，很可能造成游戏成瘾或是网络成瘾。

因此，对于管理者而言，一味地给予员工压力，或是“胡萝卜加大棒”，并不能够起到积极的作用，反而造成员工长时间心理需要得不到满足，最终离职或是出现心理问题。正确的方法应该是挖掘员工的潜能和优点，设置合理的岗位职责和工作安排，帮助员工与企业共同成长，帮助他们在工作中得到成就感和胜任感，进而获得内在驱动力。

（3）处理任务属性与竞争挑战之间关系的两点建议。

任何竞争机制的设置，都需要以任务作为载体。对于处理任务属性与竞争挑战之间的关系，本书给出两点建议：

第一，不要忽视任务难度对个体内在动机的影响。任务难度是影响个体感知胜任水平的重要因素。本书发现，如果任务本身难度过高，竞争挑战程度对个体内在动机的影响不显著。因为当个体从事难度很高的任务时，个体的胜任感不足，内在动机已经显著降低，此时再通过竞争机制的设置以期提高员工的工作积极性是徒劳的。因此，管理者应该思考如何帮助员工解决他们无法处理的问题，给予更多的指导和建议，并及时提供更多的正面鼓励和反馈等，从减少任务难度的角度入手，可以有效提升个体的内在动机水平。

第二，竞争挑战有时可以改变任务的性质，将“苦工”变“游戏”。《汤姆索亚历险记》中曾经有这样一个片段，汤姆接到一个无聊的任务，姨妈要求他用白色油漆刷栅栏，汤姆很不情愿，此时心生一计，那就是在小伙伴面前将刷油漆营造成一种要竞争才能获得的特权，结果很多人都来竞相刷油漆。事实上，企业无聊的工作或是高重复性的任务，很多都如同刷油漆一样，一旦引入了竞争机制，可能原本的“苦工”会成为吸引人的“游戏”。不少互联网企业为了增加“90 后”员工的工作热情，开始引入类似于游戏的竞争积分制，例如，设置“钻石、白金、黄金、白银”等类似游戏通关的等级，又如，设置武侠小说中的头衔，使得枯燥乏味的任务变得有趣生动起来。

8.4 研究的局限性

8.4.1 研究样本的选取存在一定的局限性

与以往大多数研究类似，本书选取在校大学生群体作为实验的被试，原因已经在第 1.2.2.1 节中做了详尽的阐述，主要出于对被试的个体因素的控制、被试的配合度和实验效率、以往研究的传统、实验成本管控和数据获取便利性等方面进行的考量。尽管选择大学生作为被试是各种约束条件下的一个理性选择，但是以社会人士作为研究对象是具有广泛价值的，毕竟经过广泛社会洗礼的现实决策者和缺乏社会经验的学生个体在行为决策上可能存在差异。因此，现有很多研究倾向于选择 MBA 学生作为被试，更有利于研究结论的推广。此外，对于被试数量而言，招募 15 ~ 20 名被试是认知神经科学实验的国际惯例，但是如果经费允许，以后的研究可以考虑适当增加样本数，以获得更加稳定的研究结论。

8.4.2 脑电信号的数据挖掘可以更多元

脑电 EEG 信号包含了大脑皮层的神经活动信息，蕴含着丰富的思维、情感、精神和心理状态内容。本研究主要是从时间尺度上对信号进行了处理和分析，提取了事件相关电位成分。实际上，脑电数据不仅包含时域信号，还包含频域信号，频域分析主要有频谱分析、功率谱分析、高阶谱等，在技术成熟并且时间允许的情况下，可以对数据做进一步挖掘。此外，脑电信号具有高时间分辨率的特点，可以反映大脑的动态时间过程，但是较难得到空间分辨率高的脑定位，未来可以结合功能性核磁公正（fMRI）技术开展研究，对脑电溯源的假设进行验证。

8.4.3 环境的模拟对结论适用范围可能产生影响

实验室实验由于可以对实验的过程和关注的因素进行较好的控制，因此有利于科研人员排除已知的干扰，具有较好的内部效度。但是实验室实验的缺点在于，研究人员为了营造特殊的实验环境和实验条件，可能使被试置于“非自然”的状态。并且，受限于实验室的规模和经费，测试样本难以非常完备，可能外部效度比较低。在本书中，尽管我们通过联机竞争停表任务以及设计合理的实验指导语，尽可能地使被试融入竞争环境之中，但是各种条件控制会使实验环境与社会环境存在一定的差异。随着技术的不断进步，虚拟现实（virtual reality，VR）和增强现实（augmented reality，AR）正逐步在神经管理学领域相关实验的环境模拟中得到应用，国内一些认知科学实验室也采购了相关的设备，为未来研究创造了更加可控、更加逼真的实验环境。每一位研究人员都希望研究的内部效度和外部效度都很高，但是多数情况下难以通过单个实验做到两全，因此未来的研究可以在自然环境下，通过现场实验的方法对假设进行进一步开展检验。

8.5 对未来研究的展望

本书基于自我决定理论，从个体普遍存在的胜任心理需要出发，以时间进程的视角切入，聚焦于竞争对个体内在动机的当期影响（竞争时）和续期影响（竞争后）。后续的研究可以从以下三个方面入手：

（1）从需求种类的视角出发，研究竞争环境中不同需求的满足对个体内在动机的影响。自我决定理论中的基本心理需要理论认为，人类具有三种最基本的心理需要：胜任需要、自主需要和归属需要（Deci & Ryan，2000）。本书和以往的研究主要聚焦于竞争情境中可能影响胜任需要和自主需要的情境要素对个体内在动机的影响，而很少有研究关注于归属需要的满足。显然，个体与社会、组织是相互连接的，而不是孤立的，与他人的联系或隶属于某一群体，以及周围个体的关爱、帮助、理解，都会形成个体的一种特有的归属体验。而竞争情境的引入，或是竞争程度的加深，都有可能改变个体与原有群体之间的互动关系，从而影响个体的归属需要，进而影响个体的内在动机水平。因此，从归属需要的视角出发，研究竞争情境要素对个体内在动机的影响可以作为一种研究的思路。

（2）从个体差异的视角出发，研究竞争环境对个体内在动机影响的调节因素。自我决定理论中的因果定向理论认为，个体之间存在着个性化的差异，存在不同程度的、综合的动机倾向，对于这种倾向的研究，有助于更好地理解人们行为产生的原因，德西（Deci，1982）将其命名为“因果定向”。因果定向存在着三个不同的水平，分别是自主定向、控制定向和非本人定向。此外，自我决定理论中的目标内容理论认为，个体不同需要层次的满足程度存在差异，有些人倾向于追求内在目标，而有些人倾向于追求外在目标。这些理论观点提醒人们，在未来的研究中，应该关注于个体在决策和认知过程中普遍存在的个体差异性，从而深入探讨竞争环境对个体内在动机影响的调节因素。

（3）从任务属性的视角出发，研究竞争环境对个体内在动机影响的调节因素。在竞争情境下，一般会以某一任务或某几项任务作为载体进行比拼和竞争，因此，竞争情境的研究往往无法脱离任务本身，而应该将任务属性纳入考量范围。正如本书研究一中将任务难易程度作为一个调节变量，未来的研究也应该对任务的特点进行关注。任务的划分除了困难型和容易型，也可以从其他维度进行划分。例如，有趣的任务和无聊任务，或者推算型任务和探索型任务（Pink，2009）；又如，从工作任务类型的视角划分：文职类、运动类、心理类、监控类、双重类（林崇德、杨治良、黄希庭，2003），这些都可能成为未来研究的切入点。

8.6 本章小结

本章首先回顾了本书的研究脉络，并从整体的角度概括了全书的关键性研究结论，并据此与前人的研究相比较，探讨了本书的理论贡献。基于理论联系实际的思考，又进一步提出了本书的实践意义。最后对研究存在的局限性进行了反思，并从三个不同视角出发，对未来相关主题的研究探索提出了可以借鉴的思路。

参考文献

[1] 暴占光，张向葵．自我决定认知动机理论研究概述［J］．东北师大学报，2005（6）：142－147.

[2] 岑延远，聂衍刚．论个体竞争性的心理学研究［J］．心理发展与教育，2005（3）：125－128.

[3] 陈福亮，杨剑，季浏．自我决定理论在中国学校体育课情境下的初步检验［J］．首都体育学院学报，2014（5）：465－470.

[4] 陈志霞，吴豪．内在动机及其前因变量［J］．心理科学进展，2008（1）：98－105.

[5] 金佳．基于脑电信号分析的激励理论中内在与外在动机的机理研究［D］．杭州：浙江大学，2014.

[6] 李菲，鲁耀斌，赵玲．基于自我决定理论的中学生互联网使用实证研究［J］．管理学报，2011（12）：1835－1841.

[7] 李鹏，李红．反馈负波及其理论解释［J］．心理科学进展，2008（5）：705－711.

[8] 李翔．竞争强度对不同自尊水平中学生科学创造力的影响研究［D］．西安：陕西师范大学，2014.

[9] 李亚丹，马文娟，罗俊龙，张庆林．竞争与情绪对顿悟的原型启发效应的影响［J］．心理学报，2012（1）：1－13.

[10] 林崇德，杨治良，黄希庭．心理学大辞典［M］．上海：上海教育出版社，2003.

[11] 林桦．自我决定理论：动机理论的新进展［J］．湖南科技学院学报，2008（3）：72－73.
[12] 刘靖东，钟伯光，姒刚彦．自我决定理论在中国人人群的应用［J］．心理科学进展，2013（10）：1803－1813.
[13] 刘靖炜，刘爱书．大学生竞争态度与大五人格关系的研究［J］．中国健康心理学杂志，2008（4）：382－385.
[14] 刘丽虹，李爱梅．动机的自我决定理论及其在管理领域的应用［J］．科技管理研究，2010（15）：115－119.
[15] 马庆国．管理统计学［M］．北京：科学出版社，2002.
[16] 马庆国，王小毅．从神经经济学和神经营销学到神经管理学［J］．管理工程学报，2006b（3）：129－132.
[17] 马庆国，王小毅．认知神经科学、神经经济学与神经管理学［J］．管理世界，2006a（10）：139－149.
[18] 孟亮．基于自我决定理论的任务设计与个体的内在动机：认知神经科学视角的实证研究［D］．杭州：浙江大学，2016.
[19] 时蓉华．新编社会心理学概论［M］．上海：东方出版中心，1998.
[20] 尚倩．基于心理负荷的生产效率研究［D］．杭州：浙江大学，2013.
[21] 舒华，张亚旭．心理学研究方法［M］．北京：人民教育出版社，2008.
[22] 孙蕾，李建伟．竞争情境、认知风格对学生运算性程序知识学习迁移的影响［J］．心理科学，2007（2）：438－440.
[23] 王金秋．竞争情境下评价方式对幼儿内在动机的影响［D］．长春：东北师范大学，2015.
[24] 王丽琴．自我决定理论下动机量表在运动领域的使用［J］．当代体育科技，2014（10）：180－181.
[25] 王培．情绪韵律和竞争环境对口语词汇识别的影响［D］．北京：首都师范大学，2014.
[26] 王娅．动机的自我决定理论及在组织管理中的应用［J］．亚太教育，2015（1）：138.
[27] 王忠军，刘丽丹．绩效考核能否促进高校教师突破性学术创新行为：基于自我决定理论的实证研究［J］．高等教育研究，2017（4）：52－60.

[28] 魏景汉，罗跃嘉．事件相关电位原理与技术［M］．北京：科学出版社，2010.

[29] 魏景汉，阎克乐．认知神经科学基础［M］．北京：人民教育出版社，2008.

[30] 吴盛光．竞争是促进经济发展社会进步的重要条件［J］．技术经济信息，1994（6）：21－25.

[31] 杨富，姚梅芳，张军伟．高承诺工作系统对员工组织公民行为的影响：基于自我决定理论的视角［J］．南京师大学报（社会科学版），2017（2）：67－75.

[32] 杨红明，廖建桥．企业员工内在工作动机研究述评［J］．外国经济与管理，2007（3）：33－39.

[33] 叶新东，王巧燕，杨清泉．竞争与非竞争情景下心算过程脑机制差异研究［J］．开放教育研究，2011（5）：94－102.

[34] 袁留亮．基于自我决定理论的QQ学术群知识共享意愿实证研究［J］．情报杂志，2013（6）：153－156.

[35] 张剑，张建兵，李跃，Deci E L. 促进工作动机的有效路径：自我决定理论的观点［J］．心理科学进展，2010（5）：752－759.

[36] 张剑，张微，冯俭．领导者的自主支持与员工创造性绩效的关系［J］．中国软科学，2010（S1）：62－69.

[37] 张旭，樊耘，黄敏萍，颜静．基于自我决定理论的组织承诺形成机制模型构建：以自主需求成为主导需求为背景［J］．南开管理评论，2013（6）：59－69.

[38] 赵仑．ERPs实验教程［M］．南京：东南大学出版社，2010.

[39] 周文泳，胡璟璟．内在动机及其前因变量和结果变量研究进展［J］．郑州航空工业管理学院学报，2012（2）：85－88.

[40] Abuhamdeh, S., Csikszentmihalyi, M., & Jalal, B. Enjoying the possibility of defeat: Outcome uncertainty, suspense, and intrinsic motivation [J]. Motivation and Emotion, 2015, 39 (1): 1－10.

[41] Abuhamdeh, S., & Csikszentmihalyi, M. The importance of challenge for the enjoyment of intrinsically motivated, goal-directed activities [J]. Personality and Social Psychology Bulletin, 2012, 38 (3): 317－330.

[42] Albrecht, K., Abeler, J., Weber, B., & Falk, A. The brain correlates of the effects of monetary and verbal rewards on intrinsic motivation [J]. Frontiers in Neuroscience, 2014, 8: 303.

[43] Amabile, T. M. Children's artistic creativity: Detrimental effects of competition in a field setting [J]. Personality and Social Psychology Bulletin, 1982, 8 (3): 573 -578.

[44] Amabile, T. M., Dejong, W., & Lepper, M. R. Effects of externally imposed deadlines on subsequent intrinsic motivation [J]. Journal of Personality & Social Psychology, 1976, 34 (1): 92 -98.

[45] Amabile, T. M., Hill, K. G., Hennessey, B. A., & Tighe, E. M. The work preference inventory: Assessing intrinsic and extrinsic motivational orientations [J]. Journal of Personality and Social Psychology, 1994, 66 (5): 950 -967.

[46] Amabile, T. M. Motivational synergy: Toward new conceptualizations of intrinsic and extrinsic motivation in the workplace [J]. Human Resource Management Review, 1993, 3 (3): 185 -201.

[47] Amabile, T. M. Motivation and creativity: Effects of motivational orientation on creative writers [J]. Journal of Personality & Social Psychology, 1985, 48 (2): 393 -399.

[48] Aubé, C., Brunelle, E., & Rousseau, V. Flow experience and team performance: The role of team goal commitment and information exchange [J]. Motivation and Emotion, 2014, 38 (1): 120 -130.

[49] Baranes, A. F., Oudeyer, P., & Gottlieb, J. The effects of task difficulty, novelty and the size of the search space on intrinsically motivated exploration [J]. Frontiers in Neuroscience, 2014, 8 (8): 317.

[50] Barić, R., Vlašić, J., & Erpič, S. C. Goal orientation and intrinsic motivation for physical education: Does perceived competence matter [J]. Kinesiology, 2014, 46 (1): 117 -126.

[51] Bartholomew, K. J., Ntoumanis, N., Cuevas, R., & Lonsdale, C. Job pressure and ill-health in physical education teachers: The mediating role of psychological need thwarting [J]. Teaching and Teacher Education, 2014,

37: 101 - 107.

[52] Bartholomew, K. J., Ntoumanis, N., Ryan, R. M., & Thøgersen-Ntoumani, C. Psychological need thwarting in the sport context: Assessing the darker side of athletic experience [J]. Journal of Sport and Exercise Psychology, 2011, 33 (1): 75 - 102.

[53] Bassi, M., & Delle Fave, A. Optimal experience and self-determination at school: Joining perspectives [J]. Motivation and Emotion, 2012, 36 (4): 425 - 438.

[54] Baumeister, R. F., & Tice, D. M. Self-esteem and responses to success and failure: Subsequent performance and intrinsic motivation [J]. Journal of Personality, 1985, 53 (3): 450 - 467.

[55] Böcker, K. B., Brunia, C. H., & van den Berg-Lenssen, M. M. A spatiotemporal dipole model of the stimulus preceding negativity (SPN) prior to feedback stimuli [J]. Brain Topography, 1994, 7 (1): 71 - 88.

[56] Berlyne, D. E. A decade of motivation theory [J]. American Scientist, 1964, 52 (4): 447 - 451.

[57] Bono, J. E., & Judge, T. A. Self-concordance at work: Toward understanding the motivational effects of transformational leaders [J]. Academy of Management Journal, 2003, 46 (5): 554 - 571.

[58] Botvinick, M. M., Braver, T. S., Barch, D. M., Carter, C. S., & Cohen, J. D. Conflict monitoring and cognitive control [J]. Psychological review, 2001, 108 (3): 624 - 652.

[59] Breaugh, J. A. The measurement of work autonomy [J]. Human Relations, 1985, 38 (6): 551 - 570.

[60] Brehm, J. W., & Self, E. A. The intensity of motivation [J]. Annual Review of Psychology, 1989, 40 (1): 109 - 131.

[61] Brickman, P., & Bulman, R. J. Pleasure and Pain in Social Comparison [M]. Washington: Hemisphere Press, 1977.

[62] Brunia, C., & Damen, E. Distribution of slow brain potentials related to motor preparation and stimulus anticipation in a time estimation task [J]. Electroencephalography & Clinical Neurophysiology, 1988, 69 (3): 234 -

243.

[63] Brunia, C. H., Hackley, S. A., van Boxtel, G. J., Kotani, Y. & Ohgami, Y. Waiting to perceive: reward or punishment [J]. Clinical Neurophysiology, 2011, 122 (5): 858 - 868.

[64] Brunia, C. Movement and stimulus preceding negativity [J]. Biological Psychology, 1988, 26 (1 - 3): 165 - 178.

[65] Brunia, C., & Van Boxtel, G. Anticipatory attention to verbal and non-verbal stimuli is reflected in a modality-specific SPN [J]. Experimental Brain Research, 2004, 156 (2): 231 - 239.

[66] Brunia, C., Van Boxtel, G., Böcker, K., Kappenman, E. S., & Luck, S. J. The Oxford handbook of Event-related Potential Components [M]. New York: Oxford University Press, 2012.

[67] Cacioppo, J. T., Petty, R. E., Feinstein, J. A., & Jarvis, W. B. G. Dispositional differences in cognitive motivation: The life and times of individuals varying in need for cognition [J]. Psychological Bulletin, 1996, 119 (2): 197 - 253.

[68] Camerer, C. F. Removing financial incentives demotivates the brain [J]. Proceedings of the National Academy of Sciences, 2010, 107 (49): 20849 - 20850.

[69] Cameron, J., & Pierce, W. D. Reinforcement, reward, and intrinsic motivation: A meta-analysis [J]. Review of Educational Research, 1994, 64 (3): 363 - 423.

[70] Catena, A., Perales, J. C., Megías, A., Cándido, A., Jara, E. & Maldonado, A. The brain network of expectancy and uncertainty processing [J]. PloS One, 2012, 7 (7): e40252.

[71] Cerasoli, C. P., & Ford, M. T. Intrinsic motivation, performance, and the mediating role of mastery goal orientation: A test of self-determination theory [J]. The Journal of Psychology, 2014, 148 (3): 267 - 286.

[72] Cerasoli, C. P., Nicklin, J. M., & Ford, M. T. Intrinsic motivation and extrinsic incentives jointly predict performance: A 40-year meta-analysis [J]. Psychological Bulletin, 2014, 140 (4): 980 - 1008.

[73] Chirkov, V., Ryan, R. M., Kim, Y., & Kaplan, U. Differentiating autonomy from individualism and independence: A self-determination theory perspective on internalization of cultural orientations and well-being [J]. Journal of Personality and Social Psychology, 2003, 84 (1): 97 - 110.

[74] Chwilla, D. J., & Brunia, C. H. Event-related potential correlates of non-motor anticipation [J]. Biological Psychology, 1991b, 32 (2): 125 - 141.

[75] Chwilla, D. J., & Brunia, C. H. Event-related potentials to different feedback stimuli [J]. Psychophysiology, 1991a, 28 (2): 123 - 132.

[76] Conti, R., Collins, M. A., & Picariello, M. L. The impact of competition on intrinsic motivation and creativity: Considering gender, gender segregation and gender role orientation [J]. Personality and Individual Differences, 2001, 31 (8): 1273 - 1289.

[77] Costa, S., Ntoumanis, N., & Bartholomew, K. J. Predicting the brighter and darker sides of interpersonal relationships: Does psychological need thwarting matter [J]. Motivation and Emotion, 2015, 39 (1): 11 - 24.

[78] Coull, J. T. Neural correlates of attention and arousal: Insights from electrophysiology, functional neuroimaging and psychopharmacology [J]. Progress in Neurobiology, 1998, 55 (4): 343 - 361.

[79] Csikszentmihalyi, M. Flow: The Psychology of Optimal Experience [M]. New York: Harper & Row, 1990.

[80] Csikszentmihalyi, M. Play and intrinsic rewards [J]. Journal of Humanistic Psychology, 1975, 15 (3): 41 - 63.

[81] Csikszentmihalyi, M., & Rathunde, K. The Measurement of Flow in Everyday Life: Toward a Theory of Emergent Motivation [M]. Lincoln: University of Nebraska Press, 1992.

[82] Dall, S. R., Giraldeau, L., Olsson, O., Mcnamara, J. M. & Stephens, D. W. Information and its use by animals in evolutionary ecology [J]. Trends in Ecology & Evolution, 2005, 20 (4): 187 - 193.

[83] Dall, S. R. & Johnstone, R. A. Managing uncertainty: Information and insurance under the risk of starvation [J]. Philosophical Transactions of the

Royal Society of London. Series B: Biological Sciences, 2002, 357 (1427): 1519 - 1526.

[84] Damen, E. & Brunia, C. Changes in heart rate and slow brain potentials related to motor preparation and stimulus anticipation in a time estimation task [J]. Psychophysiology, 1987, 24 (6): 700 - 713.

[85] Danner, F. W., & Lonky, E. A cognitive-developmental approach to the effects of rewards on intrinsic motivation [J]. Child Development, 1981, 52 (3): 1043 - 1052.

[86] Darwin, C. On the Origin of Species by Means of Natural Selection, or Preservation of Favoured Races in the Struggle for Life [M]. Murray: Evolution, 1859.

[87] Deci, E. L., Betley, G., Kahle, J., Abrams, L., & Porac, J. When trying to win: Competition and intrinsic motivation [J]. Personality and Social Psychology Bulletin, 1981, 7 (1): 79 - 83.

[88] Deci, E. L., & Cascio, W. F. Changes in Intrinsic Motivation as a Function of Negative Feedback and Threats (paper presented at the Eastern Psychological Association Meeting in Boston, Massachusetts) [C]. 1972.

[89] Deci, E. L. Effects of externally mediated rewards on intrinsic motivation [J]. Journal of personality and Social Psychology, 1971, 18 (1): 105 - 115.

[90] Deci, E. L., & Moller, A. C. Handbook of Competence and Motivation [M]. New York: Guilford Press, 2005.

[91] Deci, E. L., Ryan, R. M., Gagné, M., Leone, D. R., Usunov, J., & Kornazheva, B. P. Need satisfaction, motivation, and well-being in the work organizations of a former eastern bloc country: A cross-cultural study of self-determination [J]. Personality and Social Psychology Bulletin, 2001, 27 (8): 930 - 942.

[92] Deci, E. L., & Ryan, R. M. Handbook of Self-Determination Research [M]. Rochester: University Rochester Press, 2002.

[93] Deci, E. L., & Ryan, R. M. Intrinsic Motivation and Self-Determination in Human Behavior [M]. New York: Springer, 1985a.

[94] Deci, E. L., & Ryan, R. M. Intrinsic Motivation [M]. New York: Plenum Press, 1975.

[95] Deci, E. L., & Ryan, R. M. Self-determination theory: When mind mediates behavior [J]. Journal of Mind and Behavior, 1980, 1 (1): 33-43.

[96] Deci, E. L., & Ryan, R. M. The general causality orientations scale: Self-determination in personality [J]. Journal of Research in Personality, 1985b, 19 (2): 109-134.

[97] Deci, E. L., & Ryan, R. M. The "what" and "why" of goal pursuits: Human needs and the self-determination of behavior [J]. Psychological Inquiry, 2000, 11 (4): 227-268.

[98] Deci, E. L., Spiegel, N. H., Ryan, R. M., Koestner, R., & Kauffman, M. Effects of performance standards on teaching styles: Behavior of controlling teachers [J]. Journal of Educational Psychology, 1982, 74 (6): 852-859.

[99] Deci, E. L. The Psychology of Self-Determination [J]. Contemporary Sociology, 1982, 11 (3): 343-360.

[100] Deckop, J. R., & Cirka, C. C. The risk and reward of a double-edged sword: Effects of a merit pay program on intrinsic motivation [J]. Nonprofit and Voluntary Sector Quarterly, 2000, 29 (3): 400-418.

[101] DePasque, S., & Tricomi, E. Effects of intrinsic motivation on feedback processing during learning [J]. NeuroImage, 2015, 119: 175-186.

[102] Deutsch, M. A Theory of Cooperation and Competition [J]. Human Relations, 1949, 2: 129-151.

[103] Di Domenico, S. I., Le, A., Liu, Y., Ayaz, H. & Fournier, M. A. Basic psychological needs and neurophysiological responsiveness to decisional conflict: An event-related potential study of integrative self processes [J]. Cognitive, Affective, & Behavioral Neuroscience, 2016, 16 (5): 848-865.

[104] DiMenichi, B. C., & Tricomi, E. The power of competition: Effects of social motivation on attention, sustained physical effort, and learning [J]. Frontiers in psychology, 2015, 6: 1282.

[105] Donchin, E., & Coles, M. G. H. Is the P300 component a manifestation of context updating [J]. Behavioral & Brain Sciences, 1988, 11 (3): 357-374.

[106] Donchin, E., Kramer, A., & Wickens, C. Applications of Event-Related Brain Potentials to Problems in Engineering Psychology [M]. Psychophysiology Systems Processes & Applications. New York: Guilford Press, 1986.

[107] Donkers, F. C., Nieuwenhuis, S., & Van Boxtel, G. J. Mediofrontal negativities in the absence of responding [J]. Cognitive Brain Research, 2005, 25 (3): 777-787.

[108] Donkers, F. C., & van Boxtel, G. J. Mediofrontal negativities to averted gains and losses in the slot-machine task: a further investigation [J]. Journal of Psychophysiology, 2005, 19 (4): 256-262.

[109] Dreher, J., Kohn, P., Kolachana, B., Weinberger, D. R. & Berman, K. F. Variation in dopamine genes influences responsivity of the human reward system [J]. Proceedings of the National Academy of Sciences, 2009, 106 (2): 617-622.

[110] Driskell, J. E., & Salas, E. Stress and Human Performance [M]. New York: Psychology Press, 2013.

[111] Dweck, C. S. Motivational processes affecting learning [J]. American Psychologist, 1986, 41 (10): 1040-1048.

[112] Earl, S. R., Taylor, I. M., Meijen, C., & Passfield, L. Autonomy and competence frustration in young adolescent classrooms: Different associations with active and passive disengagement [J]. Learning and Instruction, 2017, 49: 32-40.

[113] Eccles, J. S., & Wigfield, A. Motivational Belief, Values, and Goals [J]. Annual Review of Psychology, 2002, 53 (1): 109-132.

[114] Eck, R. V., & Dempsey, J. The effect of competition and contextualized advisement on the transfer of mathematics skills a computer-based instructional simulation game [J]. Educational Technology Research and Development, 2002, 50 (3): 23-41.

[115] Eden, D. Intrinsic and extrinsic rewards and motives: Replication and extension with kibbutz workers [J]. Journal of Applied Social Psychology, 1975, 5 (4): 348 -361.

[116] Elliot, A. J. , & Harackiewicz, J. M. Approach and avoidance achievement goals and intrinsic motivation: A mediational analysis [J]. Journal of Personality & Social Psychology, 1996, 70 (3): 461 -475.

[117] Elliot, A. J. , & Harackiewicz, J. M. Goal setting, achievement orientation, and intrinsic motivation: A mediational analysis [J]. Journal of Personality and Social Psychology, 1994, 66 (5): 968 -980.

[118] Elliot, A. J. , & Mcgregor, H. A. A2 ×2 achievement goal framework [J]. Journal of Personality & Social Psychology, 2001, 80 (3): 501 -519.

[119] Enge, S. , Fleischhauer, M. , Brocke, B. & Strobel, A. Neurophysiological measures of involuntary and voluntary attention allocation and dispositional differences in need for cognition [J]. Personality and Social Psychology Bulletin, 2008, 34 (6): 862 -874.

[120] Erhard, L. Prosperity Through Competition [M]. New York: Ludwig von Mises Institute, 1960.

[121] Falkenstein, M. , Hoormann, J. , Christ, S. , & Hohnsbein, J. ERP components on reaction errors and their functional significance: A tutorial [J]. Biological Psychology, 2000, 51 (2): 87 -107.

[122] Fang, H. , He, B. , Fu, H. , & Meng, L. Being eager to prove oneself: U-shaped relationship between competence frustration and intrinsic motivation in another activity [J]. Frontiers in psychology, 2017, 8: 2123.

[123] Ferguson, N. Civilization: The West and the Rest [M]. London: Penguin, 2012.

[124] Fisher, J. E. Competition and Gaming [J]. Simulation & Games, 1976, 7 (3): 321 -328.

[125] Fong, C. J. , Zaleski, D. J. , & Leach, J. K. The challenge-skill balance and antecedents of flow: A meta-analytic investigation [J]. The Journal of Positive Psychology, 2015, 10 (5): 425 -446.

[126] Fortier, M. S., Vallerand, R. J., Brière, N. M., & Provencher, P. J. Competitive and recreational sport structures and gender: A test of their relationship with sport motivation [J]. International Journal of Sport Psychology, 1995, 26: 24 – 26.

[127] Foti, D., & Hajcak, G. Genetic variation in dopamine moderates neural response during reward anticipation and delivery: Evidence from event-related potentials [J]. Psychophysiology, 2012, 49 (5): 617 – 626.

[128] Franken, R. E., & Brown, D. J. Why do people like competition? The motivation for winning, putting forth effort, improving one's performance, performing well, being instrumental, and expressing forceful/aggressive behavior [J]. Personality & Individual Differences, 1995, 19 (2): 175 – 184.

[129] Frederick-Recascino, C. M., & Schuster-Smith, H. Competition and intrinsic motivation in physical activity: A comparison of two groups [J]. Journal of Sport Behavior, 2003, 26 (3): 240 – 254.

[130] Friedman, R. S., & Förster, J. Activation and measurement of motivational states [J]. Journal of Biomechanics, 2008, 41 (5): 1029 – 1035.

[131] Fuentemilla, L., Cucurell, D., Marco-Pallarés, J., Guitart-Masip, M., Morís, J., & Rodríguez-Fornells, A. Electrophysiological correlates of anticipating improbable but desired events [J]. NeuroImage, 2013, 78: 135 – 144.

[132] Fukushima, H., & Hiraki, K. Whose loss is it? Human electrophysiological correlates of non-self reward processing [J]. Social Neuroscience, 2009, 4 (3): 261 – 275.

[133] Gagné, M., Boies, K., Koestner, R., & Martens, M. How work motivation is related to organizational commitment: A series of organizational studies [D]. Manuscript, Concordia University, 2004.

[134] Gagné, M., & Deci, E. L. Self-determination theory and work motivation [J]. Journal of Organizational behavior, 2005, 26 (4): 331 – 362.

[135] Gehring, W. J., & Willoughby, A. R. The medial frontal cortex and the rapid processing of monetary gains and losses [J]. Science, 2002, 295

(5563): 2279 - 2282.

[136] Gillet, N., Forest, J., Benabou, C., & Bentein, K. The effects of organizational factors, psychological need satisfaction and thwarting, and affective commitment on workers' well-being and turnover intentions [J]. Le Travail Humain, 2015, 78 (2): 119 - 140.

[137] Gottlieb, J., Oudeyer, P., Lopes, M. & Baranes, A. Information-seeking, curiosity, and attention: computational and neural mechanisms [J]. Trends in Cognitive Sciences, 2013, 17 (11): 585 - 593.

[138] Gray, H. M., Ambady, N., Lowenthal, W. T. & Deldin, P. P300 as an index of attention to self-relevant stimuli [J]. Journal of Experimental Social Psychology, 2004, 40 (2): 216 - 224.

[139] Grupe, D. W. & Nitschke, J. B. Uncertainty and anticipation in anxiety: An integrated neurobiological and psychological perspective [J]. Nature Reviews Neuroscience, 2013, 14 (7): 488 - 501.

[140] Guay, F., Vallerand, R. J., & Blanchard, C. On the assessment of situational intrinsic and extrinsic motivation: The Situational Motivation Scale (SIMS) [J]. Motivation and Emotion, 2000, 24 (3): 175 - 213.

[141] Gunnell, K. E., Crocker, P. R., Wilson, P. M., Mack, D. E., & Zumbo, B. D.. Psychological need satisfaction and thwarting: A test of basic psychological needs theory in physical activity contexts [J]. Psychology of Sport and Exercise, 2013, 14 (5): 599 - 607.

[142] Hackman, J. R., & Lawler, E. E. Employee reactions to job characteristics [J]. Journal of Applied Psychology, 1971, 55 (3): 259 - 286.

[143] Hackman, J. R., & Oldham, G. R. Development of the job diagnostic survey [J]. Journal of Applied Psychology, 1975, 60 (2): 159 - 170.

[144] Hackman, J. R., & Oldham, G. R. Motivation through the design of work: Test of a theory [J]. Organizational Behavior and Human Performance, 1976, 16 (2): 250 - 279.

[145] Hagger, M. S., Koch, S., & Chatzisarantis, N. L. D. The effect of causality orientations and positive competence-enhancing feedback on intrinsic motivation: A test of additive and interactive effects [J]. Personality & In-

dividual Differences, 2015, 72 (7): 107 -111.

[146] Hajcak, G., Moser, J. S., Holroyd, C. B., & Simons, R. F. The feedback-related negativity reflects the binary evaluation of good versus bad outcomes [J]. Biological Psychology, 2006, 71 (2): 148 -154.

[147] Harackiewicz, J. M., Barron, K. E., Pintrich, P. R., Elliot, A. J., & Thrash, T. M. Revision of achievement goal theory: Necessary and illuminating [J]. Journal of Educational Psychology, 2002, 94 (3): 638 - 645.

[148] Hellwig, S., Weisbrod, M., Jochum, V., Rentrop, M., Unger, J., Walther, S., Haefner, K., Roth, A., Fiedler, P., & Bender, S. Slow cortical potentials in human aversive trace conditioning [J]. International Journal of Psychophysiology, 2008, 69 (1): 41 -51.

[149] Herwig, U., Baumgartner, T., Kaffenberger, T., Brühl, A., Kottlow, M., Schreiter-Gasser, U., Abler, B., Jäncke, L., & Rufer, M. Modulation of anticipatory emotion and perception processing by cognitive control [J]. Neuroimage, 2007a, 37 (2): 652 -662.

[150] Herwig, U., Kaffenberger, T., Baumgartner, T., & Jäncke, L. Neural correlates of a 'pessimistic' attitude when anticipating events of unknown emotional valence [J]. Neuroimage, 2007b, 34 (2): 848 - 858.

[151] Höffler, T. N., Bonin, V., & Parchmann, I. Science vs. sports: Motivation and self-concepts of participants in different school competitions [J]. International Journal of Science and Mathematics Education, 2017, 15 (5): 817 -836.

[152] Hillyard, S. A., Mangun, G. R., Woldorff, M. G., & Luck, S. J. Neural systems mediating selective attention [J]. Journal of Cognitive Neuroscience, 1995, 665 -681.

[153] Hirsh, J. B., & Inzlicht, M. The devil you know: Neuroticism predicts neural response to uncertainty [J]. Psychological Science, 2008, 19 (10): 962 -967.

[154] Hofferber, N., Basten, M., Großmann, N., & Wilde, M. The effects

of autonomy-supportive and controlling teaching behaviour in biology lessons with primary and secondary experiences on students' intrinsic motivation and flow-experience [J]. International Journal of Science Education, 2016, 38 (13): 2114 – 2132.

[155] Holroyd, C. B., & Coles, M. G. The neural basis of human error processing: Reinforcement learning, dopamine, and the error-related negativity [J]. Psychological Review, 2002, 109 (4): 679 – 709.

[156] Holroyd, C. B., Hajcak, G., & Larsen, J. T. The good, the bad and the neutral: Electrophysiological responses to feedback stimuli [J]. Brain Research, 2006, 1105 (1): 93 – 101.

[157] Holroyd, C. B., Larsen, J. T., & Cohen, J. D. Context dependence of the event-related brain potential associated with reward and punishment [J]. Psychophysiology, 2004, 41 (2): 245 – 253.

[158] Izard, C. E. Interest-Excitement as Fundamental Motivation [M]. New York: Springer, 1977.

[159] Jang, H., Kim, E. J., & Reeve, J. Why students become more engaged or more disengaged during the semester: A self-determination theory dual-process model [J]. Learning and Instruction, 2016, 43: 27 – 38.

[160] Julian, J. W., & Perry, F. A. Cooperation contrasted with intra-group and inter-group competition [J]. Sociometry, 1967, 30 (1): 79 – 90.

[161] Kasser, T., & Ryan, R. M. A dark side of the American dream: Correlates of financial success as a central life aspiration [J]. Journal of Personality & Social Psychology, 1993, 65 (2): 410 – 422.

[162] Kasser, T., & Ryan, R. M. Further examining the american dream: Differential correlates of intrinsic and extrinsic goals [J]. Personality and Social Psychology Bulletin, 1996, 22 (3): 280 – 287.

[163] Keller, J., & Bless, H. Flow and regulatory compatibility: An experimental approach to the flow model of intrinsic motivation [J]. Personality and Social Psychology Bulletin, 2008, 34 (2): 196 – 209.

[164] Kim, Y., Kasser, T., & Lee, H. Self-concept, aspirations, and well-being in South Korea and the United States [J]. Journal of Social Psychol-

ogy, 2003, 143 (3): 277 -290.

[165] Kok, A. On the utility of P3 amplitude as a measure of processing capacity [J]. Psychophysiology, 2001, 38 (3): 557 -577.

[166] Kotani, Y., Kishida, S., Hiraku, S., Suda, K., Ishii, M., & Aihara, Y. Effects of information and reward on stimulus-preceding negativity prior to feedback stimuli [J]. Psychophysiology, 2003, 40 (5): 818 -826.

[167] Kotani, Y., Ohgami, Y., Ishiwata, T., Arai, J., Kiryu, S., & Inoue, Y. Source analysis of stimulus-preceding negativity constrained by functional magnetic resonance imaging [J]. Biological Psychology, 2015, 111: 53 -64.

[168] Kotani, Y., Ohgami, Y., Kuramoto, Y., Tsukamoto, T., Inoue, Y., & Aihara, Y. The role of the right anterior insular cortex in the right hemisphere preponderance of stimulus-preceding negativity (SPN): An fMRI study [J]. Neuroscience letters, 2009, 450 (2): 75 -79.

[169] Kotani, Y., Ohgami, Y., Yoshida, N., Kiryu, S., & Inoue, Y. Anticipation process of the human brain measured by stimulus-preceding negativity (spn) [J]. The Journal of Physical Fitness and Sports Medicine, 2017, 6 (1): 7 -14.

[170] Kristjansson, S. D., Kircher, J. C., & Webb, A. K. Multilevel models for repeated measures research designs in psychophysiology: An introduction to growth curve modeling [J]. Psychophysiology, 2007, 44 (5): 728 -736.

[171] Lam, S. F., Yim, P. S., Law, J. S., & Cheung, R. W. The effects of competition on achievement motivation in Chinese classrooms [J]. British Journal of Educational Psychology, 2004, 74 (2): 281 -296.

[172] Larson, R., & Csikszentmihalyi, M. The experience sampling method [J]. New Directions for Methodology of Social & Behavioral Science, 1983, 15: 41 -56.

[173] Leng, Y., & Zhou, X. Modulation of the brain activity in outcome evaluation by interpersonal relationship: An ERP study [J]. Neuropsychologia,

2010, 48 (2): 448 -455.

[174] Lieberman, M. D. Social cognitive neuroscience: A review of core processes [J]. Annual Review of Psychology, 2007, 58: 259 -289.

[175] Lindgren, B. H. C. Educational psychology in the classroom [J]. Educational & Child Psychology, 1967, 32 (3): 118 -128.

[176] Locke, E. A., Shaw, K. N., Saari, L. M., & Latham, G. P. Goal setting and task performance: 1969 - 1980 [J]. Psychological Bulletin, 1981, 90 (1): 125 -152.

[177] Luck, S. J. An Introduction to the Event-Related Potential Technique [M]. Boston: The MIT Press, 2014.

[178] Luck, S. J. Event-Related Potentials: A Methods Handbook [M]. Boston: The MIT Press, 2005.

[179] Luck, S. J., & Kappenman, E. S. The Oxford Handbook of Event-Related Potential Components [M]. United Kingdom: Oxford University Press, 2011.

[180] Luhmann, C. C., Ishida, K., & Hajcak, G. Intolerance of uncertainty and decisions about delayed, probabilistic rewards [J]. Behavior Therapy, 2011, 42 (3): 378 -386.

[181] Lumley, A. J., Michalczyk, Ł., Kitson, J. J., Spurgin, L. G., Morrison, C. A., & Godwin, J. L., et al. Sexual selection protects against extinction [J]. Nature, 2015, 522 (7557): 470 -473.

[182] Luo, Q., Wang, Y., & Qu, C. The near-miss effect in slot-machine gambling: Modulation of feedback-related negativity by subjective value [J]. Neuroreport, 2011, 22 (18): 989 -993.

[183] Luo, Y., Wu, T., Broster, L. S., Feng, C., Zhang, D., Gu, R., & Luo, Y. J. The temporal course of the influence of anxiety on fairness considerations [J]. Psychophysiology, 2014, 51 (9): 834 -842.

[184] Maarten, V., Duriez, B., Simons, J., & Soenens, B. Materialistic values and well-being among business students: Further evidence of their detrimental effect 1 [J]. Journal of Applied Social Psychology, 2006, 36 (12): 2892 -2908.

[185] Macias, C., Aronson, E., Hargreaves, W., Weary, G., Barreira, P. J., & Harvey, J., et al. Transforming dissatisfaction with services into self-determination: A social psychological perspective on community program effectiveness [J]. Journal of Applied Social Psychology, 2009, 39 (8): 1835 - 1859.

[186] Malthus, T. R. An Essay on the Principle of Population, as It Affects the Future Imporvement of Society, with Remarks on the Speculations of Mr. Godwin, M. Condorcet, and Other Writers [M]. Clark: The Lawbook Exchange, 1798.

[187] Ma, Q., Jin, J., Meng, L., & Shen, Q. The dark side of monetary incentive: how does extrinsic reward crowd out intrinsic motivation [J]. Neuroreport, 2014, 25 (3): 194 - 198.

[188] Ma, Q., Meng, L., & Shen, Q. You have my word: reciprocity expectation modulates feedback-related negativity in the trust game [J]. PloS one, 2015, 10 (2): e0119129.

[189] Ma, Q., Pei, G., & Jin, J. What makes you generous? The influence of rural and urban rearing on social discounting in China [J]. PloS One, 2015, 10 (7): e133078.

[190] Ma, Q., Pei, G., & Meng, L. Inverted U-shaped curvilinear relationship between challenge and one's intrinsic motivation: Evidence from event-related potentials [J]. Frontiers in Neuroscience, 2017, 11: 131.

[191] Ma, Q., Pei, G., & Wang, K. Influence of negative emotion on the framing effect: Evidence from event-related potentials [J]. NeuroReport, 2015, 26 (6): 325 - 332.

[192] Ma, Q., Shen, Q., Xu, Q., Li, D., Shu, L., & Weber, B. Empathic responses to others' gains and losses: An electrophysiological investigation [J]. Neuroimage, 2011, 54 (3): 2472 - 2480.

[193] Marco Pallares, J., Cucurell, D., Münte, T. F., Strien, N., & Rodriguez Fornells, A. On the number of trials needed for a stable feedback-related negativity [J]. Psychophysiology, 2011, 48 (6): 852 - 860.

[194] Marsden, K. E., Ma, W. J., Deci, E. L., Ryan, R. M., & Chiu,

P. H. Diminished neural responses predict enhanced intrinsic motivation and sensitivity to external incentive [J]. Cognitive, Affective, & Behavioral Neuroscience, 2015, 15 (2): 276 –286.

[195] Masaki, H. , Yamazaki, K. , & Hackley, S. A. Stimulus-preceding negativity is modulated by action-outcome contingency [J]. Neuroreport, 2010, 21 (4): 277 –281.

[196] Maslow, A. H. A theory of human motivation [J]. Psychological Review, 1943, 50 (1): 370 –396.

[197] Matsumoto, D. , & Willingham, B. The thrill of victory and the agony of defeat: Spontaneous expressions of medal winners of the 2004 Athens Olympic Games [J]. Journal of Personality and Social Psychology, 2006, 91 (3): 568 –581.

[198] Mattox, S. T. , Valle-Inclán, F. & Hackley, S. A. Psychophysiological evidence for impaired reward anticipation in parkinson's disease [J]. Clinical Neurophysiology, 2006, 117 (10): 2144 –2153.

[199] McAuley, E. , & Tammen, V. V. The effects of subjective and objective competitive outcomes on intrinsic motivation [J]. Journal of Sport and Exercise Psychology, 1989, 11 (1): 84 –93.

[200] McClelland, D. C. Human Motivation [M]. Cambridge: CUP Archive, 1987.

[201] Medvec, V. H. , Madey, S. F. , & Gilovich, T. When less is more: counterfactual thinking and satisfaction among Olympic medalists [J]. Journal of Personality & Social Psychology, 1995, 69 (4): 603 –610.

[202] Megías, A. , Navas, J. F. , Perandrés-Gómez, A. , Maldonado, A. , Catena, A. , & Perales, J. C. Electroencephalographic evidence of abnormal anticipatory uncertainty processing in gambling disorder patients [J]. Journal of Gambling Studies, 2018, 34 (2): 321 –338.

[203] Meng, L. , & Ma, Q. Live as we choose: The role of autonomy support in facilitating intrinsic motivation [J]. International Journal of Psychophysiology, 2015, 98 (3): 441 –447.

[204] Meng, L. , Pei, G. , Zheng, J. , & Ma, Q. Close games versus blow-

outs: Optimal challenge reinforces one's intrinsic motivation to win [J]. International Journal of Psychophysiology, 2016, 110: 102 – 108.

[205] Meng, L., & Yang, Z. Feedback is the breakfast of champions: The significance of self-controlled formal feedback for autonomous task engagement [J]. NeuroReport, 2018, 29 (1): 13 – 18.

[206] Mühlberger, C., Angus, D. J., Jonas, E., Harmon Jones, C., & Harmon Jones, E. Perceived control increases the reward positivity and stimulus preceding negativity [J]. Psychophysiology, 2017, 54 (2): 310 – 322.

[207] Mills, D. J., Milyavskaya, M., Mettler, J., Heath, N. L., & Derevensky, J. L. How do passion for video games and needs frustration explain time spent gaming [J]. British Journal of Social Psychology, 2018, 57 (1): 461 – 481.

[208] Miltner, W. H., Braun, C. H., & Coles, M. G. Event-related brain potentials following incorrect feedback in a time-estimation task: Evidence for a "generic" neural system for error detection [J]. Journal of Cognitive Neuroscience, 1997, 9 (6): 788 – 798.

[209] Milyavskaya, M., & Koestner, R. Psychological needs, motivation, and well-being: A test of self-determination theory across multiple domains [J]. Personality and Individual Differences, 2011, 50 (3): 387 – 391.

[210] Morís, J., Luque, D., & Rodríguez Fornells, A. Learning-induced modulations of the stimulus-preceding negativity [J]. Psychophysiology, 2013, 50 (9): 931 – 939.

[211] Moser, J. S., Hartwig, R., Moran, T. P., Jendrusina, A. A., & Kross, E. Neural markers of positive reappraisal and their associations with trait reappraisal and worry [J]. Journal of Abnormal Psychology, 2014, 123 (1): 91.

[212] Murayama, K., & Elliot, A. J. The competition-performance relation: A meta-analytic review and test of the opposing processes model of competition and performance [J]. Psychological Bulletin, 2012, 138 (6): 1035 – 1070.

[213] Murayama, K., Matsumoto, M., Izuma, K., & Matsumoto, K. Neural basis of the undermining effect of monetary reward on intrinsic motivation [J]. Proceedings of the National Academy of Sciences, 2010, 107 (49): 20911 - 20916.

[214] Ng, B. The Neuroscience of growth mindset and intrinsic motivation [J]. Brain Sciences, 2018, 8 (2): 20.

[215] Nieuwenhuis, S., Aston-Jones, G., & Cohen, J. D. Decision making, the P3, and the locus coeruleus-norepinephrine system [J]. Psychological Bulletin, 2005, 131 (4): 510 - 532.

[216] Nieuwenhuis, S., Holroyd, C. B., Mol, N., & Coles, M. G. Reinforcement-related brain potentials from medial frontal cortex: Origins and functional significance [J]. Neuroscience & Biobehavioral Reviews, 2004, 28 (4): 441 - 448.

[217] Novak, B. K., Novak, K. D., Lynam, D. R., & Foti, D. Individual differences in the time course of reward processing: Stage-specific links with depression and impulsivity [J]. Biological psychology, 2016, 119: 79 - 90.

[218] Oliveira, F. T., McDonald, J. J., & Goodman, D. Performance monitoring in the anterior cingulate is not all error related: Expectancy deviation and the representation of action-outcome associations [J]. Journal of Cognitive Neuroscience, 2007, 19 (12): 1994 - 2004.

[219] Oumeziane, B. A., Schryer-Praga, J., & Foti, D. "Why don't they 'like' me more?": Comparing the time courses of social and monetary reward processing [J]. Neuropsychologia, 2017, 107: 48 - 59.

[220] Paradiso, G., Cunic, D., & Chen, R. Involvement of subcortical structures in the preparation of self-paced movement [J]. Journal of Psychophysiology, 2004, 18 (23): 130 - 139.

[221] Patall, E. A., Cooper, H., & Robinson, J. C. The effects of choice on intrinsic motivation and related outcomes: A meta-analysis of research findings [J]. Psychological Bulletin, 2008, 134 (2): 270 - 300.

[222] Patel, S. H., & Azzam, P. N. Characterization of n200 and p300: Select-

ed studies of the event-related potential [J]. International journal of medical sciences, 2005, 2 (4): 147.

[223] Pei, G., & Meng, L. What do we expect from a beauty? Facial attractiveness of the opposite sex gives rise to discrepancies in males' anticipation and demand [J]. International Journal of Psychology, 2018, 53: 411-416.

[224] Pei, G. Structuring leadership and team creativity: The mediating role of team innovation climate [J]. Social Behavior and Personality: An International Journal, 2017, 45 (3): 369-376.

[225] Peng, W., Lin, J., Pfeiffer, K. A., & Winn, B. Need satisfaction supportive game features as motivational determinants: An experimental study of a self-determination theory guided exergame [J]. Media Psychology, 2012, 15 (2): 175-196.

[226] Picton, T. W., Bentin, S., Berg, P., Donchin, E., Hillyard, S. A., & R. Johnson, J. R., et al. Guidelines for using human event-related potentials to study cognition: Recording standards and publication criteria [J]. Psychophysiology, 2000, 37 (2): 127-152.

[227] Pink, D. H. Drive: The Surprising Truth about What Motivates Us [M]. New York: Riverhead Books, 2009.

[228] Polich, J. Response mode and P300 from auditory stimuli [J]. Biological Psychology, 1987, 25 (1): 61-71.

[229] Polich, J. Updating P300: An integrative theory of P3a and P3b [J]. Clinical Neurophysiology Official Journal of the International Federation of Clinical Neurophysiology, 2007, 118 (10): 2128.

[230] Pornpattananangkul, N., Nadig, A., Heidinger, S., Walden, K., & Nusslock, R. Elevated outcome-anticipation and outcome-evaluation erps associated with a greater preference for larger-but-delayed rewards [J]. Cognitive, Affective, & Behavioral Neuroscience, 2017, 17 (3): 625-641.

[231] Pornpattananangkul, N., & Nusslock, R. Motivated to win: Relationship between anticipatory and outcome reward-related neural activity [J]. Brain

and cognition, 2015, 100: 21 -40.

[232] Porter, M. E. Competitive Strategy: Techniques for Analyzing Industries and Competition [M]. New York: Free Press, 1980.

[233] Proudfit, G. H. The reward positivity: From basic research on reward to a biomarker for depression [J]. Psychophysiology, 2015, 52 (4): 449 - 459.

[234] Qi, S., Li, Y., Tang, X., Zeng, Q., Diao, L., Li, X., Li, H., & Hu, W. The temporal dynamics of detached versus positive reappraisal: An erp study [J]. Cognitive, Affective, & Behavioral Neuroscience, 2017, 17 (3): 516 -527.

[235] Radel, R., Pelletier, L., Baxter, D., Fournier, M., & Sarrazin, P. The paradoxical effect of controlling context on intrinsic motivation in another activity [J]. Learning and Instruction, 2014, 29: 95 -102.

[236] Radel, R., Pelletier, L., & Sarrazin, P. Restoration processes after need thwarting: When autonomy depends on competence [J]. Motivation & Emotion, 2013, 37 (2): 234 -244.

[237] Rawsthorne, L. J., & Elliot, A. J. Achievement goals and intrinsic motivation: A meta-analytic review [J]. Personality and Social Psychology Review, 1999, 3 (4): 326 -344.

[238] Reeve, J., & Deci, E. L. Elements of the competitive situation that affect intrinsic motivation [J]. Personality and Social Psychology Bulletin, 1996, 22 (1): 24 -33.

[239] Reinboth, M., Duda, J. L., & Ntoumanis, N. Dimensions of coaching behavior, need satisfaction, and the psychological and physical welfare of young athletes [J]. Motivation and Emotion, 2004, 28 (3): 297 -313.

[240] Ruedy, N. E., Moore, C., Gino, F., & Schweitzer, M. E. The cheater's high: The unexpected affective benefits of unethical behavior [J]. Journal of Personality and Social Psychology, 2013, 105 (4): 531 - 548.

[241] Ryan, R. M., Chirkov, V. I., Little, T. D., Sheldon, K. M., Timoshina, E., & Deci, E. L. The American dream in Russia: Extrinsic aspi-

rations and well-being in two cultures [J]. Personality and Social Psychology Bulletin, 1999, 25 (12): 1509 - 1524.

[242] Ryan, R. M. Control and information in the intrapersonal sphere: An extension of cognitive evaluation theory [J]. Journal of Personality & Social Psychology, 1982, 43 (3): 450 - 461.

[243] Ryan, R. M., & Deci, E. L. Self-determination theory and the facilitation of intrinsic motivation, social development, and well-being [J]. American Psychologist, 2000, 55 (1): 68 - 78.

[244] Ryan, R. M., & Deci, E. L. Self-Determination Theory: Basic Psychological Needs in Motivation, Development, and Wellness [M]. New York: Guilford Publications, 2017.

[245] Ryan, R. M., & Frederick, C. On energy, personality, and health: Subjective vitality as a dynamic reflection of well-being [J]. Journal of Personality, 1997, 65 (3): 529 - 565.

[246] Ryan, R. M., Koestner, R., & Deci, E. L. Ego-involved persistence: When free-choice behavior is not intrinsically motivated [J]. Motivation and Emotion, 1991, 15 (3): 185 - 205.

[247] Ryan, R. M., Rigby, C. S., & Przybylski, A. The motivational pull of video games: A self-determination theory approach [J]. Motivation and Emotion, 2006, 30 (4): 344 - 360.

[248] Ryan, R. M., Stiller, J. D., & Lynch, J. H. Representations of relationships to teachers, parents, and friends as predictors of academic motivation and self-esteem [J]. The Journal of Early Adolescence, 1994, 14 (2): 226 - 249.

[249] Ryan, R. M. The Oxford Handbook of Human Motivation [M]. Oxford: Oxford University Press, 2012.

[250] San Martín, R. Event-related potential studies of outcome processing and feedback-guided learning [J]. Frontiers in Human Neuroscience, 2012, 6: 304.

[251] Sarinopoulos, I., Grupe, D. W., Mackiewicz, K. L., Herrington, J. D., Lor, M., Steege, E. E., & Nitschke, J. B. Uncertainty during an-

ticipation modulates neural responses to aversion in human insula and amygdala [J]. Cerebral cortex, 2010, 20 (4): 929 –940.

[252] Seidel, E. M., Pfabigan, D. M., Hahn, A., Sladky, R., Grahl, A., Paul, K., Kraus, C., Küblböck, M., Kranz, G. S., & Hummer, A. Uncertainty during pain anticipation: The adaptive value of preparatory processes [J]. Human Brain Mapping, 2015, 36 (2): 744 –755.

[253] Senior, K., & Brophy, J. Praise and group competition as motivating incentives for children [J]. Psychological Reports, 1973, 32 (3): 27.

[254] Shalley, C. E., Zhou, J., & Oldham, G. R. The effects of personal and contextual characteristics on creativity: Where should we go from here [J]. Journal of Management: Official Journal of the Southern Management Association, 2004, 30 (6): 933 –958.

[255] Shamir, B., Zakay, E., Breinin, E., & Popper, M. Correlates of charismatic leader behavior in military units: Subordinates' attitudes, unit characteristics, and superiors' appraisals of leader performance [J]. Academy of Management Journal, 1998, 41 (4): 387 –409.

[256] Sheldon, K. M., & Gunz, A. Psychological needs as basic motives, not just experiential requirements [J]. Journal of Personality, 2009, 77 (5): 1467 –1492.

[257] Shen, Q., Jin, J. & Ma, Q. The sweet side of inequality: How advantageous status modulates empathic response to others' gains and losses [J]. Behavioural Brain Research, 2013, 256: 609 –617.

[258] Shirom, A., Westman, M., & Melamed, S. The effects of pay systems on blue-collar employees' emotional distress: The mediating effects of objective and subjective work monotony [J]. Human Relations, 1999, 52 (8): 1077 –1097.

[259] Smith, J. L., Jamadar, S., Provost, A. L., & Michie, P. T. Motor and non-motor inhibition in the Go/NoGo task: An ERP and fMRI study [J]. International Journal of Psychophysiology, 2013, 87 (3): 244 –253.

[260] Smith, J. L., Johnstone, S. J., & Barry, R. J. Effects of pre-stimulus processing on subsequent events in a warned Go/NoGo paradigm: Response

preparation, execution and inhibition [J]. International Journal of Psychophysiology, 2006, 61 (2): 121.

[261] Song, H., Kim, J., Tenzek, K. E., & Lee, K. M. The effects of competition and competitiveness upon intrinsic motivation in exergames [J]. Computers in Human Behavior, 2013, 29 (4): 1702-1708.

[262] Standage, M., Duda, J. L., & Pensgaard, A. M. The effect of competitive outcome and task-involving, ego-involving, and cooperative structures on the psychological well-being of individuals engaged in a co-ordination task: A self-determination approach [J]. Motivation and Emotion, 2005, 29 (1): 41-68.

[263] Stodden, D. F., Goodway, J. D., Langendorfer, S. J., Roberton, M. A., Rudisill, M. E., & Garcia, C., et al. A developmental perspective on the role of motor skill competence in physical activity: An emergent relationship [J]. Quest, 2008, 60 (2): 290-306.

[264] Sutton, S., Braren, M., Zubin, J., & John, E. R. Evoked-potential correlates of stimulus uncertainty [J]. Science, 1965, 150 (3700): 1187-1188.

[265] Tamborini, R., Bowman, N. D., Eden, A., Grizzard, M., & Organ, A. Defining media enjoyment as the satisfaction of intrinsic needs [J]. Journal of Communication, 2010, 60 (4): 758-777.

[266] Tauer, J. M., & Harackiewicz, J. M. The effects of cooperation and competition on intrinsic motivation and performance [J]. Journal of Personality and Social Psychology, 2004, 86 (6): 849.

[267] Tauer, J. M., & Harackiewicz, J. M. Winning isn't everything: Competition, achievement orientation, and intrinsic motivation [J]. Journal of Experimental Social Psychology, 1999, 35 (3): 209-238.

[268] Thompson, G. B. Effects of co-operation and competition on pupil learning [J]. Educational Research, 1972, 15 (1): 28-36.

[269] Timmers, C. F., Jannie, B. V. D. B., St, V. D. B., & Phanie, M. Motivational beliefs, student effort, and feedback behaviour in computer-based formative assessment [J]. Computers & Education, 2013, 60 (1):

25 – 31.

[270] Timmers, C., & Veldkamp, B. Attention paid to feedback provided by a computer-based assessment for learning on information literacy [J]. Computers & Education, 2011, 56 (3): 923 – 930.

[271] Trenshaw, K. F., Revelo, R. A., Earl, K. A., & Herman, G. L. Using self determination theory principles to promote engineering students' intrinsic motivation to learn [J]. International Journal of Engineering Education, 2016, 32 (3): 1194 – 1207.

[272] Vallerand, R. J. Deci and Ryan's self-determination theory: A view from the hierarchical model of intrinsic and extrinsic motivation [J]. Psychological Inquiry, 2000, 11 (4): 312 – 318.

[273] Vallerand, R. J., Gauvin, L. I., & Halliwell, W. R. Negative effects of competition on children's intrinsic motivation [J]. The Journal of Social Psychology, 1986, 126 (5): 649 – 656.

[274] Vallerand, R. J., & Reid, G. On the causal effects of perceived competence on intrinsic motivation: A test of cognitive evaluation theory [J]. Journal of Sport Psychology, 1984, 6 (1): 94 – 102.

[275] Van Boxtel, G. J., & Böcker, K. B. Cortical measures of anticipation [J]. Journal of Psychophysiology, 2004, 18 (23): 61 – 76.

[276] Van den Broeck, A., Ferris, D. L., Chang, C., & Rosen, C. C. A review of self-determination theory's basic psychological needs at work [J]. Journal of Management, 2016, 42 (5): 1195 – 1229.

[277] Van den Broeck, A., Sulea, C., Vander Elst, T., Fischmann, G., Iliescu, D., & De Witte, H. The mediating role of psychological needs in the relation between qualitative job insecurity and counterproductive work behavior [J]. Career Development International, 2014, 19 (5): 526 – 547.

[278] Van der Molen, M. J., Poppelaars, E. S., Van Hartingsveldt, C. T., Harrewijn, A., Gunther Moor, B. & Westenberg, P. M. Fear of negative evaluation modulates electrocortical and behavioral responses when anticipating social evaluative feedback [J]. Frontiers in Human Neuroscience,

2014, 7: 936.

[279] Vansteenkiste, M., & Deci, E. L. Competitively contingent rewards and intrinsic motivation: Can losers remain motivated [J]. Motivation and Emotion, 2003, 27 (4): 273-299.

[280] Vansteenkiste, M., Neyrinck, B., Niemiec, C. P., Soenens, B., Witte, H. D., & Broeck, A. V. D. On the relations among work value orientations, psychological need satisfaction and job outcomes: A self-determination theory approach [J]. Journal of Occupational and Organizational Psychology, 2007, 80 (2): 251-277.

[281] Vansteenkiste, M., & Ryan, R. M. On psychological growth and vulnerability: Basic psychological need satisfaction and need frustration as a unifying principle [J]. Journal of Psychotherapy Integration, 2013, 23 (3): 263-280.

[282] Wang, L., Zheng, J., & Meng, L. Effort provides its own reward: endeavors reinforce subjective expectation and evaluation of task performance [J]. Experimental Brain Research, 2017, 235 (4): 1107-1118.

[283] Wang, Q., Meng, L., Liu, M., Wang, Q., & Ma, Q. How do social-based cues influence consumers' online purchase decisions? An event-related potential study [J]. Electronic Commerce Research, 2016, 16 (1): 1-26.

[284] Westman, M., & Eden, D. The inverted-U relationship between stress and performance: A field study [J]. Work & Stress, 1996, 10 (2): 165-173.

[285] White, R. W. Motivation reconsidered: the concept of competence [J]. Psychological Review, 1959, 66 (5): 297-333.

[286] Wiekens, C. J., & Stapel, D. A. I versus we: The effects of self-construal level on diversity [J]. Social Cognition, 2008, 26 (3): 368-377.

[287] Williams, L. E., Oler, J. A., Fox, A. S., Mcfarlin, D. R., Rogers, G. M., Jesson, M. A., Davidson, R. J., Pine, D. S., & Kalin, N. H. Fear of the unknown: Uncertain anticipation reveals amygdala alterations in childhood anxiety disorders [J]. Neuropsychopharmacology,

2015, 40 (6): 1428 - 1435.

[288] Woodworth, R. S. Dynamic Psychology [M]. New York: Columbia University Press, 1918.

[289] Wrzesniewski, A., Schwartz, B., Cong, X., Kane, M., Omar, A., & Kolditz, T. Multiple types of motives don't multiply the motivation of West Point cadets [J]. Proceedings of the National Academy of Sciences of the United States of America, 2014, 111 (30): 10990 - 10995.

[290] Wu, Y. & Zhou, X. The P300 and reward valence, magnitude, and expectancy in outcome evaluation [J]. Brain Research, 2009, 1286: 114 - 122.

[291] Yacubian, J., Sommer, T., Schroeder, K., Gläscher, J., Kalisch, R., Leuenberger, B., Braus, D. F., & Büchel, C. Gene-gene interaction associated with neural reward sensitivity [J]. Proceedings of the National Academy of Sciences, 2007, 104 (19): 8125 - 8130.

[292] Yeung, N., Holroyd, C. B., & Cohen, J. D. Erp correlates of feedback and reward processing in the presence and absence of response choice [J]. Cerebral cortex, 2005, 15 (5): 535 - 544.

[293] Yeung, N., & Sanfey, A. G. Independent coding of reward magnitude and valence in the human brain [J]. Journal of Neuroscience, 2004, 24 (28): 6258 - 6264.

[294] Yu, R., & Zhou, X. Brain responses to outcomes of one's own and other's performance in a gambling task [J]. Neuroreport, 2006, 17 (16): 1747 - 1751.